山海经译注

袁珂

译注

华东师范大学出版社

图书在版编目（CIP）数据

山海经译注／袁珂著．—上海：华东师范大学出版社，2016.4

ISBN 978－7－5675－5031－5

Ⅰ.①山… Ⅱ.①袁… Ⅲ.①历史地理－中国－古代 ②《山海经》－译文 ③《山海经》－注释 Ⅳ.①K928.631

中国版本图书馆 CIP 数据核字（2016）第 070059 号

山海经译注

著　　者　袁　珂
项目编辑　许　静　储德天
审读编辑　李惠明
责任校对　时东明
封面设计　吕彦秋

出版发行　华东师范大学出版社
社　　址　上海市中山北路 3663 号，邮编 200062
网　　址　www.ecnupress.com.cn
电　　话　021－60821666　行政传真　021－62572105
客服电话　021－62865537（兼传真）　门市电话　021－62869887（邮购）
地　　址　上海市中山北路 3663 号华东师范大学校内先锋路口
网　　店　http://hdsdcbs.tmall.com

印刷者　北京京都六环印刷厂
开　　本　787×1092　16 开
印　　张　14.5
字　　数　200 千字
版　　次　2017 年 1 月第 1 版
印　　次　2017 年 8 月第 2 次印刷
书　　号　978－7－5675－5031－5/I.1506
定　　价　32.00 元

出版人　王　焰

（如发现本版图书有印订质量问题，请寄回本社市场部调换或电话 021－62865537 联系）

目　录

序

卷一　南山经···1

　　南山——䧿山　招摇山　堂庭山　即翼山　杻阳山（1）　柢山　亶爰山　基山　青丘山（2）　箕尾山（3）

　　南次二山——柜山（3）　长右山　尧光山　羽山　瞿父山　句余山　浮玉山　成山　会稽山　夷山　仆勾山　咸阴山　洵山（4）　虖勺山　区吴山　鹿吴山　漆吴山（5）

　　南次三山——天虞山　祷过山　丹穴山　发爽山（6）　旄山　非山　阳夹山　灌湘山　鸡山　令丘山　仑者山　禺槀山　南禺山（7）

卷二　西山经···14

　　西山——华山　钱来山　松果山　太华山　小华山（14）　符禺山　石脆山　英山　竹山　浮山　羭次山　时山（15）　南山　大时山　嶓冢山　天帝山　皋涂山　黄山　翠山（16）　騩山（17）

　　西次二山——钤山　泰冒山　数历山　高山　女床山　龙首山　鹿台山　鸟危山　小次山　大次山　薰吴山　厎阳山　众兽山（18）　皇人山　中皇山　西皇山　莱山（19）

　　西次三山——崇吾山（19）　长沙山　不周山　峚山　钟山　泰器山（20）　槐

江山　昆仑丘　乐游山　嬴母山　玉山　轩辕丘（21）　积石山　长留山　章莪山　阴山　符惕山　三危山　骢山　天山　泑山（22）　翼望山（23）

西次四山——阴山　劳山　罢谷山　申山　鸟山　上申山　诸次山　号山　孟山　白於山　申首山　泾谷山（25）　刚山　刚山尾　英鞮山　中曲山　邽山　鸟鼠同穴山　崦嵫山（26）

卷三　北山经·····························40

北山——单狐山　求如山　带山　谯明山（40）　涿光山　虢山　虢山尾　丹熏山　石者山　边春山　蔓联山　单张山　灌题山（41）　潘侯山　小咸山　大咸山　敦薨山　少咸山　狱法山　北岳山　浑夕山　北单山　罴差山　北鲜山（42）　堤山（43）

北次二山——管涔山　少阳山　县雍山　狐岐山　白沙山　尔是山　狂山　诸余山　敦头山　钩吾山（44）　北嚣山　梁渠山　姑灌山　湖灌山　洹山　敦题山（45）

北次三山——太行山　龙侯山　马成山（46）　咸山　天池山　阳山　贲闻山　王屋山　教山　景山　孟门山（47）　平山　京山　虫尾山　彭毗山　小侯山　泰头山　轩辕山　谒戾山　沮洳山　神囷山　发鸠山　少山　锡山（48）　景山　题首山　绣山　松山　敦与山　柘山　维龙山　白马山　空桑山　泰戏山　石山　童戎山　高是山　陆山　沂山（49）　燕山　饶山　乾山　伦山　碣石山　雁门山　帝都山　錞于毋逢山（50）

卷四　东山经·····························63

东山——樕䗦山　藟山　栒状山　勃亝山　番条山　姑儿山（63）　高氏山　岳山　犲山　独山　泰山　竹山（64）

东次二山——空桑山　曹夕山　峄皋山　葛山尾　葛山首　余峨山　杜父山　耿山　卢其山　姑射山（65）　北姑射山　南姑射山　碧山　缑氏山　姑逢山　凫丽山　硾山（66）

东次三山——尸胡山　岐山　诸钩山　中父山　胡射山　孟子山　跂踵

山　踇隅山（67）　无皋山（68）

东次四山——北号山　旄山　东始山（68）　女烝山　钦山　子桐山　剡山　太山（69）

卷五　中山经 ································· 76

中山——薄山　甘枣山　历儿山　渠猪山　葱聋山　涹山　脱扈山　金星山（76）　泰威山　橿谷山　吴林山　牛首山　霍山　合谷山　阴山　鼓镫山（77）

中次二山——济山　辉诸山　发视山　豪山　鲜山　阳山　昆吾山　荵山（78）　独苏山　蔓渠山（79）

中次三山——䥐山　敖岸山　青要山　騩山　宜苏山（79）　和山（80）

中次四山——厘山　鹿蹄山　扶猪山（80）　厘山　箕尾山　柄山　白边山　熊耳山　牡山　讙举山（81）

中次五山——薄山　苟林山　首山　县𣹰山　葱聋山　条谷山　超山　成侯山　朝歌山　槐山　历山　尸山　良余山　蛊尾山　升山　阳虚山（82）

中次六山——缟羝山　平逢山　缟羝山　廆山　瞻诸山（83）　娄涿山　白石山　谷山　密山　长石山　傅山　橐山　常烝山　夸父山　阳华山（84）

中次七山——苦山　休与山（85）　鼓钟山　姑媱山　苦山　堵山　放皋山　大苦山　半石山　少室山（86）　泰室山　讲山　婴梁山　浮戏山　少陉山　太山　末山　役山　敏山　大騩山（87）

中次八山——荆山　景山（88）　荆山　骄山　女几山　宜诸山　纶山　陆郦山　光山　岐山　铜山　美山　大尧山　灵山　龙山（89）　衡山　石山　若山　彘山　玉山　讙山　仁举山　师每山　琴鼓山（90）

中次九山——岷山　女几山　岷山　崃山　崌山　高梁山（91）　蛇山　鬲山　隅阳山　岐山　勾㭙山　风雨山　玉山　熊山　騩山　葛山　贾超山（92）

中次十山——首阳山（93）　虎尾山　繁缋山　勇石山　复州山　楮山　又原山　涿山　丙山（94）

中次十一山——荆山　翼望山　朝歌山（94）　帝囷山　视山　前山　丰

山　兔床山　皮山　瑶碧山　攻离山　袾䄛山　堇理山　依轱山　即谷山　鸡山　高前山（95）　游戏山　从山　婴䃁山　毕山　乐马山　葴山　婴山　虎首山　婴侯山　大孰山　卑山　倚帝山　鲵山　雅山　宣山　衡山　丰山（96）　妪山　鲜山　皋山　大支山　区吴山　声匈山　大騩山　踵臼山　历石山　求山　丑阳山　奥山　服山　杳山　几山（97）

中次十二山——洞庭山　篇遇山　云山　龟山（99）　丙山　风伯山　夫夫山　洞庭山　暴山　即公山　尧山　江浮山　真陵山　阳帝山　柴桑山　荣余山（100）

卷六　海外南经·································· 126

结匈国　南山　比翼鸟　羽民国　二八神（126）　毕方鸟　讙头国　厌火国　三珠树　三苗国　𨋢国　贯匈国　交胫国　不死民　反舌国　昆仑虚　羿与凿齿战　三首国　周饶国　长臂国　狄山（127）　范林　南方祝融（128）

卷七　海外西经·································· 132

灭蒙鸟　大运山　夏后启　三身国　一臂国　奇肱国　刑天与帝争神（132）　女祭女戚　鸾鸟、鸑鸟　丈夫国　女丑尸　巫咸国　并封　女子国　轩辕国　穷山　诸夭之野　龙鱼陵居　白民国　肃慎国　长股国　西方蓐收（133）

卷八　海外北经·································· 138

无启国　钟山之神烛阴　一目国　柔利国　禹杀相柳（138）　深目国　无肠国　聂耳国　夸父逐日　夸父国　禹所积石山　拘瘿国　寻木　跂踵国　欧丝之野　三桑无枝（139）　范林　务隅山（帝颛顼葬所）　平丘　北海诸兽　北方禺强（140）

卷九　海外东经·································· 146

䃁丘　大人国　奢比尸　君子国　䖟䖟　朝阳之谷神天吴　青丘国九尾

狐　帝（禹）命竖亥步（146）　黑齿国　汤谷十日　雨师妾（国）　玄股国　毛民国　劳民国　东方句芒（147）

卷十　海内南经·················151
瓯居海中　三天子鄣山　桂林八树　伯虑国、离耳国、雕题国、北朐国　枭阳国　兕　苍梧山（帝舜与帝丹朱葬所）　氾林　狌狌知人名　犀牛（151）　夏后启之臣孟涂　窫窳　建木　氐人国　巴蛇食象　旄马（152）

卷十一　海内西经·················156
后稷之葬　流黄酆氏国　流沙　国在流沙中者　国在流沙外者　西胡白玉山　海内昆仑之虚（156）　赤水　河水　洋水、黑水　弱水、青水　开明兽　开明西凤凰、鸾鸟　开明北不死树　开明东诸巫窫窳　服常树上三头人　开明南树鸟　蛇巫山上操柸人　西王母及三青鸟（157）

卷十二　海内北经·················161
匈奴、开题之国　危与贰负杀窫窳　大行伯　犬封国（文马吉量）　鬼国　蜪犬　穷奇　帝尧台等（161）　大蜂、朱蛾　蟜　阘非　据比尸　环狗　袜　戎　林氏国驺吾　昆仑虚南氾林　从极之渊冰夷　阳污之山　王子夜尸　大泽　雁门山　高柳　宵明、烛光　东胡　夷人　貊国　孟鸟（162）

卷十三　海内东经·················167
钜燕　盖国　朝鲜　列姑射　姑射国　大蟹　陵鱼　大鯾　明组邑　蓬莱山　大人之市　琅邪台（167）　都州　韩雁　始鸠　雷泽中雷神　会稽山（168）

卷十四　大荒东经·················171
少昊国　羲和生日　皮母地丘　大言山　大人国、大人市　小人国靖人　犁𩵀尸　潏山　芳国　合虚山（171）　中容国　君子国　司幽国　大阿

山　明星山　白民国　青丘国　柔仆民　黑齿国　夏州国　天吴　鞠陵于天山（四方神折丹）　禺䝞、禺京　玄股国　有易杀王亥　女丑、大蟹　汤谷扶木　奢比尸　帝俊下友、五采鸟（172）　猗天苏门山、壎民国　綦山、摇山、䰠山、门户山、盛山、待山　壑明俊疾山　三青马、三骓　女和月母国（四方神鵷）　应龙杀蚩尤与夸父　东海夔牛（173）

卷十五　大荒南经·············179

䟣踢、双双　氾天山　苍梧之野（舜与叔均葬所）　黑水玄蛇　巫山　黄鸟　三身国　季禺国、羽民国、卵民国　不姜山（179）　盈民国　不死国　去痊山　不廷胡余　四方神因因乎　季厘国　戴民国　融天国　羿杀凿齿　蜮民国　宋山枫木　祖状尸　焦侥国　禹攻云雨　伯服国　张弘国（180）　驩头　岳山（帝尧、帝喾、帝舜葬所）　天台山　盖犹山　小人菌人　南类山（181）

卷十六　大荒西经·············186

不周山、禹攻共工国山　淑士国　女娲之肠　西方神石夷　狂鸟　白民国　长胫国　西周国（叔均）（186）　柜格松　天民国　北狄国　榣山太子长琴　五采鸟三名　有虫状如菟　丰沮玉门山　灵山十巫　西王母山、沃民沃野　三青鸟　轩辕台　龙山　三泽水　女丑尸　女子国　桃山　丈夫国　弇州山鸣鸟　轩辕国　西海神弇兹　日月山（颛顼令重黎绝地天通）（187）　天虞　常羲生月　青鸯黄鹙　孟翼之攻颛顼之池　鏖鏊钜山　屏蓬　黄姖尸、比翼鸟、天犬　昆仑西王母　常阳山　女祭女薎　寿麻国　夏耕尸　吴回　盖山国朱木　一臂民　大荒山　三面一臂人（188）　夏后开（启）　氏人国　鱼妇（颛顼死复苏）　鸀鸟　偏句、常羊山（189）

卷十七　大荒北经·············196

附禺山（帝颛顼葬所、有帝俊竹林）　胡不与国　肃慎氏国（蜚蛭、琴虫）　大人国（大青蛇）　鲧攻程州山　先民山槃木　叔歜国（猎猎）（196）　北

齐国　先槛大逢山、禹所积石山　始州国　大泽　毛民国　儋耳国（北海禹强）　北极天柜山（九凤、强良）　夸父追日　无肠国　禹杀相繇（相柳）　岳山寻竹　不句山（197）　黄帝女魃（黄帝杀蚩尤）　深目民国　赤水女子献　犬戎（赤兽戎宣王尸）　齐州山　一目人　无继民　中䡈国　犬戎国　苗民　灰野山若木　牛黎国　章尾山烛龙（198）

卷十八　海内经 ………………………………………………… **205**

朝鲜、天毒　壑市　氾叶　鸟山三水　韩流生帝颛顼　不死山　肇山柏子高　都广之野（后稷葬所，素女所出）（205）　若木　灵山蝡蛇　盐长国鸟民　九丘建木　窫窳、猩猩　巴国（巴人）　流黄辛氏国　朱卷国（黑蛇食象）　赣巨人　黑人　嬴民、封豕　苗民神延维　鸾鸟凤鸟　崐狗、孔鸟　三天子之都山　苍梧丘（舜葬所）（206）　蛇山翳鸟、不距山巧倕葬所　相顾之尸　伯夷父　幽都山、大幽国　钉灵国　伯陵生鼓、延、殳　鲧　番禺、奚仲　般　帝俊赐羿彤弓素矰　晏龙　帝俊八子　巧倕、叔均　炎帝子孙（祝融、共工、后土、噎鸣）（207）　鲧窃息壤（208）

序

1981年年底，上海古籍出版社有同志来成都，同我谈起出版规划，说是按照陈云同志整理古籍的意见，需要有一批古书的今译本向读者普及，其中包括《山海经》，望我承担此书的今译任务。

多年来我从神话角度研究《山海经》，作过《山海经》的校注工作。现在要我担当此书的今译任务，自然是义不容辞的，并且似乎还有点驾轻就熟、并不太难的光景。其实也不尽然。

那时作校注，在注释方面是有古代注家（如郭璞）"所未详也"这一条求实的原则作后盾，于实在不能理解的东西，也只好是"所未详也"，暂且绕道过去。现在要从头到尾逐字逐句翻译，暂且绕道就万难实行，必须硬着头皮闯关，对困难的所在还得进一步探寻根底，求其贯通。

那时作校注，在校勘方面是遵循着古代学者（如郑康成）"注经不敢改字"的慎重原则，只作校记，不改所据版本的经文原貌。现在要逐字逐句翻译，"不敢改字"的这条原则就不得不打破了。特别是对像《山海经》这样一部屡经刊印的古书，由于编校的不慎，誊抄的疏忽，脱文错简、讹讹特甚，需要先整理出一个接近原始面貌的校本，才能逐字逐句进行翻译。这样，就不但必须"改字"，往往还不得不多改，乃至牵连到多处篇简的变动。

有人曾经做过这件工作，例如清代的毕沅（1730—1797），就出过一部《山海经新校正》的校本，把所校到的脱讹字句，径改到经文上。但是现在看来，他这件工作只是做了很小一部分，并不彻底。一是好些地方的脱讹，他还没有发现。例如《南山经》的"猿翼之山"，本该是"即翼之山"的，他就没有改。二是他本来已经觉察到了，但似乎因为拿不出有力的证据，在疑似之间，也就未敢遽改。例如《南次二经》的"其中多芘蠃"，郭璞注："紫色螺也。"本该是"芘蠃"的，毕只是说："郭云紫色，似芘字当作茈。"其实《太平御览》（卷九四一）引此经正作"茈蠃"（汪绂本亦作"茈蠃"），如果有了上述的证据，是可以大胆改正的。三是有些虽然改了，却改得颇为冒失，不如不改。例如同经"长右之山，有兽焉，其名长右"，毕沅将二"长右"都改做"长舌"，说"旧本舌作右，《广韵》引此作长舌"。孤词单证，实不足据，焉知不是《广韵》错引？如此等等，不一而足。至于经文入注、注入经文、脱文、错简……这些复杂的情况，毕沅的校本，有的接触到了，有的还根本没有接触到，如果要根据毕沅的校本进行翻译，几乎是不可能的。

因而，要将全部《山海经》翻译成现代语言，还须首先整理出一个《山海经》的新校本来。这个校本，需要对经文作校改更正的，大约有以下十项。

首先是错字，就是所谓讹文。这类例子很多，举不胜举。如《南山经》的"有木焉，其状如谷（穀）而黑理"，"谷（穀）"就是"榖"的错字；经内很多地方都把"榖"错成了"谷（穀）"。榖，是构（楮）树。谷（穀），是五谷，稻谷。当然非改不可。还有如《海外北经》的无臂国、拘缨国，实际上该是无启（启）国、拘瘿国，"臂"字和"缨"字都错了，自然也都得改。还有些错字，涉及问题的关键。如《中山经》的"县婴用桑封"，"桑封"是"藻珪"的错字。《中次九经》的"婴毛一璧"，"婴毛一吉玉"，两个"毛"都是"用"的错字。如果不把这些问题弄清楚，那么整段文字都会不知所云，无法解释。虽然这些错字还都属于学术研讨的范围，但也得暂行改定之。

第二是漏掉的字，就是所谓脱文。例如《海内南经》"夏后启之臣曰孟涂，是司神于巴，人请讼于孟涂之所"，人字上漏掉一个"巴"字。《大荒东经》"大荒之中，有山名曰鞠陵于天、东极、离瞀，日月所出。名曰折丹"，名曰上漏掉"有人"二字。凡此等等，都该根据确凿的证据和周密的推理而予以补充。

第三是多余的字，就是所谓衍文。例如《海外西经》"形天与帝至此争神"，"至此"二字就是衍文。又如《大荒西经》"西北海之外，大荒之隅，有山而不合，名曰不周负子"，"负子"二字也是衍文。凡是确实知道是衍文的，自然应该删去。

第四是颠倒的字句，就是所谓倒文。例如《大荒西经》"西有王母之山"，"西有"是"有西"的倒文；《大荒北经》"有继无民。继无民任姓"，两个"继无"都是"无继"的倒文。又如《中次八经》"其木多松柏，其草多竹，多橘櫾"，"多橘櫾"句应在"其草多竹"句上，就是说，经文原文这两句颠倒了。遇到这些情况，自然应该订正。

第五是经文入注。最明显的例子，如《海内经》"西南黑水之间，有都广之野，后稷葬焉"，郭璞注："其城方三百里，盖天下之中，素女所出也。"郭璞所注的这十六个字，原本就是经文，误抄作了注，应该复其原状（毕沅本作了恢复）。又如《海内东经》"青丘国在其北"，郭璞注："其人食五谷，衣丝帛。"情况和前面所说的也是一样。例子还有，不再多举了。

第六是注入经文。例如《中次六经》"缟姑之水出于其阴，而东流注于门水，其上多铜"，这以下经文还有"门水出于河，七百九十里，入雒水"十三个字，王念孙云："门水出于河云云，乃郭注误入正文；水无出河出江之理，作至于是也。"王念孙校了经文此数语是郭注的误入，又校了郭注的错字，眼光是犀利的。虽然还找不到确切的证据来证明这就是郭注，但无疑是后人释语羼入经文的，夹在正文中扞格难通，只好删去。又如《海内南经》记孟涂事后经文有"丹山在丹阳南、丹阳居属也"十一个字，毕沅、王念孙、郝懿行并校以为是郭注误入经文，毕沅校本干脆就删去了这十一个字，并指出"居属"是"巴属"的讹误，自然也当从毕、郝诸家所校删此二语。

第七是脱简和错简。这种情况，各经恐怕难免都有。古代书籍，大都书写在竹木简上，用绳子贯穿起来成册，一旦绳子断了，就容易造成脱简和错简的紊乱。脱简是竹木片从中丢掉了一片两片，使文字有首无尾、有尾无首或上下文语意不相衔接。例如《东次四经》末云："凡《东次四经》之首，自北号之山至于太山，凡八山，一千七百二十三里。"郝懿行云："此经不言神状及祠物，疑有阙脱。"郝氏的怀疑完全正确，这就是脱简造成的有首无尾的现象。又如《大荒东经》云："海内有两人，名曰女丑。""两人"下，"名曰"上，语意不衔接，可能也是脱简造成的现象。无法弥补，除了说明情况，只好听之。至于错简，那就是散乱的竹木片放错了位置。《山海经》独立成段，文字前后较少联系，错简的事故更容易发生，整理起来也比较麻烦。现在查明海内四经错简现象最为严重，大荒四经也偶尔有之，自然都必须改正过来，恢复其本来面貌。例如《海内东经》"盖国在钜燕南"以下九节（连同这一节共是十节）文字，都错简到《海内北经》"舜妻登比氏生宵明烛光"节后面去了；而本经中各节文字，也有前后错简的现象，如"雷泽中有雷神"节，本该在后面的，错简到前面去了；"都州在海中"和"琅邪台在渤海之间"两节文字，也是前后错简。其他经与经间错简的情况还多，不再举例。

第八是其他书籍的大段拦入。《山海经》中这种例证明显可举的只有一处，就是《海内东经》"岷三江，首大江出汶山"以下一大段文字，确实不是经文。毕沅校本将它另行附在经后，写有校记云："右《海内东经》古本为第三十四篇，旧本合'岷三江，首……'以下云云为篇，非，今附在后。"又云："右自'岷三江，首……'以下疑《水经》也。《隋书·经籍志》云：'《水经》二卷，郭璞注。'《旧唐书·经籍志》云：'《水经》二卷，郭璞撰。'此《水经》隋、唐二志皆次在《山海经》后，又是郭注，当即此也。"毕沅的怀疑是值得赞许的。这一大段文字不管是否即隋、唐志所载的《水经》，要非《山海经》本文总无可疑。毕沅将它从《海内东经》内分割出来，另行附在经后，是正确的。其他各本除汪绂本从毕沅外，都仍与经文混列无别。作为一种校勘比较完善的今译本，若是还要保存这样一个难看的赘瘤，就太不像样了。所以干脆删去，以恢复《山海经》古本的原来面貌。

　　第九是文字的篡改。这种现象在《五臧山经》中表现得最为突出。我在《山海经校注》里曾经说过，《山海经》的"经"，是"经历"的意思，不是"经典"的意思，举有内外多证，证成此一看法。现在临到要动手翻译、要为今译本整理出一个新校本的时候，这种看法就更加坚定而无可动摇。新校本"开宗明义章第一"的头一句是这样的："南山之首曰䧿山"，多么明白晓畅、人人都懂、深符质朴的古人著书的体例！如果照原来经文——实际上是篡改过的文字——写作"南山经之首曰䧿山"，多么别扭，而且甚至连翻译都翻译不出。下面就举一个无法翻译的例子。"《北次二经》之首，在河之东，其首枕汾……"这是怎么一回事？《北次二经》之首怎么会"在河之东"，又怎么会"枕"起"汾"来了？这怎能进行翻译？连明末一个不太知名的注家王崇庆也看出了这当中的问题，在他的《山海经释义》里说："首下当遗山字。"其实并不是"首下""遗"了"山"字，而是"山"字被"经"字篡改掉了。篡改者为了要将此书尊为经典，不惜将《山经》各"山"字一律以"经"字篡改之，大约改得匆忙，未暇顾及文义，才出了这样一个漏洞，成此不词之语。如果将"经"字复原为"山"，"北次二山之首，在河之东……"马上就条达畅遂，毋烦解说了。《山经》各经像这些被经字篡改了的"山"字，以及各经后面为了掩盖篡改的痕迹在"右南经之山"、"右北经之山"等语下附加的"志"字，都是为原经所异或原经所无的，应该分别删改，以复其原状。篡改者是谁呢？我疑心大约就是第一次校理此经、分出篇目的西汉刘秀——即刘向的儿子刘歆。

第十是一些琐碎的安不出名目的其他情况。例如《海内经》说："有国名曰流黄辛氏，其域中方三百里，其出是尘土。"历代注家为"尘土"二字议论纷纷。或说是"殷盛"（郭璞），或说是"其地清旷无嚣埃"（杨慎），或说是"人物喧阗"（郝懿行），总以出产"尘土"或超出"尘土"为言，其实都是瞎子摸象的说法。"尘土"二字经研究原来是"尘"字的误析，"其出是尘"，不但明白晓畅，原始部落的景象也就宛然在目了。当然要把二字重新连结起来复其原状。又如《大荒南经》说："有山名曰天台高山，海水入焉。东南海之外，甘水之间，有羲和之国。""海水入焉"，应该是"海水南入焉"，"东南海之外"，应该是"东海之外"，原来上一句的"南"字，脱落到下一句的"东"和"海"两个字之间去了。这就造成了一处脱文、一处衍文，都应该恢复它们的原状。而"东海之外，甘水之间，有羲和之国"这一节呢，本来又是《大荒东经》的文字错简在此的，也应该让它复原。诸如此类复杂琐碎的讹误情况，都需要仔细认真地进行校改。

校改以后的经文，和原来经文自然便有相当的不同。表现得最突出的，无过《海内东经》这一篇。只须把旧本《海内东经》和新校本《海内东经》对比看看，就知道它们之间存在的差异。新校本的《海内东经》，很有点像现在分行排列的一首诗，内容其实也大有诗意，而这正是古经或接近于古经的本来面貌，并非有意为之、故作此态以惊世骇俗的。因此我想，将来学者如果要引用此经，将"朝鲜在列阳东，海北山南"、"列姑射在海河洲中"、"蓬莱山在海中"等文字引用为《山海经·海内东经》，是不比引用为《山海经·海内北经》有更多错误的，因为它们的方位明明是在东方呀。自然，还得注明版本，否则也会造成误会。

我所做的校改经文的工作，大致就是依照前面所说的十项内容放手校改去的。既大胆放手，又持小心慎重态度，有些一时拿不准的，仍只作校记，不改经文。至于郭璞注中所举的别本异文，大都只是记了下来，谨供参考，不据以改经。校本所据的底本，仍是郝懿行笺疏本，因为这个本子比较通行，我又曾以之作校注，用来方便，就不再改用其他本子了。

有了比较可靠的校本，翻译起来，自然要容易一些，但也不是太容易。由于时代的暌隔，不少古代的名物和古字古义现在都不大能够确切地了解了，特别是《五藏山经》各经末尾关于祭典的部分，更是肯綮的所在，相当难以翻译。历代注家虽然都各尽其力，对这书作了或详或略的注释，但是我敢相信，他们中也没有一个能够完全彻底地了解这部书。遇到困难不解处，态度老实的，就只好坦白承认"所未详也"，如像晋代的郭璞。郭璞而下的近代注家，从明代的杨慎、王崇庆到清代的毕沅、郝懿行等，这种坦白承认"未详"的态度便已经看不到了，要不就略而不论，要不就强为之说，其结果也不过只是表明大家都没有全读懂。但是，"为学譬如积薪，后来居上"，这是自然的法则。我利用了历代诸家校注的成果，加上自己的一些发现，一些推论，懂得的或许要多一些（自然也没有全懂），因而才能勉强翻译这部问题较多的渊奥的古书。

这个译本，是全译本，是从头到尾、逐字逐句都要翻译的，不是选译本，不能舍难趋易、避重就轻；也不能像作《校注》时那样，对于不很了解的地方，略而不论。只好是尽力之所及，求其了解，并用浅明质朴的语言，将它译出。大部分译文，是采取直译的办法；也有小部分是意译，多加了几个字，目的是在于说明问题，增加了解。有时加得略多些，如像《大荒南经·蜮民国》后面加的那一段说明蜮的形状性态的话，就是经文所无，近乎注释。然而要是没有就不能使读者了解蜮之为害，以及蜮民国"射蜮是食"的有益人群，因而不得不作变体安排，啰嗦几句。类似的情况，也见于《海外北经》的夸父追日。翻译到夸父抛掉手里的杖，于是变化成了邓林，经文到这里为止就算结束了。可是我又忍不住利用毕沅研究的成果，和我自己的想象，在这后面啰嗦了几句，说邓林就是桃林，桃林里所结的鲜果累累的桃实，将会给后来寻求光明的人解除口渴，以为这才神完气足，显示了神话潜在的光辉。像这样变体的翻译，书中还散见有一些。我不知道这么做是否恰当，总之我是在翻译实践的过程中，尝试着这么做了。凡上面加小黑点的文字，就是这些变体的翻译。

《山海经》是一部奇书，好像一块多棱的宝石，从不同的角度可以看出不同的光彩。不少的人喜欢阅读《山海经》，并盼望根据它作些比较深入的研究。但是由于简策的紊乱，文字的障碍，阅读、研究起来会感到吃力。现在整理出了一个校本，又翻译出了一个全译本，虽然距完善和理想还远，总算是有了一个初阶，可以供青年学人作研究参考，也可以供一般读者对本书作初步理解欣赏。有此二用，那就不惭浅陋，将它公之于世，我想最后还是会得到海内外学者有益的教正的。是为序。

袁　珂

1982年6月15日于成都

山海经卷一

南山经

南山①之首曰䧿山。其首曰招摇之山,临于西海之上,多桂,多金玉。有草焉,其状如韭而青华,其名曰祝余,食之不饥。有木焉,其状如榖②而黑理③,其华四照,其名曰迷榖,佩之不迷。有兽焉,其状如禺而白耳,伏行人走,其名曰狌狌,食之善走。丽𪊨之水出焉,而西流注于海,其中多育沛,佩之无瘕疾。

又东三百里,曰堂庭之山④,多棪木,多白猿,多水玉,多黄金。

又东三百八十里,曰即翼之山⑤,其中多怪兽,水多怪鱼,多白玉,多蝮虫,多怪蛇,多怪木,不可以上。

又东三百七十里,曰杻阳之山,其阳

旋龟

多赤金，其阴多白金。有兽焉，其状如马而白首，其文如虎而赤尾，其音如谣，其名曰鹿蜀，佩之宜子孙。怪水出焉，而东流注于宪翼之水。其中多玄龟，其状如龟而鸟首虺尾，其名曰旋龟，其音如判木，佩之不聋，可以为底。

又东三百里，曰柢山⑥，多水，无草木。有鱼焉，其状如牛，陵居，蛇尾有翼，其羽在魼下，其音如留牛，其名曰鯥，冬死而夏生，食之无肿疾。

又东四百里，曰亶爰之山，多水，无草木，不可以上。有兽焉，其状如狸而有髦，其名曰类⑦，自为牝牡，食者不妒。

类

又东三百里，曰基山，其阳多玉，其阴多怪木⑧。有兽焉，其状如羊，九尾四耳，其目在背，其名曰猼訑，佩之不畏。有鸟焉，其状如鸡而三首六目，六足三翼，其名曰𪁉䳜⑨，食之无卧。

又东三百里，曰青丘之山，其阳多玉，其阴多青䨼⑩。有兽焉，其状如狐而九尾，其音如婴儿，能食人，食者不蛊。有鸟焉，其状如鸠，其音若呵，名曰灌灌，佩之不惑。英水出焉，南流注于即翼之泽。其中多赤鱬，其状如鱼而人面，其音如鸳鸯，食之不疥。

九尾狐

山海经卷一　南山经

又东三百五十里,曰箕尾之山⑪,其尾踆于东海,多沙石。汸水出焉,而南流注于淯,其中多白玉。

凡䧿山之首,自招摇之山,以至箕尾之山,凡十山,二千九百五十里。其神状皆鸟身而龙首。其祠之礼:毛用一璋玉瘗,糈用稌米,一璧,稻米⑫、白菅为席。

校注:

① 南山:原山下有经字,据《山海经校注·海经新释》(卷一)注①删。以下西山、北山、东山、中山等例均同此。

② 其状如榖:榖原作谷(穀),下文迷榖亦作迷谷,从宋本改。榖即今之构(楮)树,榖、构同声。

③ 黑理:《文选·头陁寺碑》注引无理字。

④ 堂庭之山:郭璞云:"(堂)一作常。"按《文选·上林赋》注引此经正作常。

⑤ 即翼之山:原作猿翼之山,从王念孙校改;王云:"《一切经音义》引作即翼之山;下文又有即翼之泽。"是也。

⑥ 又东三百里,曰柢山:原无曰字,据宋本、吴宽抄本、明藏经本补。

⑦ 其状如狸而有髦,其名曰类:郭璞云:"类或作沛,髦或作发。"

⑧ 多怪木:《太平御览》卷五〇引此经多怪木上有"多金"二字。

⑨ 鹓鶋:原作鹎鶋,从毕沅、郝懿行校改。

⑩ 其阴多青䨼:䨼原作䨼,从毕沅、郝懿行校改。《说文》(五)云:"䨼,善丹也。"

⑪ 箕尾之山:郝懿行云:"《玉篇》作箕山,无尾字。"

⑫ 一璧,稻米:汪绂云:"一璧稻米四字疑衍。"按此四字居经文中实扞格难通,汪说当是。

南次二山①之首,曰柜山,西临流黄,北望诸毗,东望长右。英水出焉,西南流注于赤水,其中多白玉,多丹粟。有兽焉,其状如豚,有距，其音如狗吠，其名曰狸力，见则其县多土功。有鸟焉，其状如鸱而人手，其音如痹，其名曰鴸，其名自号也，见则其县多放士。

东南四百五十里，曰长右之山，无草木，多水。有兽焉，其状如禺而四耳，其名长右②，其音如吟，见则其郡县大水③。

又东三百四十里，曰尧光之山，其阳多玉，其阴多金。有兽焉，其状如人而彘鬣，穴居而冬蛰，其名曰猾裹，其音如斲木，见则县有大繇④。

长右

又东三百五十里，曰羽山，其下多水，其上多雨，无草木，多蝮虫。

又东三百七十里，曰瞿父之山，无草木，多金玉。

又东四百里，曰句余之山，无草木，多金玉。

又东五百里，曰浮玉之山，北望具区，东望诸毗。有兽焉，其状如虎而牛尾，其音如吠犬，其名曰彘，是食人。苕水出于其阴，北流注于具区，其中多鮆鱼。

又东五百里，曰成山，四方而三坛，其上多金玉，其下多青䨼。閟水出焉⑤，而南流注于虖勺⑥，其中多黄金。

又东五百里，曰会稽之山，四方，其上多金玉，其下多砆石。勺水出焉，而南流注于湨。

又东五百里，曰夷山，无草木，多沙石。湨水出焉⑦，而南流注于列涂。

又东五百里，曰仆勾之山⑧，其上多金玉，其下多草木，无鸟兽，无水。

又东五百里，曰咸阴之山，无草木，无水。

又东四百里，曰洵山⑨，其阳多金，其阴多玉。有兽焉，其状如羊而无口，不可杀也，其名曰𢺰。洵水出焉，而南流注于阏之泽，其中多茈蠃⑩。

又东四百里，曰虖勺之山，其上多梓楠，其下多荆杞。滂水出焉，而东流注于海。

又东五百里，曰区吴之山，无草木，多沙石。鹿水出焉，而南流注于滂水。

又东五百里，曰鹿吴之山，上无草木，多金石。泽更之水出焉，而南流注于滂水。有兽焉⑪，名曰蛊雕⑫，其状如雕而有角，其音如婴儿之音⑬，是食人。

东五百里，曰漆吴之山，无草木，多博石，无玉。处于海，东望丘山⑭，其光载出载入，是惟日次。

凡南次二山之首，自柜山至于漆吴之山，凡十七山，七千二百里。其神状皆龙身而鸟首。其祠：毛用一璧瘗，糈用稌。

校注：

① 南次二山：原作南次二经，据《山海经校注·海经新释》卷一篇首注①改，以下南次三山、西次二山等均同此，不另注。

② 长右之山……其名长右：经文二长右郝懿行均注云："《广韵》引此经长右作长舌。"又经文其名长右，其名下疑脱曰字。

③ 其郡县大水：其字原无，宋本有，于义为长，从补。

④ 见则县有大繇：郭璞云："或曰其县是乱。"郝懿行云："《藏经》本作其县乱，无是字。"

⑤ 阆水出焉：阆水原作阅水，从王念孙、郝懿行校改。汪绂本作闲水，有注云"闲一作阆"。

⑥ 而南流注于虖勺：郭璞云："一作流注于西。"按郭注"流注于西"当是"西流注于"。

⑦ 渼水出焉：郭璞云："（渼）一作浿。"

⑧ 仆勾之山：郭璞云："（勾）一作夕。"郝懿行云："夕疑多字之讹。"

⑨ 洵山：郭璞云："（洵）一作旬。"郝懿行云："《玉篇》引此经作旬

山。《太平御览》九百四十一卷引作旬山，与郭注合。"

⑩ 其中多茈蠃：茈蠃原作茈蠃，郭璞云："紫色螺也。"郝懿行云："郭云紫色螺，即知经文茈当为茈字之讹也，古字通以茈为紫，《御览》引此经茈作茈。"汪绂本正作茈，从改。

⑪ 有兽焉：原作水有兽焉，王念孙校衍水字，汪绂本正无，从删。

⑫ 名曰蛊雕：郭璞云："蛊或作纂。"

⑬ 其音如婴儿之音：下"之音"二字疑衍。

⑭ 处于海，东望丘山：原此二句作处于东海，望丘山，然宋本、吴宽抄本、汪绂本东海俱作海东，则东字宜属下读，文乃较顺适，因据改。何焯云："处于之上疑有脱文。"

南次三山之首，曰天虞之山，其下多水，不可以上。

东五百里，曰祷过之山，其上多金玉，其下多犀兕，多象。有鸟焉，其状如鸡，而白首、三足①、人面，其名曰瞿如，其鸣自号也。浪水出焉，而南流注于海。其中有虎蛟，其状鱼身而蛇尾②，其音如鸳鸯③，食者不肿，可以已痔④。

瞿如

凤凰

又东五百里，曰丹穴之山，其上多金玉。丹水出焉，而南流注于渤海。有鸟焉，其状如鸡，五采而文，名曰凤凰，首文曰德，翼文曰顺，背文曰义⑤，膺文曰仁，腹文曰信。是鸟也，饮食自然，自歌自舞，见则天下安宁。

又东五百里，曰发爽之山⑥，无草木，多水，多白猿。汎水出焉，而南流注于渤海。

又东四百里，至于旄山之尾。其南有谷，曰育遗⑦，多怪鸟，凯风自是出。

又东四百里，至于非山之首，其上多金玉，无水，其下多蝮虫。

又东五百里，曰阳夹之山，无草木，多水。

又东五百里，曰灌湘之山⑧，上多木，无草；多怪鸟，无兽。

又东五百里，曰鸡山，其上多金，其下多丹腹。黑水出焉，而南流注于海。其中有鱄鱼，其状如鲋而彘尾⑨，其音如豚，见则天下大旱。

又东四百里，曰令丘之山，无草木，多火。其南有谷焉，曰中谷，条风自是出。有鸟焉，其状如枭，人面四目而有耳，其名曰颙⑩，其鸣自号也，见则天下大旱。

又东三百七十里，曰仑者之山⑪，其上多金玉，其下多青腹。有木焉，其状如榖⑫而赤理，其汁如漆⑬，其味如饴，食者不饥，可以释劳，其名曰白䓘⑭，可以血玉。

又东五百八十里，曰禺稾之山⑮，多怪兽，多大蛇。

又东五百八十里，曰南禺之山，其上多金玉，其下多水。有穴焉，水春辄入⑯，夏乃出，冬则闭。佐水出焉，而东南流注于海，有凤凰、鹓雏。

凡南次三山之首，自天虞之山以至南禺之山，凡一十四山，六千五百三十里。其神皆龙身而人面。其祠皆一白狗祈，糈用稌。

右南经之山⑰，大小凡四十山，万六千三百八十里。

校注：

① 白首、三足：郭璞云："（足）或作手。"

② 其状鱼身而蛇尾：《文选·江赋》注引此经蛇尾下有"有翼"二字。

③ 其音如鸳鸯：经文其音，王念孙校作其首。毕沅本正作其首。

④ 可以已痔：经文已痔，《太平御览》卷七四三引作为痔，并引郭璞注云，为，治也。

⑤翼文曰顺,背文曰义:原作翼文曰义,背文曰礼,从王念孙、郝懿行校改。

⑥发爽之山:郭璞云:"(爽)或作器。"按器,丧本字,从哭从亡,见《说文》二。吴任臣本、《百子全书》本、宏道堂本器均作丧。

⑦育遗:郭璞云:"(遗)或作隧。"

⑧灌湘之山:郭璞云:"一作灌湖射之山。"

⑨其状如鲋而彘尾:彘尾原作彘毛,据《文选·江赋》注及《太平御览》卷三五引改。郝懿行云:"《广韵》作豕尾。"

⑩其名曰颙:郝懿行云:"《玉篇》、《广韵》并作䳑。"

⑪仑者之山:《太平御览》卷五〇引此止作仑山,无"者之"二字。

⑫其状如榖:榖原作榖,字之讹也;从吴任臣本、汪绂本改。

⑬其汁如漆:原作其汗如漆,据《太平御览》卷五〇引经改。郝懿行亦校汗作汁。

⑭其名曰白䓘:郭璞云:"或作睾苏,睾苏一名白䓘,见《广雅》;音羔。"

⑮禺槀之山:经文槀,宋本、吴任臣本、毕沅校本并作稾。

⑯水春辄入:原作水出辄入,从宋本、《藏经》本、吴任臣本、汪绂本、何焯校本改。

⑰右南经之山:原山下有志字,据《山海经校注·海经新释》卷一篇首注①删,以下右北经之山、右东经之山等皆同此,不另注。

译文:

南山经

南方第一列山系叫做䧿(鹊)山。这山系的开头一座山,叫招摇山,它雄踞在西海岸边,山上多生桂树,又多产金属矿物和玉石。有一种草,形状像韭菜,开青色花朵,名字叫祝余,吃了它可以不饥饿。有一种树,形状像构（楮）树，有黑色的纹理，它的光华照耀四方，名字叫迷榖，佩带在身边可以不迷失道路。有一种兽，形状像长尾猿，长着一对白色耳朵，能够匍匐前行，又能像人一样直立起来走路，名字叫狌狌（猩猩），吃了它可以走得快。丽䴈（音几）水发源在这座山，往西流注入大海，水中多产"育沛"这种动物，佩带着它可以使肚子不闹蛊胀病。

往东三百里，叫做堂庭山，山上多生棪（音掩）木，它的果实像苹果，又多产白猿，多产水晶，多产黄金。

再往东三百八十里，叫做即翼山，山上多产怪兽，水里多产怪鱼，多产白玉，多产反鼻虫，多产怪蛇，多产怪木，高峻不可攀登。

再往东三百七十里，叫做杻阳山，山的南面多产赤金，山的北面多产白金。有一种兽，形状像马，脑袋是白的，身上的斑纹像老虎，长有红色的尾巴，鸣叫的声音像人歌吟，它的名字叫鹿蜀，佩带它的皮毛可以使子孙繁衍。怪水发源在这座山，往东流注入宪翼水。水中多产黑红色的乌龟，形状像普通乌龟，却长着鸟的头和毒蛇样的尖锐的尾巴，它的名字叫旋龟，它的声音像解剖木头，佩带了它可以使耳朵不聋，还可以医治足底老茧。

再往东三百里叫做柢山，山间多水，不生草木。有一种鱼，形状像牛，住在山坡上，蛇样的尾巴，长有翅膀，翅膀长在腋下，它的声音像犁牛，它的名字叫鯥，冬天蛰伏，夏天苏生，吃了它可以不患痈肿病。

再往东四百里，叫做亶爰山，山间多水，不生草木，险峻不可攀登。有一种兽，形状像野狸，长有头发，它的名字叫类，身上具有雌雄两种性器官，可以自行交配，吃了它能够使人不妒嫉。

再往东三百里，叫做基山，山的南面多产玉石，山的北面多产怪木。有一种兽，形状像羊，长有九条尾巴、四只耳朵，眼睛生在背上，它的名字叫猼訑（音博施），佩带它的皮毛可以不知恐惧。又有一种鸟，形状像鸡，却长了三个脑袋、六只眼睛、六条腿、三只翅膀，它的名字叫鹧鸺，吃了它可以使人兴奋睡不着觉。

再往东三百里，叫做青丘山，山的南面多产玉石，山的北面多产青䕺——就是青色的䕺丹。有一种兽，形状像狐狸，却长有九条尾巴，声音好像婴儿啼哭，能够吃人，人若是吃了它就能不逢妖邪之气。又有一种鸟，形状像雉鸠，声音像人们责骂人，它的名字叫灌灌，佩带了它可以使人不迷惑。英水发源在这座山，往南流注入即翼泽中。水中多产人鱼类的赤鱬，形状像鱼而有着一张人样的脸，声音好像鸳鸯，吃了它可以不生疥疮。

再往东三百五十里，叫做箕尾山，山的尾部蹲踞在东海岸上，上面多的是沙和石头。汸水发源在这座山，往南流注入淯水，水中多产白色玉石。

总计䧿山的开始，从招摇山到箕尾山，一共是十座山，行经的途程共是二千九百五十里。诸山山神的形状都是鸟的身子，龙的脑袋。祭祀他们的典礼，要拿一片璋、一片玉和祀神用的毛物（猪鸡犬羊等）一同埋在地里；祀神的精米用稻米，拿白茅来做神的坐席。

南方第二列山系的头一座山，叫做柜山，西边靠近流黄酆氏国，北边可以望见诸毗山，东边可以望见长右山。英水发源在这座山，往西南流注入赤水，水中多产白玉，多产像粟粒一样的细丹沙。有一种兽，形状像小猪，长着一对鸡足，它的声音像狗叫，它的名字叫狸力，它所出现的那个县，一定会有繁重的水土工程。有一种鸟，形状像鹞鹰，足却像人的手，它的声音像雌鹌鹑，它的名字叫鴸，它的名字就是从它自己鸣叫声中呼唤出来的，它所出现的那个县，才智之士多被放逐。

往东南四百五十里，叫做长右山，不生草木，多的是水。有一种兽，形状像长尾猿，长着四只耳朵，它的名字叫长右，它的声音像人呻吟，它所出现的郡县，定会发生大水灾。

再往东三百四十里，叫做尧光山，山的南面多产玉石，山的北面多产金属矿物。有一种兽，形状像人，却长着猪样的刚硬鬣毛，住在山洞里，冬天蛰伏起来，它的名字叫猾裹（音滑怀），它的声音像砍木头，它所出现的那个县，一定会有大的徭役。

再往东三百五十里，叫做羽山，山下多水，山上多雨，不生草木，到处都是反鼻虫。

再往东三百七十里,叫做瞿父山,不生草木,多产金属矿物和玉石。

再往东四百里,叫做句余山,不生草木,多产金属矿物和玉石。

再往东五百里,叫做浮玉山,北边可以望见具区泽(震泽),东边可以望见诸毗水。有一种兽,形状像老虎,却长着牛的尾巴,它的声音像吠叫的狗,它的名字叫彘,能吃人。苕水发源在山的北面,往北流注入具区泽,水里多产鮆(音咨)鱼——一种狭薄而长头的鱼,大的有尺多长,又叫刀鱼。

再往东五百里,叫做成山,山形是四方的,像土坛叠垒上去,共是三重。山上多产金属矿物和玉石,山下多产青䕶——青色的优质丹。閟(音豕)水发源在这里,往南流注入虖勺水,水里多产黄金。

再往东五百里,叫做会稽山,山形是四方的,山上多产金属矿物和玉石,山下多产像玉石的武夫石。勺水发源在这座山,往南流注入湨(音决)水。

再往东五百里,叫做夷山,不生草木,多的是沙子和石头。湨水发源在这座山,往南流注入列涂水。

再往东五百里,叫做仆勾山,山上多产金属矿物和玉石,山下多生草木,没有飞禽走兽,也没有水。

再往东五百里,叫做咸阴山,不生草木,也没有水。

再往东四百里,叫做洵山,山的南面多产金属矿物,山的北面多产玉石。有一种兽,形状像羊却没有嘴巴,不吃东西而生活自如,它的名字叫㺎(音患)。洵水发源在这座山,往南流注入阏(音遏)泽,水中多产紫色螺。

再往东四百里,叫做虖勺山,山上多产梓树、楠树这类乔木,山下多产牡荆、枸杞这类灌木。滂水发源在这座山,往东流注入大海。

再往东五百里,叫做区吴山,不生草木,多的是沙子和石头。鹿水发源在这座山,往南流注入滂水。

再往东五百里,叫做鹿吴山,山上不生草木,多产金属矿物和玉石。

泽更水发源在这座山，往南流注入滂水。有一种兽，名字叫蛊雕，形状像雕而头上有角，鸣叫的声音像婴儿啼哭，能够吃人。

往东五百里，叫做漆吴山，不生草木，多产可用来作棋子的博石，不产玉石。这座山靠近海，东边可以望见一片起伏的丘陵，远处有光影忽明忽灭，是太阳休息的地方。

总计南方第二列山系的开始，从柜山到漆吴山，共有十七座山，行经七千二百里。诸山山神的形状都是龙的身子，鸟的脑袋。祭祀他们，须用一块璧和所祭的不同毛物（猪羊鸡犬等）一同埋在地里，祀神的精米用稻米。

南方第三列山系的头一座山，叫做天虞山，山下多水，没法攀登。

往东五百里，叫做祷过山，山上多产金属矿物和玉石，山下多产犀牛和兕（音似），又多产象。有一种鸟，形状像鸡（音交），却是白脑袋、三只足、人的脸，它的名字叫瞿如，它鸣叫的声音和它的名字相同。泿（音银）水发源在这座山，往南流注入大海。水里有虎蛟，形状是鱼的身子，蛇的尾巴，鸣叫的声音像鸳鸯，人若是吃了它，可以不患痈肿病，又可以治疗痔疮。

再往东五百里，叫做丹穴山，山上多产金属矿物和玉石。丹水发源在这座山，往南流注入渤海。有一种鸟，形状像鸡，五色斑烂，名叫凤凰，它的头上有文字叫德，翅膀上有文字叫顺，背上有文字叫义，胸脯上有文字叫仁，肚腹上有文字叫信。这种鸟呀，你看它饮食多么自然，从容不迫，它自己唱歌，自己跳舞，只要它一出现天下就会安宁。

再往东五百里，叫做发爽山，不生草木，多的是水，多产白猿。汎水发源在这座山，往南流注入渤海。

再往东四百里，到了旄山的尾部。它的南面有一道谷，叫做育遗谷，谷里多产怪鸟，凯风——就是南风——从这里吹出来。

再往东四百里，到了非山的头部，山上多产金属矿物和玉石，没有水，山下多产反鼻虫。

再往东五百里,叫做阳夹山,不生草木,多的是水。

再往东五百里,叫做灌湘山,山上多生树木,却不生草;多产怪鸟,却不产野兽。

再往东五百里,叫做鸡山,山上多产金属矿物,山下多产丹腊——就是朱红色的善丹。黑水发源在这座山,往南流注入大海。水里产有一种叫做鱄(音团)鱼的鱼类,形状像鲫鱼,却长着猪的尾,鸣叫的声音像小猪,只要它一出现天下就会发生大旱灾。

再往东四百里,叫做令丘山,不生草木,多的是火。它的南面有一道谷,叫做中谷,条风——东北风——从这里吹出来。有一种鸟,形状像枭,人的脸,四只眼睛,还长着一对耳朵,它的名字叫颙(音娱),它鸣叫的声音和它的名字相同,它一出现天下就会发生大旱灾。

再往东三百七十里,叫做仑者山,山上多产金属矿物和玉石,山下多产青雘。有一种树,形状像构(楮)树而有红色的纹理,树身流出的汁水像漆,它的味道像糖浆,吃了它可以不饥饿,又可以使人忘记忧愁,它的名字叫白䓘(音羔),可以用来染玉石。

再往东五百八十里,叫做禺槀山,山上多产怪兽,又多大蛇。

再往东五百八十里,叫做南禺山,山上多产金属矿物和玉石,山下多的是水。有一个洞穴,春天水流进洞穴去,夏天水又流出来,到了冬天洞穴便闭塞不通。佐水发源在这座山,东南流注入大海;沿水一带有凤凰、鹓雏。

总计南方第三列山系的开始,从天虞山到南禺山,共是十四座山,行经六千五百三十里。诸山山神的形状都是龙的身子,人的脸。祭祀他们都是用一只白狗割出血来涂钟鼓宝器的缝隙,然后陈牲以祭;祀神的精米用稻米。

上面所记南方经历的山,大大小小总共是四十座山,行经一万六千三百八十里。

山海经卷二

西山经

西山华山之首,曰钱来之山,其上多松,其下多洗石。有兽焉,其状如羊而马尾,名曰羬羊,其脂可以已腊。

西四十五里,曰松果之山。濩水出焉,北流注于渭,其中多铜。有鸟焉,其名曰螐渠,其状如山鸡,黑身赤足,可以已㬽①。

又西六十里,曰太华之山,削成而四方,其高五千仞,其广十里,鸟兽莫居。有蛇焉,名曰肥遗②,六足四翼,见则天下大旱。

又西八十里,曰小华之山,其木多荆杞,其兽多㸲牛,其阴多磬石,其阳多㻬琈之玉。鸟多赤鷩,可以御火。其草有萆荔,状如乌韭,而生于石上,亦缘木而生,食之已心痛。

肥遗

山海经卷二　西山经

又西八十里，曰符禺之山，其阳多铜，其阴多铁。其上有木焉，名曰文茎，其实如枣，可以已聋。其草多条，其状如葵，而赤华黄实，如婴儿舌③，食之使人不惑。符禺之水出焉，而北流注于渭。其兽多葱聋，其状如羊而赤鬣。其鸟多鹃④，其状如翠而赤喙，可以御火。

又西六十里，曰石脆之山，其木多棕楠，其草多条，其状如韭，而白华黑实，食之已疥。其阳多㻬琈之玉，其阴多铜。灌水出焉，而北流注于禺水，其中有流赭，以涂牛马无病。

又西七十里，曰英山，其上多杻橿，其阴多铁，其阳多赤金。禺水出焉，北流注于招水，其中多䱎鱼，其状如鳖，其音如羊。其阳多箭䉁，其兽多㸲牛、羬羊。有鸟焉，其状如鹑，黄身而赤喙，其名曰肥遗，食之已疠，可以杀虫。

䱎鱼

又西五十二里，曰竹山，其上多乔木，其阴多铁。有草焉，其名曰黄雚，其状如樗，其叶如麻，白华而赤实，其状如赭，浴之已疥，又可以已胕。竹水出焉，北流注于渭，其阳多竹箭，多苍玉。丹水出焉，东南流注于洛水，其中多水玉，多人鱼。有兽焉，其状如豚而白毛，毛大如笄而黑端⑤，名曰豪彘。

又西百二十里，曰浮山，多盼木⑥，枳叶而无伤，木虫居之。有草焉，名曰薰草，麻叶而方茎，赤华而黑实，臭如蘼芜，佩之可以已疠。

又西七十里，曰羭次之山。漆水出焉，北流注于渭，其上多棫橿，其下多竹箭，其阴多赤铜，其阳多婴垣⑦之玉。有兽焉，其状如禺而长臂，善投，其名曰嚣。有鸟焉，其状如枭，人面而一足，名曰橐𪆻⑧，冬见夏蛰，服之不畏雷⑨。

又西百五十里，曰时山，无草木。逐水出焉，北流注于渭，其中多水玉。

又西百七十里,曰南山,上多丹粟。丹水出焉,北流注于渭。兽多猛豹,鸟多尸鸠。

又西百八十里,曰大时之山,上多榖⑩柞,下多杻橿,阴多银,阳多白玉。涔水出焉,北流注于渭。清水出焉,南流注于汉水。

又西三百二十里,曰嶓冢之山。汉水出焉,而东南流注于沔。嚣水出焉,北流注于汤水。其上多桃枝钩端,兽多犀兕熊罴,鸟多白翰赤鷩。有草焉,其叶如蕙,其本如桔梗,黑华而不实,名曰蓇蓉,食之使人无子。

又西三百五十里,曰天帝之山,上多棕楠,下多菅蕙。有兽焉,其状如狗,名曰溪边,席其皮者不蛊。有鸟焉,其状如鹑,黑文而赤翁,名曰栎,食之已痔。有草焉,其状如葵,其臭如蘼芜,名曰杜衡,可以走马,食之已瘿。

西南三百八十里,曰皋涂之山。蔷水出焉,西流注于诸资之水。涂水出焉,南流注于集获之水。其阳多丹粟,其阴多银、黄金,其上多桂木。有白石焉,其名曰礜,可以毒鼠。有草焉,其状如槁茇,其叶如葵而赤背,名曰无条,可以毒鼠。有兽焉,其状如鹿而白尾⑪,马足人手而四角,名曰玃如⑫。有鸟焉,其状如鸱而人足,名曰数斯,食之已瘿。

玃如

又西百八十里,曰黄山,无草木,多竹箭。盼水⑬出焉,西流注于赤水,其中多玉。有兽焉,其状如牛,而苍黑大目,其名曰𨵋。有鸟焉,其状如鸮,青羽赤喙,人舌能言,名曰鹦䳇。

又西二百里,曰翠山,其上多棕楠,其下多竹箭,其阳多黄金、玉⑭,其阴多旄牛、麢羚、麝,其鸟多鸓⑮,其状如鹊,赤黑而两首四足,可以御火。

山海经卷二　西山经

又西二百五十里，曰䳱山，是錞于西海，无草木，多玉。凄水出焉，西流注于海，其中多采石、黄金，多丹粟。

凡西山⑯之首，自钱来之山至于䳱山，凡十九山，二千九百五十七里。华山，冢也。其祠之礼：太牢。羭山，神也。祠之用烛，斋百日以百牺，瘞用百瑜，汤其酒百樽，婴以百珪百璧。其余十七山之属，皆毛牷用一羊祠之⑰。烛者，百草之未灰。白蓆⑱采等纯之。

校注：

① 可以已朣：可以上疑脱"食之"二字。

② 肥遗：原作肥蠪，据郝懿行校改。

③ 如婴儿舌：如字上疑脱实字。

④ 其鸟多鶌：鶌原作鸥，据郝懿行校改。

⑤ 毛大如笄而黑端：毛字原无，据王念孙、郝懿行校补。

⑥ 盼木：郭璞云："音美目盼兮之盼。"郝懿行云："郭既音盼，知经文必不作盼，未审何字之讹。"

⑦ 婴胆：原作婴垣，据江绍原《中国古代旅行之研究》第一章注⑩改。

⑧ 名曰橐琶：名字原无，据王念孙校补。

⑨ 畏雷：王念孙校畏字疑衍，雷当作畾（灾）。

⑩ 多榖：榖原作榖，从吴任臣本改。诸本作榖，皆讹。

⑪ 其状如鹿而白尾：《史记·司马相如传》索隐引此经无"白尾"二字。

⑫ 玃如：原作玃如，据王念孙、郝懿行校改。

⑬ 盼水：郭璞注亦音美目盼兮之盼，郝懿行云："郭既音盼，知经文必不作盼。"疑盼木、盼水之盼，均当是盻字之讹。盼、盻音相近。

⑭ 黄金、玉：毕沅校本作黄玉，无金字。

⑮ 其鸟多鸓：鸓原作鸥，据王念孙、毕沅、郝懿行校改。

⑯ 西山：原作西经，据《山海经校注·海经新释》卷一注①改。以

下西次二山、西次三山等，亦均据前书注改，不另注。

⑰皆毛牷用一羊祠之：汪绂本无用字。

⑱白蓆：蓆字《藏经》本作席。

西次二山之首，曰钤山，其上多铜，其下多玉，其木多杻橿。

西二百里，曰泰冒之山，其阳多金，其阴多铁。洛水出焉①，东流注于河，其中多藻玉，多白蛇。

又西一百七十里，曰数历之山，其上多黄金，其下多银，其木多杻橿，其鸟多鹦䳇。楚水出焉，而南流注于渭，其中多白珠。

又西百五十里，曰高山②，其上多银，其下多青碧、雄黄，其木多棕，其草多竹。泾水出焉，而东流注于渭，其中多磬石、青碧。

西南三百里，曰女床之山，其阳多赤铜，其阴多石涅，其兽多虎豹犀兕。有鸟焉，其状如翟而五采文，名曰鸾鸟，见则天下安宁。

又西二百里，曰龙首之山，其阳多黄金，其阴多铁。苕水出焉，东南流注于泾水③，其中多美玉。

又西二百里，曰鹿台之山，其上多白玉，其下多银，其兽多㸲牛、𦍋羊、白豪。有鸟焉，其状如雄鸡而人面，名曰凫徯，其鸣自叫也，见则有兵。

西南二百里，曰鸟危之山，其阳多磬石，其阴多檀楮，其中多女床。鸟危之水出焉，西流注于赤水，其中多丹粟。

又西四百里，曰小次之山，其上多白玉，其下多赤铜。有兽焉，其状如猿，而白首赤足，名曰朱厌，见则大兵④。

又西三百里，曰大次之山，其阳多垩，其阴多碧，其兽多㸲牛、麢羊。

又西四百里，曰薰吴之山，无草木，多金玉。

又西四百里，曰厎阳之山⑤，其本多㯤、楠、豫章，其兽多犀、兕、虎、豹、㸲牛。

又西二百五十里，曰众兽之山，其上多㻁琈之玉，其下多檀楮，多黄金，其兽多犀兕。

又西五百里，曰皇人之山，其上多金玉，其下多青、雄黄。皇水出焉，西流注于赤水，其中多丹粟。

又西三百里，曰中皇之山，其上多黄金，其下多蕙棠。

又西三百五十里，曰西皇之山，其阳多金，其阴多铁，其兽多麋、鹿、㞋牛。

又西三百五十里，曰莱山，其木多檀楮，其鸟多罗罗，是食人。

凡西次二山之首，自钤山至于莱山，凡十七山，四千一百四十里。其十神者，皆人面而马身。其七神皆人面牛身，四足而一臂，操杖以行，是为飞兽之神。其祠之，毛用少牢，白菅为席。其十辈神者，其祠之，毛一雄鸡，钤而不糈；毛采。

校注：

① 泰冒之山……洛水出焉：郭璞云："（泰）或作秦。"洛水，原作浴水，据《初学记》卷六及《太平御览》卷六二引改。

② 曰高山：高山上原无曰字，据宋本、吴任臣本、汪绂本、毕沅校本改。

③ 东南流注于泾水：宋本、毛扆本东南流上有而字。

④ 见则大兵：郭璞云："一作见则有兵起焉，一作见则为兵。"郝懿行云："《北堂书钞》一百三十卷、《太平御览》三百二十九卷引此经并作见则有兵。"

⑤ 厎阳之山：厎原作辰，从王念孙、毕沅、郝懿行校改。

西次三山之首，曰崇吾之山，在河之南，北望冢遂，南望㨦之泽，西望帝之搏兽之丘①，东望蠕渊。有木焉，员叶而白柎，赤华而黑理，其实如枳，食之宜子孙。有兽焉，其状如禺而文臂，豹虎而善投，名曰举父②。有鸟焉，其状如凫，而一翼一目，相得乃飞，名曰蛮蛮，见则天下大水。

举父　　　　　　　　　蛮蛮

西北三百里,曰长沙之山。泚水出焉,北流注于泑水。无草木,多青、雄黄。

又西北三百七十里,曰不周之山,北望诸毗之山,临彼崇岳之山。东望泑泽,河水所潜也,其原浑浑泡泡。爰有嘉果,其实如桃,其叶如枣,黄华而赤柎,食之不劳。

又西北四百二十里,曰峚山,其上多丹木,员叶而赤茎,黄华而赤实,其味如饴,食之不饥。丹水出焉,西流注于稷泽,其中多白玉,是有玉膏,其原沸沸汤汤,黄帝是食是飨。是生玄玉。玉膏所出,以灌丹木。丹木五岁,五色乃清,五味乃馨。黄帝乃取峚山之玉荣,而投之钟山之阳。瑾瑜之玉为良,坚粟③精密,浊泽而有光④,五色发作,以和柔刚。天地鬼神,是食是飨。君子服之,以御不祥。自峚山至于钟山,四百六十里,其间尽泽也。是多奇鸟、怪兽、奇鱼,皆异物焉。

又西北四百二十里,曰钟山。其子曰鼓,其状人面而龙身⑤,是与钦䲹杀葆江于昆仑之阳,帝乃戮之钟山之东曰崤崖。钦䲹化为大鹗,其状如雕,而黑文白首,赤喙而虎爪,其音如晨鹄,见则有大兵。鼓亦化为鵕鸟,其状如鸱,赤足而直喙,黄文而白首,其音如鹄,见则其邑大旱。

又西百八十里,曰泰器之山。观水⑥出焉,西流注于流沙。是多

山海经卷二　西山经

文鳐鱼，状如鲤鱼[7]，鱼身而鸟翼，苍文而白首赤喙，常从西海而游于东海[8]，以夜飞，其音如鸾鸡[9]，其味酸甘，食之已狂，见则天下大穰。

又西三百二十里，曰槐江之山。丘时之水出焉，而北流注于泑水，其中多蠃母。其上多青、雄黄，多藏琅玕、黄金、玉，其阳多丹粟，其阴多采黄金、银。实惟帝之平圃，神英招司之，其状马身而人面，虎文而鸟翼，徇于四海，其音如榴。南望昆仑，其光熊熊，其气魂魂；西望大泽，后稷所潜也，其中多玉，其阴多榣木之有若；北望诸毗，槐鬼离仑居之，鹰鹯之所宅也；东望桓山[10]四成，有穷鬼居之，各在一搏。爰有瑶水，其清落落[11]。有天神焉，其状如牛，而八足二首马尾，其音如勃皇，见则其邑有兵。

西南四百里，曰昆仑之丘，实惟帝之下都[12]，神陆吾司之。其神状虎身而九尾[13]，人面而虎爪，是神也，司天之九部及帝之囿时。有兽焉，其状如羊而四角，名曰土蝼，是食人。有鸟焉，其状如蜂，大如鸳鸯，名曰钦原，蠚鸟兽则死，蠚木则枯。有鸟焉，其名曰鹑鸟，是司帝之百服[14]。有木焉，其状如棠，黄华赤实，其味如李而无核，名曰沙棠，可以御水，食之使人不溺。有草焉，名曰薲草，其状如葵，其味如葱，食之已劳。河水出焉，而南流东注于无达。赤水出焉，而东南流注于汜天之水。洋水出焉，而西南流注于丑涂之水。黑水出焉，而西流于大杅。是多怪鸟兽。

又西三百七十里，曰乐游之山。桃水出焉，西流注于稷泽，是多白玉。其中多鲭鱼[15]，其状如蛇而四足，是食鱼。

西水行四百里，流沙二百里[16]，至于蠃母之山，神长乘司之，是天之九德也，其神状如人而豹尾。其上多玉，其下多青石而无水。

又西三百五十里，曰玉山，是西王母所居也。西王母其状如人，豹尾虎齿而善啸，蓬发戴胜，是司天之厉及五残。有兽焉，其状如犬而豹文，其角如牛[17]，其名曰狡，其音如吠犬，见则其国大穰。有鸟焉，其状如翟而赤，名曰胜遇，是食鱼，其音如录，见则其国大水。

又西四百八十里，曰轩辕之丘，无草木。洵水出焉，南流注于黑水，其中多丹粟，多青、雄黄。

又西三百里，曰积石之山，其下有石门，河水冒以西南流⑱。是山也，万物无不有焉。

又西二百里，曰长留之山，其神白帝少昊居之⑲。其兽皆文尾，其鸟皆文首⑳。是多文玉石。实惟员神磈氏之宫。是神也，主司反景。

又西二百八十里，曰章莪之山，无草木，多瑶碧㉑。所为甚怪。有兽焉，其状如赤豹，五尾一角，其音如击石，其名曰狰㉒。有鸟焉，其状如鹤，一足，赤文青质而白喙，名曰毕方，其鸣自叫也，见则其邑有讹火。

又西三百里，曰阴山。浊浴之水㉓出焉，而南流注于蕃泽，其中多文贝。有兽焉，其状如狸㉔而白首，名曰天狗，其音如榴榴㉕，可以御凶。

毕方

又西二百里，曰符惕之山㉖，其上多棕楠，下多金玉，神江疑居之。是山也，多怪雨，风云之所出也。

又西二百二十里，曰三危之山，三青鸟居之。是山也，广员百里。其上有兽焉，其状如牛，白身四角，其豪如披蓑，其名曰傲㉗，是食人。有鸟焉，一首而三身，其状如䳗，其名曰鸱。

又西一百九十里，曰騩山，其上多玉而无石，神耆童居之，其音常如钟磬。其下多积蛇。

又西三百五十里，曰天山，多金玉，有青、雄黄。英水出焉，而西南流注于汤谷。有神焉㉘，其状如黄囊，赤如丹火，六足四翼，浑敦无面目，是识歌舞，实惟帝江也㉙。

又西二百九十里，曰泑山，神蓐收居之。其上多婴脂之玉㉚，其阳多瑾瑜之玉，其阴多青、雄黄。是山也，西望日之所入，其气员，神红光之所司也。

山海经卷二　　西山经

西水行百里,至于翼望之山㉛,无草木,多金玉。有兽焉,其状如狸,一目而三尾,名曰讙,其音如夺百声㉜,是可以御凶,服之已瘅。有鸟焉,其状如乌,三首六尾而善笑,名曰鵸鵌,服之使人不厌,又可以御凶。

凡西次三山之首,自崇吾之山至于翼望之山㉝,凡二十三山,六千七百四十四里。其神状皆羊身人面。其祠之礼:用一吉玉瘗,糈用稷米。

校注:

① 搏兽之丘:经文丘,邵恩多校本、何焯校本、毕沅校本并作山。

② 豹虎而善投,名曰举父:举父,郭璞云:"或作夸父。"经文豹虎而善投,虎或是尾字之误。

③ 坚栗:栗原作粟,从王引之、王念孙校改。

④ 浊泽而有光:而有,原作有而,据汪绂本、毕沅校本、《百子全书》本改。又浊泽,邵恩多校宋本、吴培慈临黄尧圃校宋本、吴宽抄本泽均作黑,似于义为长。

⑤ 其状人面而龙身:原人面上有如字,王念孙校衍,从删。

⑥ 观水:王念孙、郝懿行校作濩水。郝又云:"《吕氏春秋·本味篇》作萑水。"

⑦ 状如鲤鱼:王念孙校衍鱼字。

⑧ 常从西海而游于东海:常从西海,原作常行西海,从郝懿行校改。而游于东海,而字原无,从《文选·吴都赋》及曹植《七启》注引增。

⑨ 其音如鸢鸡:郭璞云:"鸢或作栾。"郝懿行云:"鸢鸡疑即鸢也。《初学记》三十卷引此经无鸡字。"

⑩ 桓山:原作恒山,从王念孙、郝懿行校改。

⑪ 爰有瑶水,其清落落:原作"爰有淫水,其清洛洛",从陶潜《读山海经》诗"落落清瑶流"改。

⑫ 实惟帝之下都:原实上有是字,从王念孙校删。

⑬ 虎身而九尾：《太平御览》卷八八二引作九首。

⑭ 是司帝之百服：郭璞云："（服）或作藏。"郝懿行云："百藏，言百物之所聚。"

⑮ 鳛鱼：原作鳡鱼，据王念孙、毕沅、郝懿行校改。

⑯ 西水行四百里，流沙二百里：原流沙上有日字，准《北次二经》"又北水行五百里，流沙三百里"、《东次二经》"又南水行五百里，流沙三百里"、"又南水行三百里，流沙百里"等文例，日字当衍，因删去之。

⑰ 其角如牛：郭璞云："或作羊。"

⑱ 河水冒以西南流：原西下无南字，从王念孙、郝懿行校增。

⑲ 长留之山，其神白帝少昊居之：《太平御览》卷三八八引作长流山神白帝少昊居之，无其字，留作流。

⑳ 其兽皆文尾，其鸟皆文首：经文二文字郭璞注皆云："文或作长。"

㉑ 章莪之山，无草木，多瑶碧：《太平御览》卷八〇九引作章义，多瑶碧上有是字。

㉒ 其状如赤豹……其名曰狰：曰狰，原作如狰，从王念孙、孙星衍、郝懿行校改；宋本正作曰狰。经文赤豹，郝懿行云："《广韵》引此经无赤字。"

㉓ 浊浴之水：《太平御览》卷八〇七、卷九一三并引作浊谷之水。

㉔ 其状如狸：郭璞云："或作豹。"

㉕ 其音如榴榴：郭璞云："或作猫猫。"

㉖ 符惕之山：郝懿行云："《艺文类聚》二卷、《太平御览》九卷及十卷，并引此经作符阳之山，与今本异。"

㉗ 其名曰徽徊：王念孙校徽徊作猭狪。

㉘ 有神焉：郝懿行云："《初学记》（卷八）、《文选》（王融《曲水诗序》）注引此经并作神鸟，今本作焉字盖讹。"

㉙ 实惟帝江：原作实为帝江，据宋本、毛扆本、汪绂本、毕沅本改。

㉚ 婴脰之玉：原作婴短之玉，从江绍原说改。

㉛ 翼望之山：郭璞云："或作土翠山。"

㉜其音如夸百声：郝懿行云："夸（夺），《说文》作奪，盖形近误作夸也。"

㉝自崇吾之山至于翼望之山：原崇吾之山上无自字，据诸经文法句例增。

西次四山之首，曰阴山，上多榖①，无石，其草多茆、蕃。阴水出焉，西流注于洛。

北五十里，曰劳山，多茈草。弱水出焉，而西流注于洛。

西五十里，曰罢谷之山②。洱水出焉，而西流注于洛，其中多茈、碧。

北百七十里，曰申山，其上多榖③柞，其下多杻橿，其阳多金玉。区水出焉，而东流注于河。

北二百里，曰鸟山，其上多桑，其下多楮，其阴多铁，其阳多玉。辱水出焉，而东流注于河。

又北百二十里，曰上申之山，上无草木，而多硌石，下多榛楛，兽多白鹿。其鸟多当扈，其状如雉，以其髯飞，食之不眴目。汤水出焉，东流注于河。

又北百八十里，曰诸次之山。诸次之水出焉，而东流注于河。是山也，多木无草，鸟兽莫居，是多众蛇。

又北百八十里，曰号山，其木多漆、棕，其草多药、虈、芎䓖。多泠石。端水出焉，而东流注于河。

又北二百二十里，曰盂山，其阴多铁，其阳多铜，其兽多白狼白虎，其鸟多白雉白翠④。生水出焉，而东流注于河。

西二百五十里，曰白於之山，上多松柏，下多栎檀，其兽多㸲牛羬羊，其鸟多鸮。洛水出于其阳，而东流注于渭；夹水出于其阴，东流注于生水。

西北三百里，曰申首之山⑤，无草木，冬夏有雪。申水出于其上，潜于其下，是多白玉。

又西五十五里，曰泾谷之山。泾水出焉，东南流注于渭，是多白金白玉。

又西百二十里，曰刚山，多柒木，多㻬琈之玉。刚水出焉，北流注于渭。是多神𩳁，其状人面兽身，一足一手，其音如钦。

又西二百里，至刚山之尾。洛水出焉，而北流注于河，其中多蛮蛮，其状鼠身而鳖首，其音如吠犬。

又西三百五十里，曰英鞮之山，上多漆木，下多金玉，鸟兽尽白。宛水出焉，而北流注于陵羊之泽。是多冉遗之鱼⑥，鱼身蛇首六足，其目如马耳，食之使人不眯，可以御凶。

又西三百里，曰中曲之山，其阳多玉，其阴多雄黄、白玉及金。有兽焉，其状如马，而白身黑尾，一角，虎牙爪，音如鼓⑦，其名曰驳，是食虎豹，可以御兵。有木焉，其状如棠，而员叶赤实，实大如木瓜，名曰櫰木，食之多力。

又西二百六十里，曰邽山。其上有兽焉，其状如牛，猬毛，名曰穷奇，音如獆狗，是食人。濛水出焉，南流注于洋水，其中多黄贝，蠃鱼，鱼身而鸟翼，音如鸳鸯，见则其邑大水。

又西二百二十里，曰鸟鼠同穴之山，其上多白虎、白玉。渭水出焉，而东流注于河。其中多鳋鱼，其状如鳣鱼，动则其邑有大兵。滥水出于其西，西流注于汉水。多𩶯𩵋之鱼，其状如覆铫，鸟首而鱼翼鱼尾，音如磬石之声，是生珠玉。

西南三百六十里，曰崦嵫之山。其上多丹木，其叶如榖⑧，其实大如瓜，赤符而黑理，食之已瘅，可以御火。其阳多龟，其阴多玉。苕水出焉，而西流注于海，其中多砥砺。有兽焉，其状马身而鸟翼，人面蛇尾，是好举人，名曰孰湖。有鸟焉，其状如鸮而人面，蜼身犬尾，其名自号也⑨，见则其邑大旱。

凡西次四山，自阴山以下，至于崦嵫之山，凡十九山，三千六百八十里。其神祠礼，皆用一白鸡祈，糈以稻米，白菅为席。

右西经之山⑩，凡七十七山，一万七千五百一十七里。

校注：

①上多榖：榖原作榖，从汪绂本、毛扆校本、吴任臣本改。

②罴谷之山：经文罴谷，原作罴父，从王念孙、吴任臣、毕沅、郝懿行诸家校改。

③其上多榖：榖原作榖，从汪绂本、吴任臣本改。

④其鸟多白雉白翠：白翠原作白翟，郭璞云："或作白翠。"郝懿行云："雉、翟一物二种，经白翟当为白翠。"从改。

⑤申首之山：经文申首，王念孙、吴任臣、郝懿行并校作由首。

⑥冉遗之鱼：郝懿行云："《太平御览》九百三十九卷引此经作无遗之鱼，疑即蒲夷之鱼也，见《北次三经》碣石之山下；蒲无声相近，夷遗声同。"

⑦音如鼓：原鼓下有音字，从王念孙、毕沅、郝懿行校删。

⑧其叶如榖：榖原作榖，从宋本、吴任臣本、汪绂本改。

⑨其名自号也：郭璞云："疑此脱误。"郝懿行云："既云其名自号，而经无其名，故知是脱。"

⑩右西经之山：郝懿行云："山下脱志字。"按古经山下本无志字，志字乃后人所妄加，说见《山海经校注·海经新释》卷一篇首注①。

译文：

西山经

西方华山山系的开头一座山，叫做钱来山，山上多产松树，山下多产洗石。——洗石，就是洗澡时可用以擦身去垢的一种石块。有一种兽，形状像羊，却长着马的尾巴，名叫羬（音咸）羊，它的油脂可以润泽干皱的皮肤。

往西四十五里，叫做松果山。濩水发源在这座山，往北流注入渭水，沿水多产铜。有一种鸟，它的名字叫螐（音彤）渠，形状像山鸡，黑身子，红足爪，可以拿它来治皮肤起皱。

再往西六十里，叫做太华山，山像刀砍斧削，成四方形，高有四千丈，宽有十里，飞禽走兽都没法居住。有一种蛇，名字叫做肥遗，六只足，四只翅膀，只要它一出现天下就会发生大旱灾。

再往西八十里，叫做小华山，所产的树大都是牡荆、枸杞这类灌木，所产的兽大都是㸲（音昨）牛，体重千斤。山的北面多产可以做乐石的磬石，山的南面多产㻬琈（音屿浮）玉。所产鸟多是赤鷩，可以养了来防御火灾。所产草中有萆荔（音蔽戾，就是《楚辞》所说的薛荔），这种草，形状像乌韭，生在石头上，也攀缘树干而生，吃了它可以治心痛病。

再往西八十里，叫做符禺山，山的南面多产铜，山的北面多产铁。山上有一种树，名叫文茎，它的果实像枣，可以治耳聋。所产草多是条草，形状像葵，却是开红花，结黄果，果实像婴儿的舌头，吃了它可以使人不迷惑。符禺水发源在这座山，往北流注入渭水。所产兽多是葱聋，形状像羊而长有红色的鬣毛。所产鸟多是鴖（音珉）鸟，形状像翠鸟，却是红嘴壳，可以养了来防御火灾。

再往西六十里，叫做石脆山，所产树多是棕榈树和楠树，所产草多是条草，形状像韭菜，却是白的花，黑的果实，吃了它可以治疗疥疮。山的南面多产㻬琈玉，山的北面多产铜。灌水发源在这座山，往北流注入禺水，水里产有流赭，拿它来涂在牛马的身上可以不生百病。

再往西七十里，叫做英山，山上多产杻树和檀树，山的北面多产铁，山的南面多产赤金。禺水发源在这座山，往北流注入招（音韶）水，沿水多产鲜（音蚌）鱼，形状像鳖，鸣叫的声音像羊。山的南面多产箭竹和𥴌竹，所产兽多是㸲牛和羬羊。有一种鸟，形状像鹑鸟，黄的身子，红的嘴壳，它的名字叫肥遗，吃了它可以消除麻风病，还可以杀死肚子里各种寄生虫。

再往西五十二里，叫做竹山，山上多产乔木，山的北面多产铁。有一种草，它的名字叫黄雚，形状像樗树，叶子像麻叶，白的花，红的果实，果实的颜色带点紫红色，拿它来洗澡可以消除疥疮，又可以消除肿瘤。竹水发源在这座山，往北流注入渭水，水的北岸多生小竹丛，多产苍玉。丹水发源在这座山，东南流注入洛水，水中多产水晶，多产人鱼。有一种兽，形状像小猪却长有白毛，毛有簪子那么粗，尖端却是黑的，名字叫豪猪。

再往西一百二十里，叫做浮山，多产盼木，像枳树的叶子却没有刺，木虫寄生在里面。有一种草，名叫薰草，麻样的叶子，方方的茎干，红的花，黑的果实，气味像蘼芜，佩带了它可以防治麻风病。

再往西七十里，叫做羭次山。漆水发源在这座山，往北流注入渭水。山上多产棫（音域）树和橿树，山下多产小竹丛，山的北面多产赤铜，山的南面多产可以用来作颈饰的玉。有一种兽，形状像母猴却有长长的臂膊，善于投掷，名字叫嚣（音枵）。又有一种鸟，形状像枭鸟，人的脸，一只足，名字叫橐𪇱（音肥），冬天出现，夏天蛰伏，把它的毛羽佩带在身上，可以不怕打雷。

再往西一百五十里，叫做时山，不生草木。逐水发源在这座山，往北流注入渭水，河中多产水晶。

再往西一百七十里，叫做南山，山上多产像粟粒一样的细丹沙。丹水发源在这座山，往北流注入渭水。所产兽多是猛豹，能够吃蛇和铜铁；所产鸟多是鸤鸠，就是布谷鸟。

再往西一百八十里，叫做大时山，山上多产构（楮）树和栎树，山下多产杻树和橿树，山北多产银，山南多产白玉。涔水发源在这座山，往北流注入渭水。清水也发源在这座山，往南流注入汉水。

再往西三百二十里，叫做嶓（音波）冢山。汉水发源在这座山，东南流注入沔水。嚣水也发源在这座山，往北流注入汤水。山上多产桃枝竹和钩端竹，所产兽多是犀牛、兕、狗熊和人熊，所产鸟多是白翰和赤鷩。有一种草，它的叶像蕙叶，它的茎像桔梗，开黑色花朵却不结果实，名叫蓇（音骨）蓉，吃了它会使人不生孩子。

再往西三百五十里，叫做天帝山，山上多产棕榈树和楠树，山下多产菅草和蕙草。有一种兽，形状像狗，名叫溪边，拿它的皮来做褥垫可以不受蛊毒。有一种鸟，形状像鹑鸟，黑色的斑纹，红色的颈毛，名字叫栎（音历），吃了它可以消除痔疮。有一种草，形状像葵，气味像蘪芜，名叫杜衡，佩带上它可以使马跑得快，吃了它可以消除颈脖上的肉瘤。

往西南三百八十里，叫做皋涂山。蔷（音色）水发源在这座山，往西流注入诸资水。涂水也发源在这座山，往南流注入集获水。山的南面多产像粟粒一样的细丹沙，山的北面多产银和黄金。山上多产桂木。有一种白色的石头，名叫礜（音豫）石，可以用来毒杀老鼠。有一种草，形状像槁茇，叶子像葵叶，叶背却是红色的，名叫无条，可以用来毒杀老鼠。有一种兽，形状像鹿却长着白色的尾巴，马的足，前面两只足像人手，头上长有四只角，名叫玃如。有一种鸟，形状像鹞鹰，足却像人的脚，名叫数斯，吃了它可以消除颈颊上的肉瘤。

再往西一百八十里，叫做黄山，不生草木，多生小竹丛。盼水发源在这座山，往西流注入赤水，水中多产玉石。有一种兽，形状像牛，却是苍黑的颜色，大大的眼睛，名叫擎（音敏）牛。又有一种鸟，形状像鸮鸟，青色的羽毛，红色的嘴壳，人样的舌头，能够说话，名叫鹦鹉。

再往西二百里，叫做翠山，山上多生棕榈树和楠树，山下多生小竹丛，山的南面多产黄金和玉石，山的北面多产旄牛、羚羊和香獐。所产鸟大都是鸐鸟，形状像喜鹊，通身红黑色，两个脑袋，四只脚，养了它可以防御火灾。

再往西二百五十里，叫做騩山，它座落在西海的岸边，不生草木，多产玉石。凄水发源在这座山，往西流注入大海，水中多产彩色石块，多产黄金，多产像粟粒一样的细丹沙。

总计西方第一列山系的开始，从钱来山到騩山，共是十九座山，行经二千九百五十七里。华山，是众山的宗主，祭祀它的典礼，要用猪牛羊三牲齐备的太牢。羭山（羭次山），是神灵显应的山，祭祀它要用烛，斋戒一百天，用一百种毛色纯粹的牲畜，随同一百块瑜埋进地里，还要烫一百樽酒，环绕陈列一百块珪和一百块璧来祭祀。其余十七座山，便都用一只肥敦敦的整羊来祭祀。所谓烛，便是用百草束成的火把，当它还没有烧成灰的时候就叫烛。祠神的席用白茅织成,再用花纹不同的五种颜色把席子边沿缘饰起来。

西方第二列山系的开头一座山,叫做钤山,山上多产铜,山下多产玉石,所产木多是杻树和檀树。

往西二百里,叫做泰冒山,山的南面多产金属矿物,山的北面多产铁。洛水发源在这座山,往东流注入河水,水中多产有符彩的藻玉,多产白蛇。

再往西一百七十里,叫做数历山,山上多产黄金,山下多产银,所产木多是杻树和檀树,所产鸟多是鹦鹉。楚水发源在这座山,往南流注入渭水,水中多产白珠。

再往西一百五十里,叫做高山,山上多产银,山下多产青碧(玉类)和雄黄,所产木多是棕榈树,所产草多是竹。泾水发源在这座山,往东流注入渭水,水中多产可以做乐石的磬石和青碧。

往西南三百里,叫做女床山,山的南面多产赤铜,山的北面多产石涅——就是石墨,可以用来画眉。所产兽多是老虎、豹子、犀牛和兕。有一种鸟,形状像山鸡而有五彩的羽毛,名字叫鸾鸟,它一出现天下就太平。

再往西二百里,叫做龙首山,山的南面多产黄金,山的北面多产铁。苕水发源在这座山,东南流注入泾水,水中多产美玉。

再往西二百里,叫做鹿台山,山上多产白玉,山下多产银,所产兽多是牸牛、羬羊和白豪猪。有一种鸟,形状像雄鸡却长着人的脸,名叫凫徯,它的鸣声是自呼其名,只要它一出现就会有战争。

再往西南二百里,叫做鸟危山,山的南面多产磬石,山的北面多产檀树和构(楮)树,整座山多产女肠草。鸟危水发源在这座山,往西流注入赤水,水中多产像粟粒一样的细丹沙。

再往西四百里,叫做小次山,山上多产白玉,山下多产赤铜。有一种兽,形状像猿猴,却是白脑袋、红足爪,名字叫朱厌,只要它一出现就会发生大的战乱。

再往西三百里,叫做大次山,山的南面多产垩土,山的北面多产碧玉,所产兽多是柞牛和羚羊。

再往西四百里,叫做薰吴山,不生草木,多产金属矿物和玉石。

再往西四百里,叫做厎(音旨)阳山,所产木多是水松、楠树和樟树,所产兽多是犀牛、兕、老虎、有着豹子斑纹的豹(音灼)和柞牛。

再往西二百五十里,叫做众兽山,山上多产㻍琈玉,山下多产檀树和构(楮)树,多产黄金,所产兽多是犀牛和兕。

再往西五百里,叫做皇人山,山上多产金属矿物和玉石,山下多产石青和雄黄。皇水发源在这座山,往西流注入赤水,水中多产像粟粒一样的细丹沙。

再往西三百里,叫做中皇山,山上多产黄金,山下多产蕙草和棠梨。

再往西三百五十里,叫做西皇山,山的南面多产金属矿物,山的北面多产铁,所产兽多是麋、鹿和柞牛。

再往西三百五十里,叫做莱山,所产木多是檀树和构(楮)树,所产鸟多是罗罗鸟,会吃人。

总计西方第二列山系的开始,从钤山到莱山,共是十七座山,行经四千一百四十里。诸山山神中的十个神,是人的脸、马的身子。另外七个神则是人的脸、牛的身子,四只足、一条臂膊,挂着一条拐杖行走:所谓是"飞兽之神"。祭祀他们,毛物用羊和猪的少牢礼,祭品放在白茅上。至于其他十个神,祭祀他们,毛物只用一只杂色雄鸡,祈祷时不用精米。

西方第三列山系的开头一座山,叫做崇吾山,在河水的南岸,北边可以望见冢遂山,南边可以望见䍃泽,西边可以望见天帝的搏兽丘,东边可以望见螞渊。有一种树,圆圆的叶子,白的花萼房,红的花,花瓣上的纹理是黑的,结的果实像枳实,吃了它可望多子多孙。有一种兽,形状像母猴,臂膊上却有斑纹,力气像老虎、豹子而善于投掷,名字叫举父。有一种鸟,形状像野鸭,却只有一只翅膀、一只眼睛,要两只鸟并合起来,才能飞翔，名字叫蛮蛮，只要它一出现天下便会发生大水。

　　往西北三百里，叫做长沙山。泚水发源在这座山，往北流注入泑（音幽）水。这座山不生草木，多产石青和雄黄。

　　再往西北三百七十里，叫做不周山，北边可以望见诸毗山，高踞在那崇岳山的上面；东边可以望见泑泽，是河水所潜注的地方，一片原野喷涌着宏大的浑浑泡泡的水声。不周山上长有嘉美的果树，它的果实像桃子，它的叶像枣叶，黄的花而红的花萼房，吃了它可以忘掉烦忧。

　　再往西北四百二十里，叫做峚（音密）山，山上多产丹木，圆的叶子，红的茎干，黄的花，红的果实，果实的味道像饴糖，吃了它可以不饥饿。丹水发源在这座山，往西流注入稷泽，水中多产白玉。于是有玉膏涌出，原野上一片沸沸腾腾的景象，黄帝就拿这些玉膏来服食享用。玉膏中又生出黑玉来。所出的玉膏，拿来灌溉丹木。丹木经过五个年头，开出的五种颜色的花朵，更加鲜妍；结出的五种滋味的果子，更加香美。黄帝便采撷了峚山的玉的精华，投种在钟山的向阳处。后来便生出瑾和瑜这类的美玉，坚栗而精密，润厚而有光泽，五种颜色的符彩互相辉映，显得刚柔相济，非常谐和。天地鬼神便拿它来服食享用。君子佩带了它，也可以抵御不祥之物的侵袭。从峚山到钟山，四百六十里，这中间都是水泽。水泽里多的是奇鸟、怪兽、奇鱼，都是些罕见的物事。

　　再往西北四百二十里，叫做钟山。钟山山神的儿子名叫鼓，形状是人的脸，龙的身子。他曾和钦䲹同谋，在昆仑山的南面杀死天神葆江。天帝知道了，便把他们诛戮在钟山以东一处叫瑶崖的地方。钦䲹便变做大鹗，形状像鹛，却有着黑色的斑纹，白色的脑袋，红色的嘴壳，老虎的爪子，鸣叫的声音像晨凫，只要它一出现，就会发生大的战乱。鼓也变做鵔（音俊）鸟，形状像鸱鹰，红足爪，直嘴壳，黄色的斑纹，白色的脑袋，鸣叫的声音像鸿鹄，只要它一出现，那个地方就会发生大旱灾。

　　再往西一百八十里，叫做泰器山。观水发源在这座山，往西流注入流沙。水中多产文鳐鱼，形状像鲤鱼，鱼的身子，鸟的翅膀，苍色的斑纹，白色的脑袋，红色的嘴壳，常常从西海游到东海去，在晚上成群结队地飞。它的声音像鸾鸡,它的味道酸中带甜,吃了它可以抑制癫狂病,它一出现天下就会年谷丰登。

再往西三百二十里,叫做槐江山。丘时水发源在这座山,往北流注入泑水,水中多产蠃螺。槐江山上多产石青和雄黄,多产似玉的石头、黄金和玉石,山的南面多产像粟粒一样的细丹沙,山的北面多产有符彩的黄金和白银。这座山实在可说是天帝悬在半空中的园圃,神英招(音韶)主管着它。他的形状是马的身子,人的脸,老虎的斑纹,鸟的翅膀。他巡行四海,宣布天帝的旨命,喊叫的声音好像辘轳抽水。槐江山南边可以望见昆仑山,它的光焰熊熊,它的气象恢宏;西边可以望见大泽,是后稷的神灵所潜藏的地方,泽里多产玉石,泽南多产作为大木的榣木,榣木中又多产奇异而有灵应的若木;北边可以望见诸毗山,是槐鬼离仑居住的地方,也是鹰和鹯鸟这类猛禽的家宅;东边可以望见桓山,高有四重,有穷鬼在这里居住,各住在山的一边臂膊下。槐江山有瑶水,就是瑶池,它清泠荡漾,汩汩而流。槐江山又有天神,形状像牛,却长有八只脚、两个脑袋,马的尾巴,叫喊的声音好像吹奏乐器中薄膜发出的声音,他一出现那个地方就会有战争。

往西南四百里,叫做昆仑山,实在便是天帝在下方的都邑,神陆吾主管着它。这神的形状是老虎的身子,九条尾巴,人的脸,老虎的爪子。这个神呀,他主管着上天九域的部界和天帝苑圃的时节。有一种兽,形状像羊却有四只角,名字叫土蝼,能够吃人。有一种鸟,形状像蜂却有鸳鸯那么大,名字叫钦原,它只要螫了鸟兽,鸟兽就会死;螫了树木,树木就会枯。还有一种鸟,名字叫鹑鸟,是凤凰一类的鸟,它主管着天帝生活日用的各种器用服饰。有一种树,形状像棠梨,黄的花,红的果实,味道像李子却没有核,名字叫沙棠,可以防水,吃了它能够使人不沉溺。有一种草,名字叫薲(音频)草,形状像葵,味道像葱,吃了它可以消除忧愁。河水发源在这座山,往南流注入无达山旁边的湖里;赤水发源在这座山,东南流注入氾天水;洋水发源在这座山,西南流注入丑涂水;黑水发源在这座山,往西流注入大杅山旁边的湖里。昆仑山多产怪鸟和怪兽。

山海经卷二　西山经

再往西三百七十里,叫做乐游山。桃水发源在这座山,往西流注入稷泽。山上多产白玉,水里多产䱉鱼,形状像蛇而有四只足,专门吃鱼。

往西水行四百里,通过二百里流沙,便到了蠃(音裸)母山。神长乘主管着这座山,他是天的九德之气所生,他的形状像人而有着豹(音灼)——一种像豹子的野兽——的尾巴。山上多产玉石,山下多产青石却没有水。

再往西三百五十里,叫做玉山,是西王母居住的地方。西王母形状像人,却长着豹子的尾巴,老虎的牙齿,善于啸叫,蓬头乱发,头上戴着玉胜,主管着上天的灾厉和五刑残杀之气。有一种兽,形状像狗却长着豹子的斑纹,它的角像牛,它的名字叫狡,它的声音像狗叫,它一出现国家就会五谷丰登。有一种鸟,形状像野鸡,通身却是红色,名字叫胜遇,以鱼为食,鸣叫的声音像鹿鸣,它一出现国家就会发生大水。

再往西四百八十里,叫做轩辕丘,不生草木。洵水发源在这座山,往南流注入黑水,水中多产像粟粒一样的细丹沙,多产石青和雄黄。

再往西三百里,叫做积石山,山下有石门,河水漫过它往西南流。这座山呀,可说是万物莫不具有啊。

再往西二百里,叫做长留山,这座山是神白帝少昊居住的,所有的兽都是花尾巴,所有的鸟都是花脑袋。整座山多产花斑玉石。它实在是员神魂(音隗)氏——当即少昊——的宫室。这个神呀,他主要的职务就是司察太阳西没时光线射向东方的反影。

再往西二百八十里,叫做章莪山,不生草木,多产瑶和碧一类的美玉。山中常常显现出非常奇怪的景象。有一种兽,形状像赤豹,五条尾巴,一只角,它的叫声像敲打石头,它的名字叫狰。有一种鸟,形状像白鹤,一只足,红斑纹,青身子,白嘴壳,名字叫毕方,它鸣叫的声音就像自呼其名,它出现的地方,就会发生怪火。

再往西三百里,叫做阴山。浊浴水发源在这座山,往南流注入蕃泽,水中多产花贝壳。有一种兽,形状像野猫,脑袋却是白的,名字叫天狗,它鸣叫的声音像是"猫猫"样的,可以畜养它来防御凶邪。

再往西二百里，叫做符惕（音阳）山，山上多产棕榈树和楠树，山下多产金属矿物和玉石，神江疑居住在这里。这座山呀，常多怪雨，是风和云聚会的地方。

再往西二百二十里，叫做三危山，三青鸟居住在这里。这座山呀，广圆有一百里的光景。山上有一种兽，形状像牛，白的身子，四只角，身上的豪毛好像披着蓑衣，它的名字叫傲狠（音傲喧），会吃人。有一种鸟，一个脑袋，三个身子，形状像黑斑纹、红颈脖的鸹（音洛）鸟，它的名字叫鸱。

再往西一百九十里，叫做騩（音龟）山，山上多产玉却没有石头。神耆童（老童）居住在这里，他的声音常常像敲钟击磬。山下多的是一堆一堆的蛇。

再往西三百五十里，叫做天山，多产金属矿物和玉石，也产石青和雄黄。英水发源在这座山，西南流注入汤谷。有一个神，形状像黄色的口袋，红得像一团红火，六只足，四只翅膀，浑浑沌沌没有面目，却知道唱歌跳舞，这神原来就是帝江（音鸿）啊。

再往西二百九十里，叫做泑（音幽）山，神蓐收居住在这里。山上多产可以用来作为颈饰的玉，山的南面多产瑾和瑜这类美玉，山的北面多产石青和雄黄。这座山呀，西边可以望见太阳进去的地方，气象圆满浑阔，那就是神红光——蓐收——所司察的啊。

往西水行一百里，到了翼望山，不生草木，多产金属矿物和玉石。有一种兽，形状像野猫，一只眼睛，三条尾巴，名字叫讙（音欢），它的声音好像百种动物的鸣声，可以拿它来防御凶邪，吃了它可以消除黄疸病。有一种鸟，形状像乌鸦，三个脑袋，六条尾巴，喜欢嘻笑，名字叫鵸鵌（音猗余），吃了它可以使人不发梦魇，又可以防御凶邪。

总计西方第三列山系的开始，从崇吾山到翼望山，共是二十三座山，行经六千七百四十四里。诸山山神的形状都是羊的身子，人的脸。祭祀他们的典礼：用一块吉玉埋进地里，所需的精米用稷米。

西方第四列山系的头一座山，叫做阴山，山上多产构（楮）树，没有石头，所产草多是凫葵和青萴（音烦）。阴水发源在这座山，往西流注入洛水。

往北五十里，叫做劳山，多产紫草。弱水发源在这座山，往西流注入洛水。

往西五十里，叫做罢谷山。洱水发源在这座山，往西流注入洛水，水中多产茈石和碧玉。

往北一百七十里，叫做申山，山上多产构（楮）树和柞树，山下多产杻树和檀树，山的南面多产金属矿物和玉石。区水发源在这座山，往东流注入河水。

往北二百里，叫做鸟山，山上多产桑树，山下多产构（楮）树，山的北面多产铁，山的南面多产玉石。辱水发源在这座山，往东流注入河水。

再往北一百二十里，叫做上申山，山上不生草木，却多产大石头，山下多产榛树和楛（音户）树。所产兽多是白鹿。所产鸟多是当扈，形状像野鸡，用它颈脖下的毛当翅膀飞，吃了它可以不瞬眼睛。汤水发源在这座山，往东流注入河水。

再往北一百八十里，叫做诸次山。诸次水发源在这座山，往东流注入河水。这座山多生树木，却不长草，鸟和兽都不能在这里居住，多的只是各种大大小小的蛇。

再往北一百八十里，叫做号山，所产木多是漆树和棕榈树，所产草多是白芷、江篱和川芎。又多产泠（音金）石，是一种像泥一样柔软的石头。端水发源在这座山，往东流注入河水。

再往北二百二十里，叫做盂山，山的北面多产铁，山的南面多产铜，所产兽多是白狼和白虎，所产鸟多是白雉和白翠。生水发源在这座山，往东流注入河水。

再往西二百五十里，叫做白於山，山上多产松树和柏树，山下多产柞树和檀树，所产兽多是㸲牛和羬羊，所产鸟多是鸮鸟。洛水发源在这座山的南面，往东流注入渭水；夹水发源在这座山的北面，往东流注入生水。

往西北三百里，叫做申首山，不生草木，冬天夏天都有雪。申水发源在山上，潜流在山下，多产白色玉石。

再往西五十五里，叫做泾谷山。泾水发源在这座山，东南流注入渭水，沿水多产白金和白玉。

再往西一百二十里，叫做刚山，多产漆树，多产㻬琈玉。刚水发源在这座山，往北流注入渭水。山间多有神𩵄（音魁），形状是人的脸，兽的身子，一只脚，一只手，发出的声音像人打呵欠，大约也是魑魅一类的鬼物。

再往西二百里，便到了刚山的尾部。洛水发源在这里，往北流注入河水，水中多产蛮蛮，它的样子是老鼠的身子，甲鱼的脑袋，声音像狗叫，大约是猴獭一类的动物。

再往西三百五十里，叫做英鞮山，山上多产漆树，山下多产金属矿物和玉石，山间所产的鸟和兽都是白色的。涴水发源在这座山，往北流注入陵羊泽，水中多产冉遗鱼，鱼的身子，蛇的脑袋，六只足，眼睛像马的耳朵，吃了它可以使人不被梦魇，又可以防御凶邪。

再往西三百里，叫做中曲山，山的南面多产玉石，山的北面多产雄黄、白玉和金属矿物。有一种兽，形状像马，却是白色的身子，黑色的尾巴，一只角，老虎的牙和爪，声音像敲鼓，它的名字叫驳（音剥），能够吃老虎和豹子，可以驯养它来防御刀兵。有一种树木，形状像棠梨，却是圆圆的叶子，红红的果实，果实有木瓜大，名字叫櫰木，吃了它能够增添力气。

再往西二百六十里，叫做邽（音圭）山。山上有一种兽，形状像牛，浑身长着刺猬般的毛，名叫穷奇，声音像嗥叫的狗，能够吃人。濛水发源在这座山，往南流注入洋水，水中多产黄贝，又产蠃鱼，鱼的身子，鸟的翅膀，声音好像鸳鸯，它一出现那个地方就会发生大水。

再往西二百二十里，叫做鸟鼠同穴山，山上多产白虎和白玉。渭水发源在这座山，往东流注入河水。水中多产鳋（音骚）鱼，形状像体躯庞大的鳣（音毡）鱼，只要它一出动，那个地方便会发生大战乱。滥（音槛）

山海经卷二　西山经

水发源在这座山的西面，往西流注入汉水。水中多产䑏鮨（音如琵）鱼，形状像覆转的铫（音掉），长着鸟的头，鱼的鳍和鱼的尾巴，声音像敲石击磬，当它发声的时候，就会有珍珠和玉石从它身体里流泻出来。

往西南三百六十里，叫做崦嵫山。山上多产丹木，它的叶子像构（楮）树的叶，它的果实像瓜一样大，红色而带有黑纹，吃了它可以消除黄瘅病，又可以防御火灾。山的南面多产乌龟，山的北面多产玉石。苕水发源在这座山，往西流注入大海，水中多产磨刀石——砥石和砺石。有一种兽，形状是马的身子，鸟的翅膀，人的脸，蛇的尾巴，喜欢把人抱着举起来，名字叫孰湖。有一种鸟，形状像鸮鸟，却长着人的脸，猕猴的身子，狗的尾巴，它的名字从它叫声中自呼出来，只要它一出现那个地方就会有大旱灾。

总计西方第四列山系，从阴山以下直到崦嵫山，共是十九座山，行经三千六百八十里。诸山山神祭祀的典礼，都是用一只白鸡来取血涂祭，精米用稻米，拿白茅为垫。

上面所记，是西方经历的山，总共是七十七座山，行经一万七千五百一十七里。

山海经卷三

北山经

北山之首，曰单狐之山①，多机木，其上多华草，逢水出焉，而西流注于泑水，其中多茈石②、文石。

又北二百五十里，曰求如之山，其上多铜，其下多玉，无草木。滑水出焉，而西流注于诸毗之水。其中多滑鱼，其状如鳝，赤背，其音如梧，食之已疣。其中多水马，其状如马，而文臂牛尾③，其音如呼。

又北三百里，曰带山，其上多玉，其下多青碧。有兽焉，其状如马，一角有错，其名曰𤣥疏，可以辟火。有鸟焉，其状如乌，五采而赤文，名曰鵸䳜，是自为牝牡，食之不疽。彭水出焉，而西流注于芘湖④之水，其中多儵鱼⑤，其状如鸡而赤毛，三尾、六足、四目⑥，其音如鹊，食之可以已忧。

又北四百里，曰谯明之山。谯水

何罗鱼

出焉,西流注于河。其中多何罗之鱼,一首而十身,其音如吠犬⑦,食之已痈。有兽焉,其状如貆而赤豪,其音如榴榴,名曰孟槐,可以御凶。是山也,无草木,多青、雄黄。

又北三百五十里,曰涿光之山。嚻水出焉,而西流注于河。其中多鰼鰼之鱼,其状如鹊而十翼,鳞皆在羽端,其音如鹊,可以御火,食之不瘅。其上多松柏,其下多棕橿,其兽多麢羊,其鸟多蕃。

又北三百八十里,曰虢山⑧,其上多漆,其下多桐椐,其阳多玉,其阴多铁。伊水出焉,西流注于河。其兽多橐驼,其鸟多寓,状如鼠而鸟翼,其音如羊,可以御兵。

又北四百里,至于虢山之尾,其上多玉而无石。鱼水出焉,西流注于河,其中多文贝。

又北二百里,曰丹熏之山,其上多樗柏,其草多韭𧂇,多丹雘。熏水出焉,而西流注于棠水。有兽焉,其状如鼠,而菟首麋耳⑨,其音如獆犬,以其尾飞⑩。名曰耳鼠,食之不睬,又可以御百毒。

又北二百八十里,曰石者之山,其上无草木,多瑶碧。泚水出焉,西流注于河。有兽焉,其状如豹,而文题白身,名曰孟极,是善伏,其鸣自呼。

又北百一十里,曰边春之山⑪,多葱、葵、韭、桃、李。杠水出焉,而西流注于泑泽。有兽焉,其状如禺而文身,善笑,见人则卧,名曰幽鴳⑫,其鸣自呼。

又北二百里,曰蔓联之山,其上无草木。有兽焉,其状如禺而有鬣、牛尾、文臂、马蹄,见人则呼⑬,名曰足訾,其鸣自呼。有鸟焉,群居而朋飞,其毛如雌雉⑭,名曰䴅,其鸣自呼,食之已风。

又北百八十里,曰单张之山,其上无草木。有兽焉,其状如豹而长尾,人首而牛耳,一目,名曰诸犍⑮,善吒,行则衔其尾,居则蟠其尾。有鸟焉,其状如雉,而文首、白翼、黄足,名曰白鵺,食之已嗌痛,可以已痸。栎水出焉,而南流注于杠水。

又北三百二十里,曰灌题之山,其上多樗柏,其下多流沙,多砥。

有兽焉，其状如牛而白尾，其音如讠於，名曰那父。有鸟焉，其状如雌雉而人面，见人则跃，名曰竦斯，其鸣自呼也。匠韩之水出焉，而西流注于泑泽，其中多磁石。

又北二百里，曰潘侯之山，其上多松柏，其下多榛楛，其阳多玉，其阴多铁。有兽焉，其状如牛，而四节生毛，名曰旄牛。边水出焉，而南流注于栎泽。

又北二百三十里，曰小咸之山，无草木，冬夏有雪。

北二百八十里，曰大咸之山，无草木，其下多玉。是山也，四方，不可以上。有蛇名曰长蛇，其毛如彘豪，其音如鼓柝。

又北三百二十里，曰敦薨之山，其上多棕楠，其下多茈草。敦薨之水出焉，而西流注于泑泽。出于昆仑之东北隅，实惟河原。其中多赤鲑。其兽多兕、旄牛，其鸟多尸鸠⑯。

又北二百里，曰少咸之山，无草木，多青碧。有兽焉，其状如牛，而赤身、人面、马足，名曰窫窳，其音如婴儿，是食人。敦水出焉，东流注于雁门之水，其中多鲋鲋之鱼，食之杀人。

又北二百里，曰狱法之山。瀤泽之水出焉，而东北流注于泰泽。其中多䱻鱼，其状如鲤而鸡足，食之已疣。有兽焉，其状如犬而人面，善投，见人则笑，其名曰山䋬⑰，其行如风，见则天下大风。

又北二百里⑱，曰北岳之山，多枳棘刚木。有兽焉，其状如牛，而四角、人目、彘耳，其名曰诸怀，其音如鸣雁，是食人。诸怀之水出焉，而西流注于嚣水。其中多鮨鱼，鱼身而犬首，其音如婴儿，食之已狂。

又北百八十里，曰浑夕之山，无草木，多铜玉。嚣水出焉，而西北流注于海。有蛇一首两身，名曰肥遗，见则其国大旱。

又北五十里，曰北单之山，无草木，多葱韭。

又北百里，曰罴差之山，无草木，多马。

又北百八十里，曰北鲜之山，是多马。鲜水出焉，而西北流注于涂吾之水。

又北百七十里，曰堤山，多马。有兽焉，其状如豹而文首，名曰狕。堤水出焉，而东流注于泰泽，其中多龙龟。

凡北山之首，自单狐之山至于堤山，凡二十五山，五千四百九十里，其神皆人面蛇身。其祠之，毛用一雄鸡彘瘗，吉玉用一珪，瘗而不糈。其山北人，皆生食不火之物。

校注：

① 单狐之山：郝懿行云："《玉篇》、《广韵》并作崋孤山。"

② 芘石：原作茈石，从郝懿行校改。汪绂本正作芘石。郝云："芘，古字假借为紫也。"

③ 而文臂牛尾：原文臂上无而字，从王念孙校增。

④ 茈湖：《太平御览》卷九三七引作芘湖。

⑤ 儵鱼：《御览》卷九三七引作鯈鱼。郝懿行云："儵与鯈同，《玉篇》作鯈。"

⑥ 四目：原作四首，从王念孙、郝懿行校改。郝云："今图正作四目。"

⑦ 其音如吠犬：《初学记》卷三十引作犬吠。

⑧ 虢山：郝懿行云："《初学记》及《太平御览》引此经并作号山，《尔雅·疏》引作貌山，貌即号字异文也。"

⑨ 麋耳：原作麋身，从王念孙、郝懿行校改。

⑩ 以其尾飞：郭璞云："或作髯飞。"

⑪ 边春之山：郭璞云："或作春山。"

⑫ 其状如禺而文身……名曰幽頞：幽頞原作幽鴳，从王念孙、郝懿行校改。郭注鴳音遏，明鴳本系頞字。上文文身，《太平御览》卷九一三引作文背。

⑬ 见人则呼：《太平御览》卷九一三引此呼作笑。

⑭ 其毛如雌雉：郝懿行云："《玉篇·鸡》云：'白鸡群飞，尾如雌雉。'疑经文毛当为尾字之讹。"

⑮ 名曰诸犍：郭璞云："音如犍牛之犍。"郝懿行云："郭既音犍，经文必不作犍，疑当为楗字之讹。"按张宗祥校录《足本山海经图赞》作诸犍，亦可存考。

⑯ 尸鸠：原作鸤鸠，郝懿行云："鸤当为尸，《藏经》本正作尸。"按宋本、毛扆本、毕沅校本亦均作尸，从改。

⑰ 其名曰山㧐：原止作其名山㧐，无曰字，按此经文法句例，应有曰字，汪绂本正有曰字，从补。

⑱ 又北二百里：经文二百里吴宽抄本作一百里，邵恩多校同。

北次二山之首①，在河之东，其首枕汾，其名曰管涔之山。其上无木而多草，其下多玉。汾水出焉，而西流注于河。

又北二百五十里②，曰少阳之山，其上多玉，其下多赤银。酸水出焉，而东流注于汾水，其中多美赭。

又北五十里，曰县雍之山，其上多玉，其下多铜，其兽多闾麋，其鸟多白翟白鶹。晋水出焉，而东南流注于汾水。其中多鮆鱼，其状如儵而赤鳞③，其音如叱④，食之不骚⑤。

又北二百里，曰狐岐之山，无草木，多青碧。胜水出焉，而东北流注于汾水，其中多苍玉。

又北三百五十里，曰白沙山⑥，广员三百里，尽沙也，无草木鸟兽。鮪水出于其上，潜于其下，是多白玉。

又北四百里，曰尔是之山，无草木，无水。

又北三百八十里，曰狂山，无草木。是山也，冬夏有雪。狂水出焉，而西流注于浮水，其中多美玉。

又北三百八十里，曰诸余之山，其上多铜玉，其下多松柏。诸余之水出焉，而东流注于旄水。

又北三百五十里，曰敦头之山，其上多金玉，无草木。旄水出焉，而东流注于邛泽⑦。其中多䮝马，牛尾而白身，一角，其音如呼。

又北三百五十里，曰钩吾之山，其上多玉，其下多铜。有兽焉，其状羊身人面⑧,其目在腋下⑨,虎齿人爪,其音如婴儿,名曰狍鸮,是食人。

又北三百里,曰北嚻之山,无石,其阳多碧,其阴多玉。有兽焉,其状如虎,而白身犬首,马尾彘鬣,名曰独狢。有鸟焉,其状如乌,人面,名曰鸒鵙,宵飞而昼伏,食之已暍。涔水出焉,而东流注于邛泽。

又北三百五十里,曰梁渠之山,无草木,多金玉。修水出焉,而东流注于雁门。其兽多居暨,其状如汇而赤毛,其音如豚。有鸟焉,其状如夸父⑩,四翼、一目、犬尾,名曰嚣,其音如鹊,食之已腹痛,可以止衕。

嚣

又北四百里,曰姑灌之山,无草木。是山也,冬夏有雪。

又北三百八十里,曰湖灌之山,其阳多玉,其阴多碧,多马。湖灌之水出焉,而东流注于海,其中多鳢。有木焉,其叶如柳而赤理。

又北水行五百里,流沙三百里,至于洹山,其上多金玉。三桑生之,其树皆无枝,其高百仞。百果树生之。其下多怪蛇。

又北三百里,曰敦题之山,无草木,多金玉。是錞于北海。

凡北次二山之首,自管涔之山至于敦题之山,凡十七山,五千六百九十里。其神皆蛇身人面。其祠:毛用一雄鸡彘瘗;用一璧一珪⑪,投而不糈。

校注:

① 北次二山之首:原作北次二经之首,王崇庆云:"首下当遗山字。"按王所见甚是,否则紧接下文"在河之东",为不辞矣,诸家注释均漏略。然所遗山字,当在之首二字上,本作北次二山之首。迨改山字为经字,始成此不辞之语。因复其原。详见《山海经校注·海经新释》卷一

篇首注①。

② 又北二百五十里：北原作西，据宋本、吴宽抄本、郝懿行校《藏经》本改。

③ 其状如儵而赤鳞：其状如儵，宋本、吴任臣本、宏道堂本、《百子全书》本并作其状如鯈，儵、鯈字通。赤鳞，原作赤麟，汪绂本、毕沅校本、宏道堂本、《百子全书》本并作赤鳞，麟、鳞声同可假，然以鳞为本字，因改正之。

④ 其音如叱：宋本、何焯校本、吴任臣本叱作吒。

⑤ 食之不骚：骚原作骄，郭璞云："或作骚，骚臭也。"于义为长，从改。

⑥ 白沙山：按此经文法句例，山上应有之字。

⑦ 卬泽：卬原作印，郝懿行云："印泽，下文北嚻山作卬泽，《藏经》本正作卬。"按汪绂本、毕沅校本亦作卬，作卬是，从改。

⑧ 其状羊身人面：原其状下有如字，《文选》陈琳《为袁绍讨豫州檄》注引此经无其状如三字，郝懿行校《藏经》本亦无如字，如字当衍，从删。

⑨ 其目在腋下：《文选》陈琳《为袁绍讨豫州檄》注引此经目作口。

⑩ 其状如夸父：郭璞云："或作举父。"

⑪ 用一璧一珪：用上疑脱婴字。

北次三山之首，曰太行之山。其首曰归山，其上有金玉，其下有碧①。有兽焉，其状如麢羊②而四角，马尾而有距，其名曰䭃，善还，其鸣自训③。有鸟焉，其状如鹊，白身④、赤尾、六足，其名曰䴅，是善惊，其鸣自詨。

又东北二百里，曰龙侯之山，无草木，多金玉。决决之水⑤出焉，而东流注于河。其中多人鱼，其状如䱱鱼，四足，其音如婴儿，食之无痴疾。

又东北二百里，曰马成之山，其上多文石，其阴多金玉。有兽焉，其状如白犬而黑头,见人则飞,其名曰天马,其鸣自讪。有鸟焉,其状如乌,首白而身青、足黄,是名鹝鵌,其名自詨,食之不饥,可以已寓。

天马

又东北七十里,曰咸山,其上有玉,其下多铜,是多松柏⑥,草多茈草。条菅之水出焉,而西南流注于长泽。其中多器酸,三岁一成,食之已疠。

又东北二百里,曰天池之山,其上无草木,多文石。有兽焉,其状如兔而鼠首,以其背飞,其名曰飞鼠。渑水出焉,潜于其下,其中多黄垩。

又东三百里,曰阳山,其上多玉,其下多金铜。有兽焉,其状如牛而赤尾,其颈䯊,其状如句瞿,其名曰领胡,其鸣自詨,食之已狂。有鸟焉,其状如雌雉,而五采以文,是自为牝牡,名曰象蛇,其名自詨。留水出焉,而南流注于河。其中有鮯父之鱼,其状如鲋鱼,鱼首而彘身,食之已呕。

又东三百五十里,曰贲闻之山,其上多苍玉,其下多黄垩,多涅石。

又北百里,曰王屋之山,是多石。㶌水出焉,而西北流注于泰泽。

又东北三百里,曰教山,其上多玉而无石。教水出焉,西流注于河,是水冬干而夏流,实惟干河。其中有两山。是山也,广员三百步,其名曰发丸之山,其上有金玉。

又南三百里,曰景山,南望盐贩之泽,北望少泽,其上多草、薯蓣,其草多秦椒,其阴多赭,其阳多玉。有鸟焉,其状如蛇,而四翼、六目、三足,名曰酸与,其鸣自詨,见则其邑有恐⑦。

又东南三百二十里,曰孟门之山,其上多苍玉,多金,其下多黄垩,多涅石。

47

又东南三百二十里，曰平山。平水出于其上，潜于其下，是多美玉。

又东二百里⑧，曰京山，有美玉，多漆木，多竹，其阳有赤铜，其阴有玄碥。高水出焉，南流注于河。

又东二百里⑨，曰虫尾之山，其上多金玉，其下多竹，多青碧。丹水出焉，南流注于河。薄水出焉，而东南流注于黄泽。

又东三百里，曰彭毗之山⑩，其上无草木，多金玉，其下多水。蚤林之水出焉，东南流注于河。肥水出焉，而南流注于床水，其中多肥遗之蛇。

又东百八十里，曰小侯之山。明漳之水出焉，南流注于黄泽。有鸟焉，其状如乌而白文，名曰鸪鹠，食之不灂。

又东三百七十里，曰泰头之山。共水出焉，南注于虖池。其上多金玉，其下多竹箭。

又东北二百里，曰轩辕之山，其上多铜，其下多竹。有鸟焉，其状如枭而白首，其名曰黄鸟，其鸣自詨，食之不妒。

又北二百里，曰谒戾之山，其上多松柏，有金玉。沁水出焉，南流注于河。其东有林焉，名曰丹林。丹林之水出焉，南流注于河。婴侯之水出焉，北流注于氾水。

东三百里，曰沮洳之山，无草木，有金玉。濝水出焉，南流注于河。

又北三百里，曰神囷之山⑪，其上有文石，其下有白蛇，有飞虫。黄水出焉，而东流注于洹。滏水出焉，而东流注于欧水。

又北二百里，曰发鸠之山，其上多柘木。有鸟焉，其状如乌，文首、白喙、赤足，名曰精卫，其鸣自詨。是炎帝之少女名曰女娃，女娃游于东海，溺而不返，故为精卫，常衔西山之木石，以堙于东海。漳水出焉，东流注于河。

又东北百二十里，曰少山，其上有金玉，其下有铜。清漳之水出焉，东流注于浊漳之水⑫。

又东北二百里，曰锡山，其上多玉，其下有砥。牛首之水出焉，而东流注于滏水。

又北二百里，曰景山，有美玉。景水出焉，东南流注于海泽。

又北百里，曰题首之山，有玉焉，多石，无水。

又北百里，曰绣山，其上有玉、青碧。其木多栒，其草多芍药、芎䓖。洵水出焉，而东流注于河，其中有鳡、鳙。

又北百二十里，曰松山。阳水出焉，东北流注于河。

又北百二十里，曰敦与之山，其上无草木，有金玉。溹水出于其阳，而东流注于泰陆之水；泜水出于其阴，而东流注于彭水。槐水出焉，而东流注于泜泽。

又北百七十里，曰柘山，其阳有金玉，其阴有铁。历聚之水出焉，而北流注于洧水。

又北三百里，曰维龙之山，其上有碧玉，其阳有金，其阴有铁。肥水出焉，而东流注于皋泽，其中多礨石。敞铁之水出焉，而北流注于大泽。

又北百八十里，曰白马之山，其阳多石玉，其阴多铁，多赤铜。木马之水出焉，而东北流注于虖沱^⑬。

又北二百里，曰空桑之山，无草木，冬夏有雪。空桑之水出焉，东流注于虖沱^⑭。

又北三百里，曰泰戏之山，无草木，多金玉。有兽焉，其状如羊，一角一目，目在耳后，其名曰𪊨𪊨，其名自讪。虖沱之水出焉^⑮，而东流注于溇水。液女之水出于其阳，南流注于沁水。

又北三百里，曰石山，多藏金玉。濩濩之水出焉，而东流注于虖沱；鲜于之水出焉，而南流注于虖沱^⑯。

又北二百里，曰童戎之山。皋涂之水出焉，而东流注于溇液水。

又北三百里，曰高是之山。滋水出焉，而南流注于虖沱^⑰，其木多棕，其草多条。滱水出焉，东流注于河。

又北三百里，曰陆山，多美玉。䣙水^⑱出焉，而东流注于河。

又北二百里，曰沂山。般水出焉，而东流注于河。

北百二十里，曰燕山，多婴石。燕水出焉，东流注于河。

又北山行五百里，水行五百里，至于饶山，是无草木，多瑶碧，其兽多橐驼⑲，其鸟多鹠。历虢之水出焉，而东流注于河。其中有师鱼，食之杀人。

又北四百里，曰乾山，无草木，其阳有金玉，其阴有铁而无水。有兽焉，其状如牛而三足，其名曰獂⑳，其鸣自詨。

又北五百里，曰伦山。伦水出焉，而东流注于河。有兽焉，其状如麋，其州在尾上㉑，其名曰罴九㉒。

又北五百里，曰碣石之山。绳水出焉，而东流注于河。其中多蒲夷之鱼。其上有玉，其下多青碧。

又北水行五百里，至于雁门之山，无草木。

又北水行四百里，至于泰泽。其中有山焉，曰帝都之山，广员百里，无草木，有金玉。

又北五百里，曰錞于毋逢之山，北望鸡号之山㉓，其风如䬅。西望幽都之山，浴水出焉。是有大蛇，赤首白身，其音如牛，见则其邑大旱。

凡北次三山之首，自太行之山以至于无逢之山，凡四十六山，万二千三百五十里。其神状皆马身而人面者廿神。其祠之，皆用一藻珪㉔瘗之。其十四神状皆彘身而载玉。其祠之，皆玉，不瘗。其十神状皆彘身而八足蛇尾。其祠之，皆用一璧瘗之。大凡四十四神，皆用稌糈米祠之。此皆不火食。

右北经之山，凡八十七山，二万三千二百三十里。

校注：

①其下有碧：《艺文类聚》卷七引此经碧下有玉字。

②其状如麢羊：郝懿行云："刘昭注《郡国志》引此经麢作麋，无羊字。"

③其鸣自䚯：䚯同叫，吴任臣本作叫。

④ 白身：郝懿行云："《广韵》此下有三目二字。"

⑤ 决决之水：《太平御览》卷九三八引此经决水，决字不作重文。

⑥ 是多松柏：按此经文法句例疑当作木多松柏。

⑦ 见则其邑有恐：郭璞云："或曰食之不醉。"

⑧ 又东二百里：吴任臣本、汪绂本、宏道堂本作三百里，何焯校同。

⑨ 又东二百里：何焯校二作三。

⑩ 彭毗之山：黄丕烈、周叔弢校彭作鼓，何焯校同。

⑪ 神囷之山：郭璞云："音如仓囷之囷。"郝懿行云："囷即仓囷之囷，郭氏复音如之，知经文必不作囷，《广韵》引作神箘，疑是也。"

⑫ 东流注于浊漳之水：原作东流于浊漳之水，无注字，从毕沅校本补。据此经文法句例，当有此字。

⑬ 而东北流注于虖池：虖池原作虖沱，从宋本改，即上文泰头山之虖池是也，郭注并云"呼佗二音"。

⑭ 东流注于虖池：虖池原作虖沱，从宋本、吴任臣本改。

⑮ 虖池之水出焉：虖池原作虖沱，从宋本改。

⑯ 而东流注于虖……而南流注于虖池：二虖池原均作虖沱，从宋本、吴任臣本改。

⑰ 而南流注于虖池：虖池原作虖沱，从宋本、吴任臣本改。吴本南上有西字。

⑱ 鄴水：郭璞云："或作剡水。"

⑲ 兽多橐驰：经文驰，宋本、汪绂本、吴任臣本、毕沅校本、《百子全书》本并作驼，驰即驼之或字。

⑳ 其名曰㹌：郝懿行云："㹌当为㹌，见《说文》。"毕沅校本正作㹌。

㉑ 其州在尾上：州原作川，从王念孙、孙星衍、郝懿行校改。

㉒ 其名曰黑九：黑九原止作黑，从王念孙、孙星衍、郝懿行校补。郭璞《图赞》亦作黑九。

㉓ 鸡号之山：郝懿行云："《说文》、《玉篇》引此经并作惟号之山。"

㉔ 藻珪：原作藻茞，郭璞云："藻，聚藻；茞，香草，兰之类，音昌

代反。"按古祠神皆以玉瘗，未闻以聚藻香草瘗者，郭说近诬。江绍原《中国古代旅行之研究》第一章注⑩谓疑是藻珪之误，说独可通，从改。

译文：

北山经

北方第一列山系的开头一座山，叫做单狐山，多产桤树，山上多产花草。漨水发源在这座山，往西流注入泑水，水中多产紫石和文石。

再往北二百五十里，叫做求如山，山上多产铜，山下多产玉石，不生草木。滑水发源在这座山，往西流注入诸毗水里。水中多产滑鱼，形状像鳝鱼，红色的背，鸣叫的声音像人弹奏琴瑟，吃了它可以消除赘瘤。滑水里又多产水马，形状像马，却是花臂膊，牛尾巴，它的声音好像人叫喊。

再往北三百里，叫做带山，山上多产玉石，山下多产青碧。有一种兽，形状像马，一只角，角上有甲错，它的名字叫䑏（音欢）疏，可以拿它来防御火灾。有一种鸟，形状像乌鸦，五彩羽毛，红色斑纹，它的名字叫鹓鸰（音猗余），这种鸟集雌雄于一身，吃了它可以不患痈疽病。彭水发源在这座山，往西流注入芘湖水，水中多产鯈（音由）鱼，形状像鸡却长着一身红毛，三条尾巴，六只足，四只眼睛，它的声音像喜鹊，吃了它可以忘掉忧愁。

再往北四百里，叫做谯明山。谯水发源在这座山，往西流注入河水。水中多产何罗鱼，一个头十条身子，它的声音像狗叫，吃了它可以消除痈肿。有一种兽，形状像豪猪却长着红色的豪毛，声音像辘轳抽水，名字叫孟槐，可以拿它来防御凶邪。这座山不生草木，多产石青和雄黄。

再往北三百五十里，叫做涿光山。嚣水发源在这座山，往西流注入河水。水中多产鳛鳛（音习）鱼，形状像喜鹊而生有十只翅膀，所有的鳞甲都长在羽毛的尖端，它鸣叫的声音也像喜鹊，可以畜养它来防御火灾，吃了它还可以不害黄疸病。涿光山山上多产松树和柏树，山下多产棕榈树和

山海经卷三 北山经

檀树,所产兽多是羚羊,所产鸟多是鹎鸟。

再往北三百八十里,叫做虢(音帼)山,山上多产漆树,山下多产梧桐树和㮴(音匮)树,㮴树有肿节的树干可以用来作拐杖,山的南面多产玉石,山的北面多产铁。伊水发源在这座山,往西流注入河水。虢山所产兽多是骆驼,所产鸟多是寓鸟,大约是蝙蝠之类,形状像老鼠却长着鸟的翅膀,声音像羊,可以拿它来防御兵祸。

再往北四百里,到了虢山的尾部,山上多产玉却没有石头。鱼水发源在这座山,往西流注入河水,水中多产花斑贝。

再往北二百里,叫做丹熏山,山上多产樗树和柏树,所产草多是山韭和山薤(音械),又多产丹雘。熏水发源在这座山,往西流注入棠水。有一种兽,形状像老鼠,却长着兔子的头,麋鹿的耳朵,它的声音像狗叫,它用尾巴来飞翔,名字叫耳鼠,或者就是"梧鼠五技而穷"的梧鼠,吃了它可以不害胀鼓病,又可以拿它来防御百毒。

再往北二百八十里,叫做石者山,山上不生草木,多产瑶碧一类的美玉。泚水发源在这座山,往西流注入河水。有一种兽,形状像豹子,却是花额头,白身子,名字叫孟极,善于埋伏隐藏,它的鸣声便是自呼其名。

再往北一百一十里,叫做边春山,多产葱、葵、韭、桃树和李树。杠水发源在这座山,往西流注入泑泽。有一种兽,形状像母猴,身子却有花纹,喜欢笑,见人就装死,名字叫幽鴳(音遏),它鸣叫的声音也是自呼其名。

再往北二百里,叫做蔓联山,山上不生草木。有一种兽,形状像母猴却长有鬣毛,牛的尾巴,花臂膊,马的蹄足,见人就呼唤,名字叫足訾,它鸣叫的声音是自呼其名。有一种鸟,成群栖息,结队飞翔,羽毛像雌野鸡,名字叫䴔(音交),它鸣叫的声音也是自呼其名,吃了它可以消除风痹病。

再往北一百八十里,叫做单张山,山上不生草木。有一种兽,形状像豹子却长着长长的尾巴,人的脑袋,牛的耳朵,一只眼睛,名字叫诸犍,喜欢吼叫,行走时衔着尾巴,睡觉时蟠着尾巴。有一种鸟,形状像野鸡,却是花脑袋，白翅膀，黄足爪，名字叫白鵺（音夜），吃了它可以消除喉痛，又可以治疗痴病。栎水发源在这座山，往南流注入杠水。

再往北三百二十里，叫做灌题山，山上多产樗树和柘树，山下多的是流沙，又多产磨刀石。有一种兽，形状像牛，尾巴却是白的，它的声音像人呼唤，名字叫那父。有一种鸟，形状像雌野鸡却长着人的脸，见人就跳跃，名字叫竦斯，它的鸣声便是自呼其名。匠韩水发源在这座山，往西流注入泑泽，水中多产磁石。

再往北二百里，叫做潘侯山，山上多产松树和柏树，山下多产榛树和楛树，山的南面多产玉石，山的北面多产铁。有一种兽，形状像牛，四条腿关节上都长有毛，名字叫旄牛。边水发源在这座山，往南流注入栎泽。

再往北二百三十里，叫做小咸山，不生草木，冬天夏天都有雪。

往北二百八十里，叫做大咸山，不生草木，山下多产玉石。这座山呀，是四四方方的，没法子攀登上去。有一种蛇，名字叫长蛇，它的毛像猪毛，它的声音像敲梆子。

再往北三百二十里，叫做敦薨山，山上多产棕榈树和楠树，山下多产紫草。敦薨水发源在这座山，往西流注入泑泽。此水出在昆仑山的东北角，实在可说便是河水的源头。水里多产赤鲑（音圭）。所产兽多是兕牛和旄牛，所产鸟多是尸鸠即布谷鸟。

再往北二百里，叫做少咸山，不生草木，多产青碧。有一种兽，形状像牛，红色的身子，人的脸，马的足，名字叫窫窳（音轧愈），它的声音像婴儿啼哭，能够吃人。敦水发源在这座山，往东流注入雁门水，水中多产𩵀𩵀（音沛）鱼，大约就是江豚，人吃了会中毒死亡。

再往北二百里，叫做狱法山。瀤泽水发源在这座山，东北流注入泰泽。水中多产𩵄（音藻）鱼，形状像鲤鱼，却长着一对鸡足爪，吃了它可以消除赘瘤。有一种兽，形状像狗，却有着人的脸，善于投掷，见了人就笑，它的名字叫山𤟤，它行走像风一样快，它一出现天下便会刮大风。

再往北二百里，叫做北岳山，多产枳、棘等刺木和檀、柘等硬木。有一种兽，形状像牛，却长着四只角，人的眼睛，猪的耳朵，名字叫诸怀，它的声音像雁鸣,能够吃人。诸怀水发源在这座山,往西流注入嚣水,水中多产鮨(音诣)鱼,鱼的身子而狗的脑袋,声音像婴儿啼哭,吃了它能够治疗癫痫惊狂症,这种鱼大约就是如今所谓的海狗。

再往北一百八十里,叫做浑夕山,不生草木,多产铜和玉石。嚣水发源在这座山,西北流注入大海。有一种蛇,一个头,两条身子,名字叫肥遗,它一出现国家就会发生大旱灾。

再往北五十里,叫做北单山,不生草木,多产山葱和山韭。

再往北一百里,叫做罴差山,不生草木,多产小种野马。

再往北一百八十里,叫做北鲜山,多产小种野马。鲜水发源在这座山,西北流注入涂吾水。

再往北一百七十里,叫做堤山,多产小种野马。有一种兽,形状像豹,头上有花纹,名字叫狕(音幺)。堤水发源在这座山,往东流注入泰泽,水中多产龙龟,龙种龟身,大约就是所谓的吉吊。

总计北方第一列山系的开始,从单狐山到堤山,共是二十五座山,行经五千四百九十里。诸山山神都是人的脸,蛇的身子。祭祀他们,毛物用一只雄鸡和一只猪一同埋进地里,祀神的吉玉用一块珪,只是埋藏,不需用精米祭神。祭祀时,凡是住在山的北面的人,都需要生吃未经烧煮过的食物。

北方第二列山系的开头一座山,是在河水以东,山的头部枕着汾水,名字叫管涔山。山上不生树木,却多生草,山下多产玉石。汾水发源在这座山,往西流注入河水。

再往北二百五十里,叫做少阳山,山上多产玉石,山下多产赤银。酸水发源在这座山,往东流注入汾水,沿水多产优质赭石。

再往北五十里,叫做县雍山,山上多产玉石,山下多产铜。所产兽多是山驴和麋,所产鸟多是白翟和白鹬(音育)。晋水发源在这座山,东南流注入汾水。沿水多产鮆(音咨)鱼,形状像鲦(音由)鱼却长有红色的鳞甲,鸣叫的声音好像在斥责人,吃了它可以使身体没有狐骚臭。

再往北二百里，叫做狐岐山，不生草木，多产青玉和碧玉。胜水发源在这座山，东北流注入汾水，水中多产苍玉。

再往北三百五十里，叫做白沙山，这座山方圆三百里，全都是沙，没有草木和鸟兽。鲔（音委）水发源在山上，潜流在山下，沿水多产白玉。

再往北四百里，叫做尔是山，不生草木，也没有水。

再往北三百八十里，叫做狂山，不生草木。这座山呀，冬天夏天都有雪。狂水发源在这座山，往西流注入浮水，水中多产美玉。

再往北三百八十里，叫做诸余山，山上多产铜和玉石，山下多产松树和柏树，诸余水发源在这座山，往东流注入旄水。

再往北三百五十里，叫做敦头山，山上多产金属矿物和玉石，不生草木。旄水发源在这座山，往东流注入邛泽，沿水多产騊（音勃）马，牛的尾巴，白色的身子，一只角，它的声音好像人的呼叫。

再往北三百五十里，叫做钩吾山，山上多产玉石，山下多产铜。有一种兽，形状是羊的身子，人的脸，眼睛长在腋窝下，还长着老虎的牙齿，人的爪甲，它的声音像婴儿啼哭，名字叫狍（音咆）鸮，能吃人。

再往北三百里，叫做北嚣山，没有石头，山的南面多产碧玉，山的北面多产玉石。有一种兽，形状像老虎，却是白色的身子，狗的头，马的尾巴，猪的鬃毛，名字叫独狢（音谷）。有一种鸟，形状像乌鸦，人的脸，名字叫鸄鶋（音般冒），晚上飞翔，白天隐伏，吃了它可以解暑热。涔水发源在这座山，往东流注入邛泽。

再往北三百五十里，叫做梁渠山，不生草木，多产金属矿物和玉石。修水发源在这座山，往东流注入雁门水。所产兽多是居暨，形状像猬鼠却通身长着红毛，鸣叫的声音像小猪。有一种鸟，形状像猿猴模样的夸父，四只翅膀，一只眼睛，狗的尾巴，名字叫嚣，它的声音像喜鹊，吃了它可以治疗肚子痛，还可以止腹泻。

再往北四百里，叫做姑灌山，不生草木。这座山呀，冬天夏天都有雪。

再往北三百八十里，叫做湖灌山，山的南面多产玉石，山的北面多产

山海经卷三 北山经

碧玉,还多产小种野马。湖灌水发源在这座山,往东流注入大海,水中多产鳝鱼。有一种树木,它的叶子像柳叶,却有着红色的纹理。

再往北水行五百里,然后通过流沙三百里,便到了洹山,山上多产金属矿物和玉石。三桑生长在山上,这些树都不生枝条,树身高约八十丈。各种果树都生长在那里。山下多产怪蛇。

再往北三百里,叫做敦题山,不生草木,多产金属矿物和玉石。这座山座落在北海的岸边。

总计北方第二列山系的开始,从管涔山到敦题山,共是十七座山,行经五千六百九十里。诸山山神都是蛇的身子,人的脸。祭祠他们,毛物用一只雄鸡和一只猪一同埋在地里,再用一块璧和一块珪投往山中,不用精米。

北方第三列山系叫做太行山。这列山开头的一座山,叫做归山,山上产有金属矿物和玉石,山下产有碧玉。有一种兽,形状像羚羊却有四只角,马的尾巴,鸡的足爪,它的名字叫驿(音晖),善于盘旋舞蹈,它鸣叫的声音就是自呼其名。有一种鸟,形状像喜鹊,白身子,红尾巴,六只足,它的名字叫䴗(音奔),性极警敏,容易惊觉,它鸣叫的声音也是自呼其名。

再往东北二百里,叫做龙侯山,不生草本,多产金属矿物和玉石。决决水发源在这座山,往东流注入河水。水中多产人鱼,形状像鯑(音蹄)鱼,有四只足,声音像婴儿啼哭,吃了它可以不痴呆。

再往东北二百里,叫做马成山,山上多产有花纹的石头,山的北面多产金属矿物和玉石。有一种兽,形状像白狗,却长着黑脑袋,见人就鼓动着它的肉翅飞翔起来,它的名字叫天马,它鸣叫的声音是自呼其名。有一种鸟,形状像乌鸦,头是白的,身子是青的,足是黄的,名叫鹛鹛(音屈居),它鸣叫的声音也是自呼其名,吃了它可以不感到饥饿,还可以治老年人颠三倒四的昏忘病。

再往东北七十里,叫做咸山,山上产有玉石,山下多产铜,所产木多是松树和柏树，所产草多是紫草。条菅水发源在这座山，西南流注入长泽。泽里多产器酸，大约是水停不流、积久成酸的一种可食之物，三年成长一次，吃了它可以消除麻风病。

再往东北二百里，叫做天池山，山上不生草木，多产有花纹的石头。有一种兽，形状像兔子却长着老鼠的头，用它背上的毛来飞翔，名字叫飞鼠。渑水发源在这座山，潜流在山的下面，水中多产黄垩。

再往东三百里，叫做阳山，山上多产玉石，山下多产金属矿物和铜。有一种兽，形状像牛却长着红色的尾巴，颈脖子上垂有肉髯（音肾），像个斗，它的名字叫领胡，它鸣叫的声音就是自呼其名，吃了它的肉可以消除癫狂病。有一种鸟，形状像雌野鸡，却浑身长着五彩的羽毛，一身兼具雌雄二性，名字叫象蛇，它鸣叫的声音也是自呼其名。留水发源在这座山，往南流注入河水。水中产有䱲（音陷）父鱼，形状像鲋鱼，鱼的头，猪的身子，吃了它可以治呕吐。

再往东三百五十里，叫做贲闻山，山上多产苍玉，山下多产黄垩，又多产涅石，涅石就是矾石，可以用来把东西染成黑色。

再往北一百里，叫做王屋山，满山多是石头。㳠（音辇）水发源在这座山，西北流注入泰泽。

再往东北三百里，叫做教山，山上多产玉，却没有石头。教水发源在这座山，往西流注入河水。这条水冬天干涸，夏天才有水流，实在可说是一条干河。教水流经的地方，矗立着两座小山。这两座小山，方圆各有三百步的光景，人们称它为发丸山，大约形容它像仙人发出的两颗弹丸，两座山上都产有一些金属矿物和玉石。

再往南三百里，叫做景山，南边可以望见盐贩泽，北边可以望见少泽。山上多生草和薯蓣（音曙豫，就是如今的山药），所生草多是秦椒，山的北面多产赭——就是红土，山的南面多产玉石。有一种鸟，形状像蛇，却长有四只翅膀，六只眼睛，三只足，名字叫酸与，它鸣叫的声音便是自呼其名，只要它一出现，那个地方就会发生恐慌。

再往东南三百二十里，叫做孟门山，山上多产苍玉，多产金属矿物，山下多产黄垩，多产涅石。

再往东南三百二十里，叫做平山。平水发源在山上，潜流在山下，沿水多产美玉。

再往东二百里，叫做京山，产有美玉，多产漆树，多产竹，山的南面产有赤铜，山的北面产有黑色磨刀石。高水发源在这座山，往南流注入河水。

再往东二百里，叫做虫尾山，山上多产金属矿物和玉石，山下多产竹，多产青玉和碧玉。丹水发源在这座山，往南流注入河水；薄水发源在这座山，东南流注入黄泽。

再往东三百里，叫做彭毗山，山上不生草木，多产金属矿物和玉石，山下多的是水。蚤林水发源在这座山，东南流注入河水；肥水发源在这座山，往南流注入床水里，沿水多产肥遗蛇。

再往东一百八十里，叫做小侯山。明漳水发源在这座山，往南流注入黄泽。有一种鸟，形状像乌鸦却有着白色的斑纹，名字叫鸪䳢（音姑习），吃了它可以使眼睛不昏花。

再往东三百七十里，叫做泰头山。共水发源在这座山，往南流注入虖池（音呼沱）水。山上多产金属矿物和玉石，山下多产小竹丛。

再往北二百里，叫做轩辕山，山上多产铜，山下多产竹。有一种鸟，形状像枭鸟却长着白脑袋，名字叫黄鸟，它鸣叫的声音便是自呼其名，吃了它可以使人不妒嫉。

再往北二百里，叫做谒戾山，山上多产松树和柏树，也产一些金属矿物和玉石。沁水发源在这座山，往南流注入河水。山的东边有一座树林，名字叫丹林。丹林水便发源在这里，往南流注入河水；婴侯水也发源在这里，往北流注入汜水。

往东三百里，叫做沮洳山，不生草木，产有金属矿物和玉石。濝水发源在这座山，往南流注入河水。

再往北三百里，叫做神囷山，山上产有花纹的石头，山下产白蛇，还产有蠛蠓之类的小飞虫。黄水发源在这座山，往东流注入洹（音丸）水；

滏水发源在这座山，往东流注入欧水。

再往北二百里，叫做发鸠山，山上多生柘树。有一种鸟，形状像乌鸦，花脑袋，白嘴壳，红足爪，名字叫精卫，它鸣叫的声音便是自呼其名。原来它是炎帝的小女儿名叫女娃的所变的。女娃去东海游玩，偶不小心，淹死在大海里，所以变做了精卫这种小鸟，常常去衔了西山的小树枝、小石子来投往东海，要想把大海填平。漳水发源在这座山，往东流注入河水。

再往东北一百二十里，叫做少山，山上产有金属矿物和玉石，山下产有铜。清漳水发源在这座山，往东流注入浊漳水。

再往东北二百里，叫做锡山，山上多产玉石，山下产有磨刀石。牛首水发源在这座山，往东流注入滏水。

再往北二百里，叫做景山，产有美玉。景水发源在这座山，东南流注入海泽。

再往北一百里，叫做题首山，产有玉石，石头极多，没有水。

再往北一百里，叫做绣山，山上产有玉石、青玉和碧玉。所产木多是栒（音荀）木，可以用来作老年人的拐杖，所产草多是芍药和芎䓖一类的香草。洧（音委）水发源在这座山，往东流注入河水，水中产有鳠（音护）鱼和青蛙。

再往北一百二十里，叫做松山。阳水发源在这座山，东北流注入河水。

再往北一百二十里，叫做敦与山，山上不生草木，产有金属矿物和玉石。溹水发源在山的南面，往东流注入泰陆水；泜（音底）水发源在山的北面，往东流注入彭水。槐水也发源在这座山，往东流注入泜泽。

再往北一百七十里，叫做柘山，山的南面产有金属矿物和玉石，山的北面产有铁。历聚水发源在这座山，往北流注入洧水。

再往北三百里，叫做维龙山，山上产有碧玉，山的南面产有金属矿物，山的北面产有铁。肥水发源在这座山，往东流注入皋泽，水中多硌礨大石。敞铁水发源在这座山，往北流注入大泽。

山海经卷三 北山经

再往北一百八十里，叫做白马山，山的南面多产石头和玉石，山的北面多产铁，多产赤铜。木马水发源在这座山，东北流注入虖池水。

再往北二百里，叫做空桑山，不生草木，冬天夏天都有雪。空桑水发源在这座山，往东流注入虖池水。

再往北三百里，叫做泰戏山，不生草木，多产金属矿物和玉石。有一种兽，形状像羊，一只角，一只眼睛，眼睛长在耳朵后面，名字叫𣎜𣎜（音栋），它的名字就是从它自己鸣叫的声音中得来的。虖池水发源在这座山，往东流注入娄水。液女水发源在这座山的南面，往南流注入沁水。

再往北三百里，叫做石山，多产优质的金属矿物和玉石。濩濩（音蠖）水发源在这座山，往东流注入虖池水；鲜于水发源在这座山，往南流注入虖池水。

再往北二百里，叫做童戎山。皋涂水发源在这座山，往东流注入娄液水。

再往北三百里，叫做高是山。滋水发源在这座山，往南流注入虖池水。所产木多是棕榈树，所产草多是条草。滱（音寇）水发源在这座山，往东流注入河水。

再往北三百里，叫做陆山，多产美玉。郪水发源在这座山，往东流注入河水。

再往北二百里，叫做沂山。般水发源在这座山，往东流注入河水。

往北一百二十里，叫做燕山，多产有符彩婴带的婴石，也就是所谓的燕石。燕水发源在这座山，往东流注入河水。

再往北山行五百里，水行五百里，便到了饶山。这座山不生草木，多产瑶和碧一类的美玉，所产兽多是骆驼，所产鸟多是鹠鹖。历虢水发源在这座山，往东流注入河水。水中产有师鱼，可能就是鲵鱼，是人鱼的一种，吃了它会被毒死。

再往北四百里，叫做乾山，不生草木，山的南面产有金属矿物和玉石，山的北面产有铁却没有水。有一种兽，形状像牛却只有三只足，名字叫㹎，它鸣叫的声音便是自呼其名。

再往北五百里，叫做伦山。伦水发源在这座山，往东流注入河水。有一种兽，形状像麋，它的肛门生在尾巴上面，它的名字叫羆九。

再往北五百里，叫做碣石山。绳水发源在这座山，往东流注入河水，水中多产蒲夷鱼。这座山上产有玉石，山下多产青玉和碧玉。

再往北水行五百里，便到了雁门山，这座山没有草也没有树。

再往北水行四百里，便到了泰泽。泰泽里有一座山，叫做帝都山，方圆百里，不生草木，产有一些金属矿物和玉石。

再往北五百里，叫做錞于毋逢山，北边可以望见鸡号山，吹来的阵阵急风使人寒颤；西边可以望见幽都山，浴水从这座山发源。錞于毋逢山上产有大蛇，红的头，白的身子，声音像牛吼，它一出现那个地方就会有大旱灾。

总计北方第三列山系的开始，从太行山到无逢山，共是四十六座山，行经一万二千三百五十里。诸山山神形貌作马身人面状的共是二十个神，祭祀他们，都须用一块藻珪来埋在地里。还有十四个神，形状都是猪的身子，头上戴有玉。祭祀他们，都用玉，不埋藏。还有十个神，形状都是猪的身子，却长着八只足，蛇的尾巴。祭祀他们，都须用一块璧来埋入地中。以上总共四十四个神，都用精白米祭祀。祭祀这些神都须用不经过火的食物。

上面所记北方经历的山，总共是八十七座山，行经二万三千二百三十里。

山海经卷四

东山经

东山之首,曰樕䗉之山,北临乾昧。食水出焉,而东北流注于海。其中多鱅鱅之鱼,其状如犁牛,其音如彘鸣①。

又南三百里,曰藟山,其上有玉,其下有金。湖水出焉,东流注于食水,其中多活师。

又南三百里,曰枸状之山,其上多金玉,其下多青碧石。有兽焉,其状如犬,六足,其名曰从从,其鸣自詨。有鸟焉,其状如鸡而鼠毛,其名曰蚩鼠,见则其邑大旱。泚水出焉,而北流注于湖水。其中多箴鱼,其状如鯈②,其喙如箴,食之无疫疾。

又南三百里,曰勃垒之山,无草木,无水。

又南三百里,曰番条之山,无草木,多沙。减水③出焉,北流注于海,其中多鱤鱼。

又南四百里,曰姑儿之山,其上多漆,其下多桑柘。姑儿之水出焉,北流注于海,其中多鱤鱼。

又南四百里，曰高氏之山，其上多玉，其下多箴石。诸绳之水出焉，东流注于泽，其中多金玉。

又南三百里，曰岳山，其上多桑，其下多樗。泺水出焉，东流注于泽，其中多金玉。

又南三百里，曰犲山，其上无草木，其下多水，其中多堪𫙬之鱼。有兽焉，其状如夸父而彘毛，其音如呼，见则天下大水④。

又南三百里，曰独山，其上多金玉，其下多美石。末涂之水出焉，而东南流注于沔，其中多䱤䗥，其状如黄蛇，鱼翼，出入有光，见则其邑大旱。

又南三百里，曰泰山，其上多玉，其下多金⑤。有兽焉，其状如豚而有珠，名曰狪狪，其鸣自讯。环水出焉，东流注于汶⑥，其中多水玉。

又南三百里，曰竹山，錞于汶⑦，无草木，多瑶碧。激水出焉，而东南流注于娶檀之水，其中多茈蠃⑧。

凡东山之首，自樕𧕥之山以至于竹山，凡十二山，三千六百里。其神状皆人身龙首。祠：毛用一犬祈，衈用鱼⑨。

校注：

①其音如彘鸣：《太平御览》卷九三九引此经无鸣字。

②其状如鱃：经文鱃，宋本、吴任臣本作鯈，郝懿行云："鱃即鯈字。"上文"其状如鸡而鼠毛"，郝懿行云："毛，《说文》作尾。"

③减水：郭璞云："音同减损之减。"郝懿行云："减即减损之字，何须用音，知经文必不作减，未审何字之讹。"

④有兽焉……见则天下大水：经记其兽，而无其名，疑脱去之。

⑤其下多金：《史记·秦始皇本纪·正义》引此经多金作多石。

⑥东流注于汶：经文汶，原作江，郭璞云："一作海。"王念孙、毕沅、郝懿行俱校作汶，以作汶为是，环水无入江入海之理，从改。

⑦錞于汶：汶原作江，郭璞云："一作涯。"竹山錞于江当无是理，錞于涯不成文辞；郝懿行校作汶，亦从改。

⑧ 茈蠃：蠃原作蠃，郝懿行云："蠃当为蠃字之讹，茈蠃，紫色螺也。"汪绂本正作蠃，从改。

⑨ 鮯用鱼：鮯原作聃，毕沅校本作鮯，郝懿行亦校作鮯，从改。

东次二山之首，曰空桑之山，北临食水，东望沮吴，南望沙陵，西望湣泽。有兽焉，其状如牛而虎文，其音如钦①，其名曰䌛䌛，其鸣自叫，见则天下大水。

又南六百里，曰曹夕之山，其下多榖②而无水，多鸟兽。

又西南四百里，曰峄皋之山，其上多金玉，其下多白垩。峄皋之水出焉，东流注于激女之水③，其中多蜃珧。

又南水行五百里，流沙三百里，至于葛山之尾，无草木，多砥砺。

又南三百八十里，曰葛山之首，无草木。澧水出焉，东流注于余泽。其中多珠蟞鱼④，其状如肺⑤而四目⑥，六足有珠，其味酸甘，食之无疠。

又南三百八十里，曰余峨之山，其上多梓楠，其下多荆芑。杂余之水出焉，东流注于黄水。有兽焉，其状如菟而鸟喙，鸱目蛇尾，见人则眠，名曰犰狳⑦，其鸣自訆，见则虫蝗为败⑧。

珠蟞鱼

又南三百里，曰杜父之山，无草木，多水。

又南三百里，曰耿山，无草木，多水碧，多大蛇。有兽焉，其状如狐而鱼翼，其名曰朱獳，其鸣自訆，见则其国有恐。

又南三百里，曰卢其之山⑨，无草木，多沙石。沙水出焉，南流注于涔水。其中多鹈鹕，其状如鸳鸯而人足，其鸣自訆，见则其国多土功。

又南三百八十里，曰姑射之山，无草木，多水。

又南水行三百里，流沙百里，曰北姑射之山，无草木，多石。

又南三百里，曰南姑射之山，无草木，多水。

又南三百里，曰碧山，无草木，多大蛇，多碧、水玉。

又南五百里，曰缑氏之山⑩，无草木，多金玉。原水出焉，东流注于沙泽。

又南三百里，曰姑逢之山，无草木，多金玉。有兽焉，其状如狐而有翼，其音如鸿雁，其名曰獙獙，见则天下大旱。

又南五百里，曰凫丽之山，其上多金玉，其下多箴石。有兽焉，其状如狐，而九尾、九首、虎爪，名曰蠪蛭⑪，其音如婴儿，是食人。

又南五百里，曰硋山，南临硋水，东望湖泽。有兽焉，其状如马而羊目⑫、四角、牛尾，其音如獆狗，其名曰峳峳，见则其国多狡客。有鸟焉，其状如凫而鼠尾，善登木，其名曰絜钩，见则其国多疫。

凡东次二山之首，自空桑之山至于硋山，凡十七山，六千六百四十里。其神状皆兽身人面载觡。其祠：毛用一鸡祈，婴用一璧瘗。

校注：

① 其音如钦：郭璞云："或作吟。"

② 其下多穀：穀原作穀，诸本皆然，讹，唯吴任臣本作穀，是也，从改。

③ 激女之水：郝懿行云："《尔雅·疏》引此经作激汝之水，《玉篇》同。"按据此，女当读汝。

④ 其中多珠蟞鱼：郭璞云："音鳖。"按《文选·江赋》注、《太平御览》卷九三九引此经鱼上有之字。《御览》珠蟞作珠鳖，《吕氏春秋·本味篇》作朱鳖，郝懿行云，珠朱、蟞鳖并古字通用。

⑤ 其状如肺：肺原作胏，宋本、汪绂本、毕沅校本并作肺，郭璞《图赞》（《太平御览》卷九三九引）亦云："澧水之鳞，状如浮肺。"作肺是也，从改。

⑥四目：原作有目；郝懿行云："此物图作四目，《初学记》八卷引南越志云：'海中多珠鳖，状如肺（蕴石斋本《初学记》作肺），有四眼六足而吐珠。'正与图合，疑此经有目当作四目。"王念孙校同郝注，从改。

⑦名曰犰狳：犰原作犰，从王念孙、毕沅、郝懿行校改。

⑧虫蝗为败：虫蝗原作蠡蝗，郝懿行云："《说文》云：'蝗，蠡也；蠡，蝗也。'以为一物，据此又似二种。《太平御览》九百十三卷引此经蠡作虫。王念孙校同郝注，从改。

⑨卢其之山：《太平御览》卷九二五引此经作宪斯之山。

⑩缑氏之山：郭璞云："一曰侠氏之山。"

⑪名曰蛮蛭：蛭原作姪（任），从王念孙、郝懿行校改。

⑫羊目：郝懿行云："《藏经》本目作首。"

东次三山之首①，曰尸胡之山，北望𦍦山，其上多金玉，其下多棘。有兽焉，其状如麋而鱼目，名曰妴胡，其鸣自訆。

又南水行八百里，曰岐山，其木多桃李，其兽多虎。

又南水行五百里，曰诸钩之山，无草木，多沙石。是山也，广员百里，多寐鱼。

又南水行七百里，曰中父之山，无草木，多沙。

又东水行千里，曰胡射之山，无草木，多沙石。

又南水行七百里，曰孟子之山②，其木多梓桐、多桃李，其草多菌蒲，其兽多麋鹿。是山也，广员百里。其上有水出焉，名曰碧阳，其中多鳣鲔。

又南水行五百里，流沙五百里③，有山焉，曰跂踵之山，广员二百里，无草木，有大蛇，其上多玉。有水焉，广员四十里，皆涌，其名曰深泽，其中多蠵龟。有鱼焉，其状如鲤，而六足鸟尾，名曰鲐鲐之鱼，其鸣自叫④。

又南水行九百里，曰踇隅之山，其上多草木，多金玉，多赭。有兽焉，其状如牛而马尾，名曰精精，其鸣自叫。

又南水行五百里，流沙三百里，至于无皋之山，南望幼海，东望榑木，无草木，多风。是山也，广员百里。

凡东次三山之首，自尸胡之山至于无皋之山，凡九山，六千九百里。其神状皆人身而羊角。其祠：用一牡羊，糈用黍⑤。是神也，见则风雨水为败。

校注：

① 东次三山之首：原作又东次三经之首，经字为山字之篡改，已见《南山经》篇首注①，又字当衍，汪绂本无又字，是也，从删。

② 孟子之山：毕沅校本作孟于之山，云据《藏经》本。

③ 又南水行五百里，流沙五百里：原作又南水行五百里，曰流沙，行五百里（姑作如此断句），文意扞格难通，准《北次二经》洹山、《东次二经》葛山之尾及北姑射之山以及此经后文无皋之山句例，曰、行二字当衍，因删去之。

④ 其鸣自叫：鸣原作名，郝懿行云："名，《藏经》本作鸣，是。"按汪绂本、吴任臣本、毕沅校本均作鸣，从改。

⑤ 糈用黍：糈原作米，各本皆然，唯毕沅校本作糈，极是，从改。

东次四山之首①，曰北号之山，临于北海。有木焉，其状如杨，赤华，其实如枣而无核，其味酸甘，食之不疟。食水出焉，而东北流注于海。有兽焉，其状如狼，赤首鼠目，其音如豚，名曰猲狙②，是食人。有鸟焉，其状如鸡而白首，鼠足而虎爪，其名曰鬿雀，亦食人。

又南三百里，曰旄山，无草木。苍体之水出焉，而西流注于展水。其中多鱃鱼，其状如鲤而大首，食者不疣。

又南三百二十里，曰东始之山，上多苍玉。有木焉，其状如杨而赤理，其汁如血，不实，其名曰芑，可以服马。泚水出焉，而东北流注于海，其中多美贝，多茈鱼，其状如鲋，一首而十身，其臭如蘪芜，食之不糟。

又东南三百里,曰女烝之山,其上无草木。石膏水出焉,而西注于鬲水,其中多薄鱼,其状如鳣鱼而一目,其音如欧,见则天下大旱。

又东南二百里,曰钦山,多金玉而无石。师水出焉,而北流注于皋泽,其中多鳡鱼,多文贝。有兽焉,其状如豚而有牙,其名曰当康,其鸣自叫,见则天下大穰。

又东南二百里,曰子桐之山。子桐之水出焉,而西流注于余如之泽。其中多䱻鱼,其状如鱼而鸟翼,出入有光,其音如鸳鸯,见则天下大旱。

又东北二百里,曰剡山,多金玉。有兽焉,其状如彘而人面,黄身而赤尾,其名曰合窳,其音如婴儿。是兽也,食人,亦食虫蛇,见则天下大水。

又东二百里,曰太山,上多金玉、桢木。有兽焉,其状如牛而白首,一目而蛇尾,其名曰蜚,行水则竭,行草则死,见则天下大疫。钩水出焉,而北流注于劳水,其中多鳡鱼。

凡东次四山之首,自北号之山至于太山,凡八山,一千七百二十里③。

右东经之山,凡四十六山,万八千八百六十里。

校注:

① 东次四山之首:经文东次上原有又字,诸本皆然,独汪绂本无,是也,从改。

② 名曰獦狚:獦狚原作猲狚,据王念孙、郝懿行校改。

③ 一千七百二十里:郝懿行云:"毕氏本里字作三,此字形之讹。又此经不言神状及祠物所宜,疑有阙脱。"

译文：

东山经

　　东方第一列山系的头一座山，叫做樕䗤（音速株）山，北边靠近乾昧山。食水发源在这座山，东北流注入大海。水中多产鱅鱅鱼，形状像犁牛，鸣声像猪叫。

　　再往南三百里，叫做藇山，山上产有玉石，山下产有金属矿物。湖水发源在这座山，往东流注入食水，水中多产青蛙的幼虫——蝌蚪。

　　再往南三百里，叫做栒状山，山上多产金属矿物和玉石，山下多产青色石头。有一种兽，形状像狗，有六只脚，名字叫从从，它鸣叫的声音是自呼其名。有一种鸟，形状像鸡，浑身长着老鼠的毛，名字叫蚩（音咨）鼠，它一出现那个地方就会发生大旱灾。沢水发源在这座山，往北流注入湖水。水中多产箴鱼，形状像鲦鱼，它的嘴像针，吃了它可以不传染瘟疫。

　　再往南三百里，叫做勃𪊽（古斋字）山，不生草木，也没有水。

　　再往南三百里，叫做番条山，不生草木，多的是沙。减水发源在这座山，往北流注入大海，水中多产黄颊鱼。

　　再往南四百里，叫做姑儿山，山上多产漆树，山下多产桑树和柘树。姑儿水发源在这座山，往北流注入大海，水中多产黄颊鱼。

　　再往南四百里，叫做高氏山，山上多产金属矿物和玉石，山下多产可以用来作砭针治痈肿的箴石。诸绳水发源在这座山，往东流注入湖泽里，沿水多产金属矿物和玉石。

　　再往南三百里，叫做岳山，山上多产桑树，山下多产樗树。泺水发源在这座山，往东流注入湖泽里，沿水多产金属矿物和玉石。

　　再往南三百里，叫做犲（豺别字）山，山上不生草木，山下多的是水，水里多产堪𥺃（音序）鱼。有一种兽，形状像猿猴模样的夸父，浑身长着猪的毛，它的声音像人的呼喊，它一出现天下就会发生大水。

山海经卷四　　东山经

再往南三百里，叫做独山，山上多产金属矿物和玉石，山下多产秀美可观的石头。末涂水发源在这座山，东南流往入沔水。水中多产鯈蟰（音条容），形状像黄蛇，长着鱼的鳍，出入水中，闪闪有光，它一出现那个地方就会发生大旱灾。

再往南三百里，叫做泰山，山上多产玉石，山下多产金属矿物。有一种兽，形状像猪，身体内却含孕着珠子，名字叫狪狪（音通），它鸣叫的声音便是自呼其名。环水发源在这座山，往东流注入汶水，水中多产水晶。

再往南三百里，叫做竹山，它座落在汶水岸边，不生草木，多产瑶碧一类的美玉。激水发源在这座山，东南流注入娶檀水，水中多产紫色螺。

总计东方第一列山系的开始，从樕䍿山到竹山，共是十二座山，行经三千六百里。诸山山神的形状都是人的身子，龙的脑袋。祭祠他们，毛物用一只狗来取血涂祭，衈（音耳）祭用鱼——也是取牲血衈祭器的意思。

东方第二列山系的开头一座山，叫做空桑山，北边临近食水，东边可以望见沮吴，南边可以望见沙陵，西边可以望见湣泽。有一种兽，形状像牛却有着老虎的斑纹，它的声音好像人呻吟，它的名字叫軨軨，它鸣叫的声音便是自呼其名，它一出现天下便会发生大水灾。

再往南六百里，叫做曹夕山，山下多产构（楮）树，却没有水，多产飞禽走兽。

再往西南四百里，叫做峄皋山，山上多产金属矿物和玉石，山下多产白垩。峄皋水发源在这座山，往东流注入激女（音汝）水，水中多产大大小小的蚌蛤。

再往南水行五百里，通过流沙三百里，到了葛山的尾部，那里不生草木，多产可以用来作磨刀石的砥石和砺石。

再往南三百八十里，叫做葛山头，不生草木。澧水发源在这里，往东流注入余泽，水中多产珠蟞（音鳖）鱼，形状像一片肺叶，四只眼睛，六只足，从足里吐出青碧色珠子来，它的味道酸中带甜，吃了它可以防止瘟疫。

再往南三百八十里，叫做余峨山，山上多产梓树和楠树，山下多产牡荆和枸杞。杂余水发源在这座山，往东流注入黄水。有一种兽，形状像兔子却长着鸟的嘴、猫头鹰的眼睛和蛇的尾巴，见人就装死，名字叫犰狳（音几余），它鸣叫的声音是自呼其名，它一出现各种害虫和飞蝗就会出来伤败禾稼。

再往南三百里，叫做杜父山，不生草木，多的是水。

再往南三百里，叫做耿山，不生草木，多产碧色水晶，多产大蛇。有一种兽，形状像狐狸却长着鱼的鳍，它的名字叫朱獳，它鸣叫的声音是自呼其名，它一出现国内就会发生恐慌。

再往南三百里，叫做卢其山，不生草木，多的是沙和石头。沙水发源在这座山，往南流注入涔水，水中多产鹈鹕，形状像鸳鸯却长着人的足，它鸣叫的声音是自呼其名，它一出现国家便会多有水土工程的劳役。

再往南三百八十里，叫做姑射（音夜）山，不生草木，多的是水。

再往南水行三百里，通过流沙一百里，叫做北姑射山，不生草木，多的是石头。

再往南三百里，叫做南始射山，不生草木，多的是水。

再往南三百里，叫做碧山，不生草木，多产大蛇，多产碧玉和水晶。

再往南五百里，叫做缑氏山，不生草木，多产金属矿物和玉石。原水发源在这座山，往东流又注入沙泽。

再往南三百里，叫做姑逢山，不生草木，多产金属矿物和玉石。有一种兽，形状像狐狸却长着翅膀，鸣叫的声音像鸿雁，它的名字叫獙獙（音毙），它一出现天下便会发生大旱灾。

再往南五百里，叫做凫丽山，山上多产金属矿物和玉石，山下多产可以用来作砭针的箴石。有一种兽，形状像狐狸，却长着九条尾巴、九个脑袋、老虎的爪子，名字叫蠪蛭（音龙侄），鸣叫的声音像婴儿啼哭，会吃人。

再往南五百里，叫做䃌（音真）山，南边临近䃌水，东边可以望见湖泽。有一种兽，形状像马，却长着羊的眼睛，四只角，牛的尾巴，鸣声像狗在嗥叫，它的名字叫峳峳（音攸），它一出现国家就会多有狡猾不逞之徒出来为非作歹。有一种鸟，形状像野鸭却长着老鼠的尾巴，善于攀登树木，它的名字叫絜钩，它一出现国家就会多瘟疫。

总计东方第二列山系的开始，从空桑山到硜山，共是十七座山，行经六千六百四十里。诸山山神的形状都是野兽的身子，人的脸，头上长有麋鹿的角。祭祀他们：毛物用一只鸡取血涂祭，玉类用一块璧埋在地里。

东方第三列山系的开头一座山，叫做尸胡山，北边可以望见𦍛（音详）山，山上多产金属矿物和玉石，山下多产小酸枣树。有一种兽，形状像麋却长着鱼的眼睛，名字叫妴（音婉）胡，它鸣叫的声音是自呼其名。

再往南水行八百里，叫做岐山，所产树木多是桃树和李树，所产兽多是老虎。

再往南水行五百里，叫做诸钩山，不生草木，多的是沙和石头。这座山方圆有百里光景，多产寐鱼。

再往南水行七百里，叫做中父山，不生草木，到处都是沙。

再往东水行千里，叫做胡射山，不生草木，多的是沙和石头。

再往南水行七百里，叫做孟子山，所产木多是梓树和桐树，桃树和李树，所产草多是菌蒲，有人说就是紫菜、石花菜、海带、海苔之类的海菜，所产兽多是麋和鹿。这座山方圆有百里光景，山上有水流出，名叫碧阳水，水里多产鳣鱼和鲔鱼。

再往南水行五百里，通过流沙五百里，有一座山，叫做跂踵山，方圆有两百里光景，不生草木，产有大蛇，山上还多产玉石。有一潭水，方圆有四十里光景，全都像是在沸涌，它的名字叫深泽，泽里多产蠵（音攜）龟。有一种鱼，形状像鲤鱼，却长有六只足，鸟的尾巴，名字叫鲐鲐（音蛤）鱼，它鸣叫的声音是自呼其名。

再往南水行九百里，叫做踇隅（音亩宇）山，山上多生草木，多产金属矿物和玉石，多产赭石。有一种兽，形状像牛却长着马的尾巴，名字叫精精，它鸣叫的声音是自呼其名。

再往南水行五百里，通过流沙三百里，到了无皋山，南边可以望见幼海，也就是后来所谓的东方大渚少海，东边可以望见榑木，榑木就是扶桑，是太阳升起的地方。这座山不生草木，多的是风，方圆有百里光景。

总计东方第三列山系的开始，从尸胡山到无皋山，共是九座山，行经六千九百里。诸山山神的形状，都是人的身子，头上长着羊角。祭祀他们，毛物用一只公羊，精米用黍。这些神呀，只要他们一出现，就会发生大风、大雨、洪水伤败禾稼的灾祸。

东方第四列山系的开头一座山，叫做北号山，临近北海海滨。有一种树，形状像杨树，开红花，果实像枣却没有核，它的味道酸中带甜，吃了它可以不患疟疾。食水发源在这座山，东北流注入大海。有一种兽，形状像狼，红色的头，老鼠的眼睛，声音像小猪，名字叫獦狙（音葛旦），会吃人。有一种鸟，形状像鸡，白色的头，老鼠的足，老虎的爪子，它的名字叫蚔（音祈）雀，也会吃人。

再往南三百里，叫做旄山，不生草木，苍体水发源在这座山，往西流注入展水。水中多产鱃（音秋）鱼，形状像鲤鱼，却长着一个大头，吃了它可以不生赘疣。

再往南三百二十里，叫做东始山不结果实，它的名字叫芑（音起），可以取它的汁水来涂在马身上使马驯良。泚水发源在这座山，东北流注入大海，水中多产美丽的贝类，又多产茈鱼，形状像鲋鱼，一个脑袋而有十条身子，气味像蘪芜，吃了它可以使人少放屁。

再往东南三百里，叫做女烝山，山上不生草木。石膏水发源在这座山，往西流注入鬲水。水中多产薄鱼，形状像鳣鱼，却只有一只眼睛，它的声音像人呕吐，只要它一出现天下便会发生大旱灾。

再往东南二百里，叫做钦山，多产金属矿物和玉石，却没有石头。师水发源在这座山，往北流注入皋泽，水中多产鳙鱼，多产花斑贝。有一种兽，形状像小猪却长着獠牙，它的名字叫当康，它鸣叫的声音是自呼其名，它一出现天下就会大丰收。

再往东南二百里，叫做子桐山。子桐水发源在这座山，往西流注入余如泽。水中多产鱛（音滑）鱼，形状像鱼却生有鸟的翅膀，出入水面闪闪发光，它的声音像鸳鸯，它一出现天下便会发生大旱灾。

再往东北二百里，叫做剡（音扇）山，多产金属矿物和玉石。有一种兽，形状像猪却长着人的脸，黄色的身子，红色的尾巴，名字叫合窳（音庾），它的声音像婴儿啼哭。这一种兽会吃人，也吃各种虫蛇，它一出现天下便会发生大水灾。

再往东二百里，叫做太山，山上多产金属矿物和玉石，又多产刚硬的树木。有一种兽，形状像牛，头却是白的，一只眼睛，蛇的尾巴，它的名字叫蜚（音翡），走过水水就会干涸，走过草草就会枯死，它一出现天下就会发生大瘟疫。钩水发源在这座山，往北流注入劳水，水中多产鳜鱼。

总计东方第四列山系的开始，从北号山到太山，共是八座山，行经一千七百二十里。

以上所记东方经历的山，共是四十六座山，行经一万八千八百六十里。

山海经卷五

中山经

　　中山薄山之首,曰甘枣之山。共水出焉,而西流注于河。其上多杻木。其下有草焉,葵本而杏叶①,黄华而荚实,名曰箨,可以已瞢。有兽焉,其状如默鼠而文题,其名曰㔮,食之已瘿。

　　又东二十里,曰历儿之山,其上多橿②,多㯃木,是木也,方茎而圆叶,黄华而毛,其实如楝③,服之不忘。

　　又东十五里,曰渠猪之山,其上多竹。渠猪之水出焉,而南流注于河。其中是多豪鱼,状如鲔,而赤喙赤尾赤羽④,食之可以已白癣⑤。

　　又东三十五里,曰葱聋之山,其中多大谷,是多白垩,黑、青、黄垩。

　　又东十五里,曰涹山,其上多赤铜,其阴多铁。

　　又东七十里,曰脱扈之山。有草焉,其状如葵叶而赤华,荚实,实如棕荚,名曰植楮,可以已癙,食之不眯。

　　又东二十里,曰金星之山,多天婴,其状如龙骨,可以已痤。

又东七十里，曰泰威之山，其中有谷，曰枭谷⑥，其中多铁。

又东十五里，曰橿谷之山⑦，其中多赤铜。

又东百二十里，曰吴林之山，其中多葌草。

又北三十里，曰牛首之山。有草焉，名曰鬼草⑧，其叶如葵而赤茎，其秀如禾，服之不忧。劳水出焉，而西流注于潏水。是多飞鱼，其状如鲋鱼⑨，食之已痔同。

又北四十里，曰霍山，其木多榖。有兽焉，其状如狸，而白尾有鬣，名曰朏朏，养之可以已忧。

又北五十二里，曰合谷之山，是多薝棘。

又北三十五里，曰阴山⑩，多砺石、文石。少水出焉，其中多雕棠，其叶如榆叶而方，其实如赤菽，食之已聋。

又东北四百里，曰鼓镫之山，多赤铜。有草焉，名曰荣草，其叶如柳，其本如鸡卵，食之已风。

凡薄山之首，自甘枣之山至于鼓镫之山，凡十五山，六千六百七十里。历儿，冢也。其祠礼：毛，太牢之具；县䃂以吉玉⑪。其余十三山者，毛用一羊，县婴用藻珪⑫，瘗而不糈。藻珪者，藻玉也⑬，方其下而锐其上，而中穿之加金⑭。

校注：

① 葵本而杏叶：杏叶，郭璞云："或作楮叶。"

② 其上多檀：《太平御览》卷四九〇引此经檀作檟。

③ 其实如梀：梀原作拣，汪绂本、毕沅校本均作梀，王念孙、孙星衍、郝懿行亦均校作梀，作梀是也，从改。

④ 而赤喙赤尾赤羽：原作赤喙尾赤羽，《太平御览》卷七四二引此经尾上有赤字，同书卷九三九引此经，赤喙上有而字，是也，从补。

⑤ 食之可以已白癣：原无食之二字，从《太平御览》卷七四二引补。同书卷九三九引此白癣作白疥。

⑥ 曰枭谷：郭璞云："或无谷字。"

⑦ 檀谷之山：郭璞云："或作檀谷之山。"

⑧ 名曰鬼草：《太平御览》卷四六八引此经作鬼目。

⑨ 其状如鲋鱼：《太平御览》卷四四引无鱼字。

⑩ 曰阴山：郭璞云："亦曰险山。"

⑪ 县婴以吉玉：原县下无婴字，江绍原谓婴系以玉献神之专称，准下文县婴用藻珪句例，补婴字。

⑫ 县婴用藻珪：藻珪原作桑封，江绍原《中国古代旅行之研究》第一章注⑩谓经文桑封系藻珪之误，其说可通，从改。

⑬ 藻珪者，藻玉也：原作桑封者，桑主也，江绍原谓桑封即藻珪、桑主即藻玉，均以形近而误，亦从改。

⑭ 藻珪者，藻玉也……而中穿之加金：毕沅云："此疑是周秦人释语，旧本乱入经文。"当是。

中次二山济山之首，曰辉诸之山，其上多桑，其兽多闾麋，其鸟多鹖。

又西南二百里，曰发视之山，其上多金玉，其下多砥砺。即鱼之水出焉，而西流注于伊水。

又西三百里，曰豪山，其上多金玉而无草木。

又西三百里，曰鲜山，多金玉，无草木。鲜水出焉，而北流注于伊水。其中多鸣蛇，其状如蛇而四翼，其音如磬，见则其邑大旱。

又西三百里，曰阳山，多石，无草木。阳水出焉，而北流注于伊水。其中多化蛇，其状人面而豺身①，鸟翼而蛇行，其音如叱呼，见则其邑大水。

又西二百里，曰昆吾之山，其上多赤铜。有兽焉，其状如彘而有角，其音如号，名曰蠪蛭②，食之不眯。

又西百二十里，曰葌山。葌水出焉，而北流注于伊水，其上多金玉，其下多青、雄黄。有木焉，其状如棠而赤叶，名曰芒草，可以毒鱼。

山海经卷五　中山经

又西一百五十里，曰独苏之山，无草木而多水。

又西二百里，曰蔓渠之山，其上多金玉，其下多竹箭。伊水出焉，而东流注于洛。有兽焉，其名曰马腹，其状如人而虎身③，其音如婴儿，是食人。

凡济山之首，自辉诸之山至于蔓渠之山，凡九山，一千六百七十里。其神皆人面而鸟身。祠用毛，用一吉玉，投而不糈。

校注：

①其状人面而豺身：原人面上有如字，准此经文法句式，如字当衍，因删去之。

②名曰蛮蛭：蛭原作蚳，从王念孙、何焯、郝懿行校改。

③其状如人而虎身：人而，原作人面，毕沅校本作人而，于义为长，从改。

中次三山萯山之首，曰敖岸之山①，其阳多㻬琈之玉，其阴多赭、黄金。神薰池居之。是常出美玉②。北望河林，其状如蒨如举。有兽焉，其状如白鹿而四角，名曰夫诸，见则其邑大水。

又东十里，曰青要之山，实惟帝之密都。是多驾鸟。南望墠渚，禹父之所化。是多仆累、蒲卢。䰠武罗司之，其状人面而豹文，小要而白齿③，而穿耳以镰，其鸣如鸣玉。是山也，宜女子。畛水出焉，而北流注于河。其中有鸟焉，名曰鴢，其状如凫，青身而朱目赤尾，食之宜子。有草焉，其状如葌，而方茎、黄华、赤实，其本如藁本，名曰荀草④，服之美人色。

又东十里，曰騩山，其上有美枣，其阴有㻬琈之玉。正回之水出焉，而北流注于河。其中多飞鱼，其状如豚而赤文，服之不畏雷，可以御兵⑤。

又东四十里，曰宜苏之山，其上多金玉，其下多蔓居之木。滽滽之水出焉，而北流注于河，是多黄贝。

又东二十里，曰和山，其上无草木而多瑶碧，实惟河之九都。是山也五曲，九水出焉，合而北流注于河，其中多苍玉。吉神泰逢司之，其状如人而虎尾⑥，是好居于萯山之阳，出入有光。泰逢神动天地气也。

凡萯山之首，自敖岸之山至于和山，凡五山，四百四十里。其祠泰逢、熏池、武罗皆一牡羊副，婴用吉玉。其二神用一雄鸡瘗之。糈用稌。

泰逢

校注：

①敖岸之山：郭璞云："（敖）或作献。"

②是常出美玉：郭璞云："（玉）或作石。"

③小要而白齿：郭璞云："（齿）或作首。"经文小要，宋本作小胄，项絪本、汪绂本、黄丕烈、周叔弢校本作小腰，要即胄、腰字之古写。

④名曰荀草：郭璞云："或曰苞草。"

⑤其状如豚而赤文……可以御兵：《艺文类聚》卷二引《山海经》（当系郭璞《图赞》）云："飞鱼如豚，赤文无羽，食之辟兵，不畏雷也。"《太平御览》卷九三九引无下二语，余同。以校经文，赤文下多无羽二字，服之作食之，御兵作辟兵，亦足供参考。

⑥虎尾：郭璞云："或作雀尾。"

中次四山厘山之首，曰鹿蹄之山，其上多玉，其下多金。甘水出焉，而北流注于洛，其中多泠石①。

西五十里，曰扶猪之山，其上多礝石②。有兽焉，其状如貉③而人目，其名曰麢④。虢水出焉，而北流注于洛，其中多瓀石⑤。

山海经卷五　中山经

又西一百二十里，曰厘山，其阳多玉，其阴多蒐。有兽焉，其状如牛，苍身，其音如婴儿，是食人，其名曰犀渠。滽滽之水出焉，而南流注于伊水。有兽焉，名曰獭，其状如獳犬而有鳞⑥，其毛如彘鬣。

又西二百里，曰箕尾之山，多穀⑦，多涂石，其上多㻬琈之玉。

又西二百五十里，曰柄山，其上多玉，其下多铜。滔雕之水出焉，而北流注于洛，其中多羬羊。有木焉，其状如樗，其叶如桐而荚实，其名曰茇⑧，可以毒鱼。

又西二百里，曰白边之山，其上多金玉，其下多青、雄黄。

又西二百里，曰熊耳之山，其上多漆，其下多棕。浮濠之水出焉，而西流注于洛，其中多水玉⑨，多人鱼。有草焉，其状如苏而赤华，名曰葶苧，可以毒鱼。

又西三百里，曰牡山，其上多文石，其下多竹箭竹䈉，其兽多㸰牛、羬羊，鸟多赤鷩。

又西三百五十里，曰谨举之山。雒水出焉，而东北流注于玄扈之水，其中多马肠之物⑩。此二山者，洛间也。

凡厘山之首，自鹿蹄之山至于玄扈之山，凡九山，千六百七十里。其神状皆人面兽身。其祠之：毛用一白鸡，祈而不糈⑪；以采衣之。

校注：

① 其中多汵石：汵石原作冷石，从王念孙、郝懿行校改。

② 其上多㻬石：郝懿行云："㻬当为碝。《说文》云：'碝，石次者。'《玉篇》同，云亦作瓀，引此经作瓀石，或所见本异也。"

③ 其状如貉：郭璞云："貉或作貕，古字。"

④ 其名曰䴢：郭璞云："音银，或作麐。"

⑤ 其中多瓀石：郝懿行云："瓀亦当为碝。"

⑥ 其状如獳犬而有鳞：《文选·江赋》注引此经獳犬作鱬，无"而有鳞"三字。

⑦ 多穀：穀原作榖，从宋本、汪绂本、吴任臣本改。

⑧其名曰荌：郭璞云："荌一作艾。"
⑨而西流注于洛，其中多水玉：《后汉书·郡国志》刘昭注引此经"而西"下有北字，水玉作美玉。
⑩其中多马肠之物：郝懿行云："上文蔓渠山马腹，一本作马肠，盖此是也。《大荒西经》女娲之肠或作女娲之腹，亦其例。"
⑪祈而不糈：郝懿行云："祈当为禋。"

中次五山薄山之首，曰苟林之山①，无草木，多怪石。
东三百里，曰首山，其阴多榖柞，其草多𦰦芫，其阳多琈琈之玉，木多槐。其阴有谷，曰机谷，多䳒鸟，其状如枭而三目，有耳，其音如录②，食之已垫。
又东三百里，曰县𡹴之山，无草木，多文石。
又东三百里，曰葱聋之山，无草木，多摩石。
东北五百里，曰条谷之山，其木多槐桐，其草多芍药、虋冬。
又北十里，曰超山，其阴多苍玉，其阳有井，冬有水而夏竭。
又东五百里，曰成侯之山，其上多櫄木，其草多芁③。
又东五百里，曰朝歌之山，谷多美垩。
又东五百里，曰槐山④，谷多金锡。
又东十里，曰历山，其木多槐，其阳多玉。
又东十里，曰尸山，多苍玉，其兽多麖。尸水出焉，南流注于洛水，其中多美玉。
又东十里，曰良余之山，其上多榖柞，无石。余水出于其阴，而北流注于河；乳水出于其阳，而东南流注于洛。
又东南十里，曰蛊尾之山⑤，多砺石、赤铜。龙余之水出焉，而东南流注于洛。
又东北二十里，曰升山，其木多榖柞棘，其草多薯蓣、蕙，多寇脱。黄酸之水出焉，而北流注于河，其中多璇玉。
又东十二里，曰阳虚之山，多金，临于玄扈之水。

山海经卷五　　中山经

凡薄山之首，自苟林之山至于阳虚之山，凡十六山，二千九百八十二里。升山，冢也，其祠礼：太牢，婴用吉玉。首山，䰠也，其祠用稌、黑牺太牢之具、蘖酿；干儛，置鼓；婴用一璧。尸水，合天也，肥牲祠之，用一黑犬于上，用一雌鸡于下，刉一牝羊，献血。婴用吉玉。采之，飨之。

校注：

①苟林之山：原作苟床之山，郭璞云："或作苟林山。"郝懿行云："下文正作苟林山，《文选·江赋》注引此经亦作苟林山。"王念孙校同郝注。从改。

②其音如录：郝懿行云："盖鹿字假音，《玉篇》作音如豕。"

③其草多芀：芀原作茄，郝懿行云："茄，《说文》训草盛，非草名也。疑茄当为芀字之讹，芀音交，即药草秦芀也，见《本草》。"郝说是也，王念孙校同郝注，从改。

④槐山：毕沅本作稷山，云槐当为稷，稷即稷字古文，稷山在今山西省稷山县，后稷播时百谷于此，遂以名山。说可供参考。

⑤盅尾之山：郝懿行云："《水经注》(《洛水》)作虫尾。"

中次六山缟羝山之首，曰平逢之山，南望伊、洛，东望谷城之山，无草木，无水，多沙石。有神焉，其状如人而二首，名曰骄虫①，是为螫虫，实惟蜂蜜之庐。其祠之：用一雄鸡，禳而勿杀。

西十里，曰缟羝之山，无草木，多金玉。

又西十里，曰廆山，其阴多㻬琈之玉②。其西有谷焉，名曰雚谷，其木多柳楮。其中有鸟焉，状如山鸡而长尾，赤如丹火而青喙，名曰鸰䴔，其鸣自呼，服之不眯。交觞之水出于其阳，而南流注于洛；俞随之水出于其阴，而北流注于谷水。

又西三十里，曰瞻诸之山，其阳多金，其阴多文石。谢水出焉，而东南流注于洛；少水出于其阴③，而东流注于谷水。

又西三十里,曰娄涿之山,无草木,多金玉。瞻水出于其阳,而东流注于洛;陂水出于其阴,而北流注于谷水,其中多茈石、文石。

又西四十里,曰白石之山。惠水出于其阳,而南流注于洛,其中多水玉。涧水出于其阴,西北流注于谷水,其中多麋石、栌丹。

又西五十里,曰谷山④,其上多穀,其下多桑。爽水出焉,而西北流注于谷水,其中多碧绿。

又西七十二里,曰密山,其阳多玉,其阴多铁。豪水出焉,而南流注于洛。其中多旋龟,其状鸟首而鳖尾,其音如判木。无草木。

又西百里,曰长石之山,无草木,多金玉。其西有谷焉,名曰共谷,多竹。共水出焉,西南流注于洛,其中多鸣石。

又西一百四十里,曰傅山⑤,无草木,多瑶碧。厌染之水出于其阳,而南流注于洛,其中多人鱼。其西有林焉,名曰墦冢。谷水出焉,而东流注于洛,其中多珚玉⑥。

又西五十里,曰橐山,其木多樗,多㯉⑦,其阳多金玉,其阴多铁,多萧。橐水出焉,而北流注于河。其中多修辟之鱼,状如黾而白喙,其音如鸱,食之已白癣。

又西九十里,曰常烝之山,无草木,多垩。潐水出焉,而东北流注于河,其中多苍玉。菑水出焉,而北流注于河。

又西九十里,曰夸父之山,其本多棕楠,多竹箭,其兽多㸲牛羬羊,其鸟多赤鷩⑧,其阳多玉,其阴多铁。其北有林焉,名曰桃林,是广员三百里,其中多马⑨。湖水出焉,而北流注于河,其中多珚玉⑩。

又西九十里,曰阳华之山,其阳多金玉,其阴多青、雄黄,其草多薯藇,多苦辛⑪,其状如楸,其实如瓜,其味酸甘,食之已疟。杨水出焉,而西南流注于洛,其中多人鱼。门水出焉,而东北流注于河,其中多玄硡。錯姑之水出于其阴,而东流注于门水,其上多铜⑫。

凡缟羝山之首,自平逢之山至于阳华之山,凡十四山,七百九十里。岳在其中,以六月祭之,如诸岳之祠法,则天下安宁。

山海经卷五　中山经

校注：

① 名曰骄虫：《太平御览》卷九五〇引此经骄作娇。

② 其阴多㻬琈之玉：《水经注·谷水》、《太平御览》卷六三引此经其阴作其阳。

③ 少水出于其阴：原作少水出其阴，从王念孙校增于字。汪绂本有于字，是也。

④ 谷山：原作榖山，诸本皆作谷（榖）山，《郝氏遗书》本亦作谷山，从改。

⑤ 傅山：《太平御览》卷六二引此经作博山。

⑥ 其中多瑶玉：瑶玉原作珚玉，从王念孙、郝懿行校改。

⑦ 多楢：原作多楢木，王念孙云："木字疑衍。"据此经文法句式，木字确当衍，因删去之。

⑧ 其鸟多赤鷩：原作其鸟多鷩，无赤字，宋本鷩上有赤字，何焯校亦增赤字，从补。

⑨ 其中多马：《太平御览》卷一五八引此经，多马下尚有"造父于其中得骅骝绿耳之乘以献穆王"十六字，或系逸落之郭注误入经文也。

⑩ 其中多瑶玉：瑶玉原作珚玉，亦从前校改。

⑪ 多苦辛：苦辛，宋本、吴宽抄本、毛扆本均作苦莘，邵恩多校本同。

⑫ 其上多铜：原多铜以下经文尚有"门水出于河七百九十里入雒水"十三字，王念孙校云："门水出于河云云，乃郭注误入正文，水无出河出江之理，作至于是也。"别本（汪绂本、吴任臣本）亦有作至于者，然亦扞格难通。此即非郭注，当亦系后人释语羼入者，而复有讹讹。因删去之。

中次七山苦山之首，曰休与之山①。其上有石焉，名曰帝台之棋，五色而文，其状如鹑卵，帝台之石，所以祷百神者也，服之不蛊。有草焉，其状如蓍，赤叶而本丛生，名曰夙条，可以为簳。

东三百里，曰鼓钟之山，帝台之所以觞百神也。有草焉，方茎而黄华，员叶而三成，其名曰焉酸②，可以为毒。其上多砺，其下多砥。

又东二百里，曰姑媱之山。帝女死焉，其名曰女尸，化为䔄草，其叶胥成，其华黄，其实如菟丘，服之媚于人。

又东二十里，曰苦山。有兽焉，名曰山膏，其状如逐，赤若丹火，善詈。其上有木焉，名曰黄棘，黄华而员叶，其实如兰，服之不字。有草焉，员叶而无茎，赤华而不实，名曰无条，服之不瘿。

又东二十七里，曰堵山。神天愚居之，是多怪风雨。其上有木焉，名曰天楄，方茎而葵状，服者不喱。

又东五十二里，曰放皋之山③。明水出焉，南流注于伊水，其中多苍玉。有木焉，其叶如槐，黄华而不实，其名曰蒙木，服之不惑。有兽焉，其状如蜂，枝尾而反舌，善呼，其名曰文文。

又东五十七里，曰大苦之山④，多㻁琈之玉，多麋玉。有草焉，其叶状如榆⑤，方茎而苍伤，其名曰牛伤，其根苍文，服者不厥，可以御兵。其阳狂水出焉，西南流注于伊水，其中多三足龟，食者无大疾，可以已肿。

三足龟

又东七十里，曰半石之山。其上有草焉，生而秀，其高丈余，赤叶赤华，华而不实，其名曰嘉荣，服之者不畏霆⑥。来需之水出于其阳，而西流注于伊水。其中多䱤鱼，黑文，其状如鲋，食者不睡⑦。合水出于其阴，而北流注于洛，多䲠鱼，状如鳜，居逵，苍文赤尾，食者不痈，可以为瘘。

又东五十里，曰少室之山，百草木成囷。其上有木焉，其名曰帝休，叶状如杨，其枝五衢，黄华黑实⑧，服者不怒。其上多玉，其下多铁。休水出焉，而北流注于洛。其中多䲰鱼，状如盩蜼⑨而长距，足白而对，食者无蛊疾，可以御兵。

又东三十里,曰泰室之山。其上有木焉,叶状如梨而赤理,其名曰栯木,服者不妒。有草焉,其状如苍,白华黑实,泽如蘡薁,其名曰䔄草,服之不眯⑩。上多美石。

又北三十里,曰讲山,其上多玉,多柘,多柏。有木焉,名曰帝屋,叶状如椒,反伤赤实,可以御凶。

又北三十里,曰婴梁之山,上多苍玉,锜于玄石。

又东三十里,曰浮戏之山。有木焉,叶状如樗而赤实,名曰亢木,食之不蛊⑪。汜水出焉,而北流注于河。其东有谷,因名曰蛇谷⑫,上多少辛。

又东四十里,曰少陉之山。有草焉,名曰䓂草,叶状如葵,而赤茎白华,实如蘡薁,食之不愚。器难之水⑬出焉,而北流注于役水⑭。

又东南十里,曰太山。有草焉,名曰梨,其叶状如萩⑮而赤华,可以已疽。太水出于其阳,而东南流注于役水;承水出于其阴,而东北流注于役⑯。

又东二十里,曰末山,上多赤金。末水出焉,北流注于役⑰。

又东二十五里,曰役山,上多白金,多铁。役水出焉,北流注于河⑱。

又东三十五里,曰敏山,上有木焉,其状如荆,白华而赤实,名曰蓟柏,服者不寒。其阳多㻬琈之玉。

又东三十里,曰大騩之山,其阴多铁、美玉、青垩。有草焉,其状如蓍而毛,青华而白实,其名曰蒗⑲,服之不夭,可以为腹病。

凡苦山之首,自休与之山至于大騩之山,凡十有九山,千一百八十四里。其十六神者,皆豕身而人面。其祠:毛牷用一羊羞,婴用一藻玉瘗。苦山、少室、太室皆冢也,其祠之:太牢之具,婴以吉玉。其神状皆人面而三首。其余属皆豕身人面也。

校注:

① 休与之山:郭璞云:"与或作舆;下同。"

②其名曰焉酸：焉酸，郝懿行云："一本作乌酸。"按《太平御览》卷四二引此经正作乌酸。

③放皋之山：郭璞云："放或作效，又作牧。"

④大苦之山：原作大苦之山，从王念孙、郝懿行校改。毕沅本正作大苦。

⑤其叶状如榆：原作其状叶如榆，从王念孙、郝懿行校改。毕沅本作其状如榆，无叶字。

⑥服之者不畏霆：原霆上无畏字，从王念孙、郝懿行校补。

⑦食者不睡：郝懿行云："李善注（《文选》）《江赋》引此经作食之不肿，《太平御览》九百三十九卷亦引作食者不肿。"

⑧黄华黑实：黑实，《艺文类聚》卷八十八引作黑叶。

⑨状如盩雎：盩原作盭，从王念孙、郝懿行校改。盩音舟。

⑩服之不眯：眯原作昧，从王念孙校改。

⑪食之不蛊：食之，宋本、吴宽抄本作食者。

⑫因名曰蛇谷：郭璞云："言此中出蛇，因以名之。"汪绂云："因当作其。"

⑬器难之水：郭璞云："（器）或作嚣。"

⑭而北流注于役水：郭璞云："（役）一作侵。"

⑮其叶状如萩：萩原作荻，从郝懿行校改。

⑯东南流注于役水……东北流注于役：二役字宋本俱作没，项䌋本、汪绂本、吴任臣本、《百子全书》本同。惟毕沅校本仍作役，未敢辄改。

⑰北流注于役：郭璞云："《水经》作沫。"按上举诸本除毕沅本作役、汪绂本作投讹外，余均仍作没。

⑱北流注于河：原作北注于河，流字据江绂本、毕沅本增。

⑲其名曰猨：猨原作猨，从郝懿行校改。

中次八山荆山之首，曰景山，其上多金玉，其木多杼檀。雎水出焉，东南流注于江，其中多丹粟，多文鱼。

山海经卷五 中山经

东北百里，曰荆山，其阴多铁，其阳多赤金，其中多犛牛，多豹虎，其木多松柏，多橘櫾，其草多竹①。漳水出焉，而东南流注于雎，其中多黄金，多鲛鱼，其兽多闾麋②。

又东北百五十里，曰骄山，其上多玉，其下多青䨼，其木多松柏，多桃枝钩端。神䖝围处之，其状如人而羊角虎爪③，恒游于雎漳之渊，出入有光。

又东北百二十里，曰女几之山，其上多玉，其下多黄金，其兽多豹虎，多闾麋麖麂，其鸟多白鷮，多翟，多鸩。

又东二百里，曰宜诸之山，其上多金玉，其下多青䨼。洈水出焉，而南流注于漳，其中多白玉。

又东北三百五十里，曰纶山，其木多梓楠，多桃枝，多柤栗橘櫾，其兽多闾麈麢㚟。

又东北二百里，曰陆䬃之山，其上多㻬琈之玉，其下多垩，其木多杻橿。

又东百三十里，曰光山，其上多碧，其下多水④。神计蒙处之，其状人身而龙首，恒游于漳渊，出入必有飘风暴雨。

又东百五十里，曰岐山，其阳多赤金，其阴多白珉，其上多金玉，其下多青䨼，其木多樗。神涉䖝处之，其状人身而方面三足。

又东百三十里，曰铜山，其上多金银铁，其木多榖柞柤栗橘櫾，其兽多犳。

又东北一百里，曰美山，其兽多兕牛，多闾麈，多豕鹿，其上多金，其下多青䨼。

又东北百里，曰大尧之山，其木多松柏，多梓桑，多机，其草多竹，其兽多豹虎麢㚟。

又东北三百里，曰灵山，其上多金玉，其下多青䨼，其木多桃李梅杏。

又东北七十里，曰龙山，上多寓木，其上

计蒙

多碧，其下多赤锡，其草多桃枝钩端。

又东南五十里，曰衡山，上多寓木榖柞，多黄垩白垩。

又东南七十里，曰石山，其上多金，其下多青䨼，多寓木。

又南百二十里，曰若山⑤，其上多㻬琈之玉，多赭，多封石⑥，多寓木，多柘。

又东南一百二十里，曰彘山，多美石，多柘。

又东南一百五十里，曰玉山，其上多金玉，其下多碧铁，其木多柏⑦。

又东南七十里，曰灌山⑧，其木多檀，多封石⑨，多白锡。郁水出于其上，潜于其下，其中多砥砺。

又东北百五十里，曰仁举之山，其木多榖柞，其阳多赤金，其阴多赭。

又东五十里，曰师每之山，其阳多砥砺，其阴多青䨼，其木多柏，多檀，多柘，其草多竹。

又东南二百里，曰琴鼓之山，其木多榖柞椒柘，其上多白珉，其下多洗石，其兽多豕鹿，多白犀，其鸟多鸩。

凡荆山之首，自景山至琴鼓之山，凡二十三山，二千八百九十里。其神状皆鸟身而人面。其祠：用一雄鸡祈瘗，婴用一藻圭，糈用稌。骄山，冢也，其祠：用羞酒少牢祈瘗，婴用一璧⑩。

校注：

①其木多松柏，多橘櫾，其草多竹：原多橘柚句在其草多竹句下，黄丕烈、周叔弢校本云："多橘櫾并传十字（指郭璞注"櫾似橘而大也，皮厚味酸"十字）应在其草多竹上。"是也，从改。

②其兽多闾麋：麋，王念孙、郝懿行并校作麈，郭璞云："似鹿而大也。"

③其状如人而羊角虎爪：原作其状如人面羊角虎爪，郝懿行云："《广韵》蠱字注本此文，无面字。"面字疑为而字之误，属下读。郭璞注《海外

东经》毛民国云："为人短小，而体尽有毛。"宋本、毛扆本、毕沅校本、《百子全书》本、吴任臣本而俱作面；《中次二经》蔓渠山马腹，"其状如人面虎身"，毕沅校本面作而：俱可证而面互易讹讹。因改正之。

④ 其下多水：水原作木，郝懿行云："木疑水字之讹。"王念孙校同。汪绂本木正作水。从改。

⑤ 若山：郭璞云："若或作前。"

⑥ 多封石：原作多邽石，郭璞云："未详。"王念孙云："下文虎尾之山多封石，邽、封二字必有一误；篇内作邽石者二，作封石者六。"郝懿行云："邽疑封字之讹。"是也，从改。

⑦ 其木多柏：郭璞云："作楢。"

⑧ 谨山：《太平御览》卷八一二引作漼山。

⑨ 多封石：原作多邽石，从注⑥校改。

⑩ 婴用一藻圭……婴用一璧：原作用一藻圭……婴毛一璧，江绍原《中国古代旅行之研究》谓婴毛当系婴用之误，极是。婴为以玉献神之专称，婴用一璧者，以一璧祠祭于神也。准此，上文用一藻圭，亦当是婴用一藻圭，脱婴字。因补改之。

中次九山岷山之首，曰女几之山，其上多石涅，其木多杻橿，其草多菊䖆。洛水出焉，东注于江，其中多雄黄，其兽多虎豹①。

又东北三百里，曰岷山。江水出焉，东北流注于海，其中多良龟，多鼍。其上多金玉，其下多白珉，其木多梅棠，其兽多犀象，多夔牛，其鸟多翰鷩。

又东北一百四十里，曰崃山。江水出焉，东流注于大江②。其阳多黄金，其阴多麋麈，其木多檀柘，其草多薤韭，多药、空夺。

又东一百五十里，曰崌山。江水出焉，东流注于大江，其中多怪蛇，多鳖鱼，其木多楢杻，多梅梓，其兽多夔牛羬臭犀兕。有鸟焉，状如鸮而赤身白首，其名曰窃脂，可以御火。

又东三百里，曰高梁之山，其上多垩，其下多砥砺，其木多桃枝钩端。有草焉，状如葵而赤华，荚实白柎，可以走马。

又东四百里，曰蛇山，其上多黄金，其下多垩，其木多栒，多豫章，其草多嘉荣、少辛。有兽焉，其状如狐，而白尾长耳，名㹴狼，见则国内有兵③。

又东五百里，曰鬲山，其阳多金，其阴多白珉。蒲鹳之水出焉，而东流注于江，其中多白玉。其兽多犀象熊罴，多猿蜼。

又东北三百里，曰隅阳之山，其上多金玉，其下多青䕵，其木多梓桑，其草多茈。徐之水出焉④，东流注于江，其中多丹粟。

又东二百五十里，曰岐山，其上多白金，其下多铁，其木多梅梓，多杻楢。减水出焉，东南流注于江。

又东三百里，曰勾㭁之山，其上多玉，其下多黄金，其木多栎柘，其草多芍药。

又东一百五十里，曰风雨之山，其上多白金，其下多石涅，其木多椒樿，多杨。宣余之水出焉，东流注于江，其中多蛇。其兽多闾麋麈，多豹虎⑤，其鸟多白鹇。

又东北二百里，曰玉山，其阳多铜，其阴多赤金，其木多豫章楢杻，其兽多豕鹿麢㚟，其鸟多鸩。

又东一百五十里，曰熊山。有穴焉，熊之穴，恒出神人。夏启而冬闭，是穴也，冬启乃必有兵⑥。其上多白玉，其下多白金，其木多樗柳，其草多寇脱。

又东一百四十里，曰骢山，其阳多美玉赤金，其阴多铁，其木多桃枝荆芑⑦。

又东二百里，曰葛山，其上多赤金，其下多瑊石⑧，其木多柤栗橘櫾楢杻⑨，其兽多麢㚟，其草多嘉荣。

又东一百七十里，曰贾超之山，其阳多黄垩，其阴多美赭，其木多柤栗橘櫾，其中多龙修。

凡岷山之首，自女几山至于贾超之山，凡十六山，三千五百里。其神状皆马身而龙首。其祠：毛用一雄鸡瘗，糈用稌。文山、勾㭁、风雨、騩山⑩，是皆冢也，其祠之：羞酒，少牢具，婴用一吉玉⑪。熊山，帝也⑫，其祠：羞酒，太牢具，婴用一璧⑬。干儛，用兵以禳；祈，璆冕舞。

校注：

① 其兽多虎豹：疑此句当在上文其草多菊荣句下，盖皆女几山所产也。

② 东流注于大江：原注下无于字，汪绂本、毕沅本并有于字，王念孙亦校增于字，从补。

③ 见则国内有兵：郭璞云："一作国有内乱。"

④ 其草多芷。徐之水出焉：中间疑有脱文，姑从芷下断句。"徐之水"经中鲜此文例，惟《南次二山》"阏之泽"差可比拟。

⑤ 其兽多闾麋鏖，多豹虎：原作其兽多闾麋多鏖豹虎，鏖多二字适倒，因鏖与闾麋为类，与豹虎则不能为类也。因乙正之。

⑥ 熊之穴……冬启乃必有兵：《太平御览》卷五四引此经，熊之穴作曰熊穴，冬启作若冬启夏闭，似于义为长。

⑦ 其木多桃枝荆芭：荆芭原作荆芑，郝懿行云："芑盖芭字之讹，芭又杞之假借字也。"宋本、吴宽抄本芑正作芭，从改。

⑧ 其下多瑊石：《文选·子虚赋》云："瑊玏玄厉。"张揖注云："瑊、玏，石之次玉者。"如淳云："瑊，音缄；玏，音勒。"据此，经文瑊石石字疑衍。

⑨ 其木多柤栗橘櫾楢杻：郝懿行云："《太平御览》九百六十四卷引此经云：'葛山其上多桐。'今本无桐字，疑有脱误。"

⑩ 騩山：原作騩之山，前文作騩山，当衍之字，因删去之。

⑪ 婴用一吉玉：原作婴毛一吉玉，据江绍原说改，见前经注⑩。

⑫ 熊山，帝也：帝原作席，从王念孙、郝懿行校改。

⑬ 婴用一璧：用原作毛，亦据江绍原说改，见前经注⑩。

中次十山之首，曰首阳之山，其上多金玉，无草木。

又西五十里，曰虎尾之山，其木多椒椐，多封石，其阳多赤金，其阴多铁。

又西南五十里，曰繁缋之山，其木多楢杻，其草多枝勾。

又西南二十里，曰勇石之山，无草木，多白金，多水。

又西二十里，曰复州之山，其木多檀，其阳多黄金。有鸟焉，其状如鸮，而一足彘尾，其名曰跂踵①，见则其国大疫。

又西三十里，曰楮山②，多寓木，多椒椐，多柘，多垩。

又西二十里，曰又原之山，其阳多青䨼，其阴多铁，其鸟多鸜鹆。

又西五十里，曰涿山，其木多榖柞杻，其阳多㻬琈之玉。

又西七十里，曰丙山，其木多梓檀，多㭒杻。

凡首阳山之首，自首山至于丙山，凡九山，二百六十七里。其神状皆龙身而人面。其祠之：毛用一雄鸡瘗，糈用五种之糈。堵山③，冢也，其祠之：少牢具，羞酒祠，婴用一璧瘗④。騩山，帝也，其祠：羞酒，太牢具⑤，合巫祝二人儛，婴一璧。

校注：

① 一足彘尾，其名曰跂踵：《太平御览》卷七四二引此经彘尾作彘毛，跂踵作企踵。

② 楮山：郭璞云："一作渚州之山。"

③ 堵山：汪绂云："堵山即楮山也。"按或古字假借通用。

④ 婴用一璧瘗：用原作毛，据江绍原《中国古代旅行之研究》第一章注⑩改。

⑤ 太牢具：具原作其，郝懿行云："其当是具字之讹。"是也，从改。

中次一十一山荆山之首，曰翼望之山。湍水出焉，东流注于济；贶水出焉，东南流注于汉，其中多蛟。其上多松柏，其下多漆梓，其阳多赤金，其阴多珉。

又东北一百五十里，曰朝歌之山。潕水出焉，东南流注于荥，其中多人鱼。其上多梓楠，其兽多麢麋。有草焉，名曰莽草，可以毒鱼。

又东南二百里，曰帝囷之山，其阳多㻁琈之玉，其阴多铁。帝囷之水出于其上，潜于其下，多鸣蛇。

又东南五十里，曰视山，其上多韭。有井焉，名曰天井，夏有水，冬竭。其上多桑，多美垩金玉。

又东南二百里，曰前山，其木多櫧，多柏，其阳多金，其阴多赭。

又东南三百里，曰丰山。有兽焉，其状如猿，赤目、赤喙、黄身，名曰雍和，见则国有大恐。神耕父处之，常游清泠之渊，出入有光，见则其国为败。有九钟焉，是和霜鸣①。其上多金，其下多榖柞杻橿。

又东北八百里，曰兔床之山，其阳多铁，其木多櫧芋②，其草多鸡谷，其本如鸡卵，其味酸甘，食者利于人。

又东六十里，曰皮山，多垩，多赭，其木多松柏。

又东六十里，曰瑶碧之山③，其木多梓楠，其阴多青䨼，其阳多白金。有鸟焉，其状如雉，恒食蜚，名曰鸩。

又东四十里，曰攻离之山④。淯水⑤出焉，南流注于汉。有鸟焉，其名曰婴勺，其状如鹊，赤目、赤喙、白身，其尾若勺，其鸣自呼。多㸲牛，多羬羊。

又东北五十里，曰祑筒之山，其上多松柏机桓⑥。

又西北一百里，曰堇理之山，其上多松柏，多美梓，其阴多丹䨼，多金，其兽多豹虎。有鸟焉，其状如鹊，青身白喙，白目白尾，名曰青耕，可以御疫，其鸣自叫。

又东南三十里，曰依轱之山，其上多杻橿，多苴。有兽焉，其状如犬，虎爪有甲，其名曰獜，善駚䞨，食者不风。

又东南三十五里，曰即谷之山，多美玉，多玄豹，多闾麈，多麢㚟。其阳多珉，其阴多青䨼。

又东南四十里，曰鸡山，其上多美梓，多桑，其草多韭。

又东南五十里，曰高前之山。其上有水焉，甚寒而清，帝台之浆也⑦，饮之者不心痛。其上有金，其下有赭。

又东南三十里，曰游戏之山，多㭴㰍榖，多玉，多封石。

又东南三十五里，曰从山，其上多松柏，其下多竹。从水出于其上，潜于其下，其中多三足鳖，枝尾，食之无蛊疾⑧。

又东南三十里，曰婴硬之山，其上多松柏，其下多梓橚。

又东南三十里，曰毕山。帝苑之水出焉，东北流注于视⑨，其中多水玉，多蛟。其上多㻬琈之玉。

又东南二十里，曰乐马之山。有兽焉，其状如汇，赤如丹火，其名曰㺑，见则其国大疫。

又东南二十五里，曰葴山。视水出焉，东南流注于汝水，其中多人鱼，多蛟，多䪄。

又东四十里，曰婴山，其下多青䧉，其上多金玉。

又东三十里，曰虎首之山，多苴椆椐。

又东二十里，曰婴侯之山，其上多封石，其下多赤锡。

又东五十里，曰大孰之山。杀水出焉，东北流注于视水，其中多白垩。

又东四十里，曰卑山，其上多桃李苴梓，多累。

又东三十里，曰倚帝之山，其上多玉，其下多金。有兽焉，状如鼣鼠，白耳白喙，名曰狙如，见则其国有大兵。

又东三十里，曰鲵山，鲵水出于其上，潜于其下，其中多美垩。其上多金，其下多青䧉。

又东三十里，曰雅山。澧水出焉，东流注于视水，其中多大鱼。其上多美桑，其下多苴，多赤金。

又东五十里⑩，曰宣山。沦水出焉，东南流注于视水，其中多蛟。其上有桑焉，大五十尺，其枝四衢，其叶大尺余，赤理黄华青柎⑪，名曰帝女之桑。

又东四十五里，曰衡山，其上多青䧉，多桑，其鸟多鸜鹆。

又东四十里，曰丰山，其上多封石，其木多桑，多羊桃，状如桃而方茎，可以为皮张。

又东七十里，曰妪山，其上多美玉，其下多金，其草多鸡谷。

又东三十里，曰鲜山，其木多楢杻苴，其草多䕲冬，其阳多金，其阴多铁。有兽焉，其状如膜犬⑫，赤喙、赤目、白尾，见则其邑有火⑬，名曰𤡱即。

又东三十里，曰皋山⑭，其阳多金，其阴多美石。皋水出焉，东流注于澧水，其中多脆石。

又东二十五里，曰大支之山，其阳多金，其木多榖柞，无草⑮。

又东五十里，曰区吴之山，其木多苴。

又东五十里，曰声匈之山，其木多榖，多玉，上多封石。

又东五十里，曰大騩之山，其阳多赤金，其阴多砥石。

又东十里，曰踵臼之山，无草木。

又东北七十里，曰历石之山⑯，其木多荆芑，其阳多黄金，其阴多砥石。有兽焉，其状如狸，而白首虎爪，名曰梁渠，见则其国有大兵。

又东南一百里，曰求山。求水出于其上，潜于其下，中有美赭。其木多苴，多䉳。其阳多金，其阴多铁。

又东二百里，曰丑阳之山，其上多椆椐。有鸟焉，其状如乌而赤足，名曰𪄀𪁩⑰，可以御火。

又东三百里，曰奥山，其上多柏杻橿，其阳多㻬琈之玉。奥水出焉，东流注于视水。

又东三十五里，曰服山，其木多苴，其上多封石，其下多赤锡。

又东百十里⑱，曰杳山，其上多嘉荣草，多金玉。

又东三百五十里，曰几山⑲，其木多楢檀杻，其草多香。有兽焉，其状如彘，黄身、白头、白尾，名曰闻獜，见则天下大风。

凡荆山之首，自翼望之山至于几山，凡四十八山，三千七百三十二里。其神状皆彘身人首。其祠：毛用一雄鸡祈⑳瘗，婴用一珪㉑，糈用五种之精㉒。禾山㉓，帝也，其祠：太牢之具，羞瘗倒毛，婴用一璧㉔。牛无常。堵山、玉山，冢也，皆倒祠，羞用少牢，婴用吉玉㉕。

校注：

① 是和霜鸣：原作是知霜鸣，郭璞云："霜降则钟鸣，故言知也；物有自然感应，而不可为也。"郝懿行云："《北堂书钞》一百八卷，引此经及郭注知并作和，疑今本字形之讹。"王念孙亦校知作和。揆郭注文意，霜先降而钟后鸣及"自然感应"等，自以作和为是。从改。

② 其木多楮芧：楮芧原作薯藇，郝懿行云："木薯藇未闻其状。"汪绂云："薯藇非木也；此疑当是楮、芧；芧，小栗也。"是也，从改。

③ 瑶碧之山：《艺文类聚》卷八九引此经瑶作摇。

④ 攻离之山：攻原作支，从王念孙、孙星衍、郝懿行校改。

⑤ 渮水：原作济水，王念孙、郝懿行并校作渮水，毕沅本亦作渮水，从改。

⑥ 其上多松柏机桓：桓原作柏，从王念孙、郝懿行校改。宋本作桓，缺下一笔，当因宋钦宗名桓而讳。

⑦ 帝台之浆也：《艺文类聚》卷八引浆下有水字，《太平御览》卷五九引同。

⑧ 食之无蛊疾：疾原作疫，王念孙云："疫字因下文其国大疫而误，当为疾；上文云：鲦鱼食之无蛊疾（见中次七山少室之山）。"是也，从改。

⑨ 东北流注于视：汪绂云："视当作瀙，今南阳汝宁间有瀙水。"下文诸视水郭璞、郝懿行并云宜为瀙水。

⑩ 又东五十里：原作又东五十五里，宋本、毛扆本、吴任臣本、汪绂本、毕沅校本、《百子全书》本、宏道堂本并无下五字，五字实衍，从删。

⑪ 赤理黄华青柎：黄华，《艺文类聚》卷八十八引作青华，《太平御览》卷九五五引作青叶。

⑫ 膜犬：原作膜大，郝懿行云："大当为犬字之讹，《广韵》作犬，可证。"汪绂本、毕沅校本、《百子全书》本均作犬，从改。

⑬见则其邑有火：郝懿行云："《广韵》说狁即出则大兵。"

⑭皋山：原作章山，郭璞云："或作童山。"郝懿行云："经章山当为皋山，注童山当为章山，并字形之讹也。见《水经注》（汝水）。"是也，下文皋水当即因皋山而名，从改。

⑮其木多穀柞，无草：原草下有木字，与上文抵牾。宋本、毛扆本均止作无草，何焯校亦衍木字，郝懿行校同。木字实衍，从删。

⑯历石之山：郭璞云："（历）或作磨。"

⑰名曰𩢘䮧：𩢘䮧，宋本、毛扆本、汪绂本并作䮧䮧。

⑱又东百十里：经文百十里，宋本、毛扆本、吴任臣本、毕沅校本、《百子全书》本并作三百里。

⑲曰几山：几山，汪绂本、毕沅校本、宏道堂本并作凡山，下文几山同。

⑳毛用一雄鸡祈：郝懿行云："祈当为几。"

㉑婴用一珪：原无婴字，据经文文意及其他诸经句式补。

㉒糈用五种之精：上文中次十山末云："糈用五种之糈。"此精字或系糈字之讹。

㉓禾山：郝懿行云："上文无禾山，或云帝囷山之脱文，或云求山之误文。"

㉔婴用一璧：原止作用一璧，脱婴字，据经文文意及其他诸经句式补。参见上文中次八山注⑩。

㉕羞用少牢，婴用吉玉：经文二用字原均作毛，从江绍原说改，见上文中次八山注⑩。

中次十二山洞庭山之首，曰篇遇之山①，无草木，多黄金。

又东南五十里，曰云山②，无草木，有桂竹，甚毒，伤人必死。其上多黄金，其下多㻬琈之玉。

又东南一百三十里，曰龟山，其木多穀柞椆椐，其上多黄金，其下多青、雄黄，多扶竹。

又东七十里，曰丙山，多筼竹，多黄金铜铁，无木。

又东南五十里，曰风伯之山③，其上多金玉，其下多酸石文石，多铁，其木多柳杻檀楮。其东有林焉，曰莽浮之林，多美木鸟兽。

又东一百五十里，曰夫夫之山④，其上多黄金，其下多青、雄黄，其木多桑楮，其草多竹、鸡鼓。神于儿居之，其状人身而手操两蛇⑤，常游于江渊，出入有光。

又东南一百二十里，曰洞庭之山，其上多黄金，其下多银铁，其木多柤梨橘櫾，其草多葌、蘪芜、芍药、芎䓖。帝之二女居之，是常游于江渊。澧沅之风，交潇湘之渊，是在九江之间，出入必以飘风暴雨。是多怪神，状如人而载蛇，左右手操蛇。多怪鸟。

又东南一百八十里，曰暴山⑥，其木多棕楠荆芭竹箭䉋箘，其上多黄金、玉，其下多文石、铁，其兽多麋鹿麢就⑦。

又东南二百里，曰即公之山⑧，其上多黄金，其下多㻬琈之玉，其木多柳杻檀桑。有兽焉，其状如龟，而白身赤首，名曰蛫，是可以御火。

又东南一百五十九里，曰尧山，其阴多黄垩，其阳多黄金，其木多荆芭柳檀，其草多薯蓣、荣。

又东南一百里，曰江浮之山，其上多银、砥砺，无草木，其兽多豕鹿。

又东二百里⑨，曰真陵之山，其上多黄金，其下多玉，其木多榖柞柳杻，其草多荣草。

又东南一百二十里，曰阳帝之山，多美铜，其木多橿杻檿楮，其兽多麢麝。

又南九十里，曰柴桑之山，其上多银，其下多碧，多泠石⑩、赭，其木多柳芭楮桑，其兽多麋鹿，多白蛇飞蛇。

又东二百三十里⑪，曰荣余之山，其上多铜，其下多银，其木多柳芭，其虫多怪蛇怪虫。

凡洞庭山之首，自篇遇之山至于荣余之山，凡十五山，二千八百里。其神状皆鸟身而龙首。其祠：毛用一雄鸡、一牝豚刏，糈用稌。凡夫夫之山、即公之山、尧山、阳帝之山皆冢也，其祠：皆肆瘗；祈用酒，毛用少牢，婴用一吉玉⑫。洞庭、荣余山，神也，其祠：皆肆瘗；祈酒太牢祠，婴用圭璧十五，五采惠之。

右中经之山，大凡百九十七山，二万一千三百七十一里。

大凡天下名山五千三百七十⑬，居地，大凡六万四千五十六里。

校注：

① 篇遇之山：郭璞云："（篇）或作肩。"

② 云山：郝懿行云："《初学记》梅下引此经云，云山之上，其实干腊，又引郭注云，腊干，梅也，今经无之，盖脱。"

③ 风伯之山：《初学记》卷二十八引此经作凤伯之山，风、凤古本一字也。

④ 夫夫之山：郝懿行云："吴氏云，（王崇庆）《释义》本作大夫之山，《续通考》引此亦（作）大夫山。案秦《绎山碑》及汉印篆大夫都作夫夫，则二字古相通也。"

⑤ 手操两蛇：原作身操两蛇，于词不谐；汪绂本、毕沅校本身作手，是也，从改。

⑥ 暴山：《文选·鹞䴘赋》注引此经作景山。

⑦ 其兽多麋鹿麢就：郭璞云："就，雕也，见《广雅》。"郝懿行云："就，鸟也，经统谓之兽者，鸟兽通名耳。"王念孙于就上校增其鸟多三字。

⑧ 即公之山：郝懿行云："《史记·司马相如传》索隐载姚氏引此经作即山，无公字。"

⑨ 又东二百里：毕沅校本东下有南字。

⑩ 多泠石：泠石原作冷石，郝懿行云："冷石当为泠石，已见上文（中次四山厘山）。"从改。

⑪ 又东二百三十里：宋本、毛扆本东下有南字，何焯、黄丕烈、周叔弢校同。

⑫婴用一吉玉：用原作毛，从江绍原说改，见上文中次八山注⑩。

⑬大凡天下名山五千三百七十：《后汉书·郡国志》刘昭注引此经作名山五千三百五十。

禹曰：天下名山，经五千三百七十山，六万四千五十六里①，居地也。言其五臧，盖其余小山甚众，不足记云。天地之东西二万八千里，南北二万六千里，出水者八千里②，受水者八千里，出铜之山四百六十七，出铁之山三千六百九十③。此天地之所分壤树谷也，戈矛之所发也，刀铩④之所起也，能者有余，拙者不足⑤，封于太山，禅于梁父，七十二家，得失之数，皆在此内，是谓国用⑥。

右《五臧山经》五篇，大凡一万五千五百三字。

校注：

① 天下名山，经五千三百七十山，六万四千五十六里：刘昭注《后汉书·郡国志》引此经作名山五千三百五十，经六万四千五十六里。

② 出水者八千里：原出水下有之山二字，刘昭注《郡国志》引此经无。《管子·地数篇》同。王念孙校《开元占经·地占篇》、《帝王世纪》、《太平御览》卷三六引此经俱无之山二字，之山二字实衍，从删。

③ 出铁之山三千六百九十：刘昭注《郡国志》引此经作三千六百九，无十字。

④ 刀铩：《管子·地数篇》作刀币，于义为长。

⑤ 能者有余，拙者不足：《管子·地数篇》作俭则有余，奢则不足。

⑥ 禹曰……是谓国用：毕沅云："自此天地之分壤树谷者已下，当是周秦人释语，旧本乱入经文。"郝懿行云："今案自禹曰已下，盖皆周人相传旧语，故管子援入《地数篇》，而校书者附著《五臧山经》之末。"

山海经卷五　　中山经

译文：

中山经

　　中央第一列山系薄山的开头一座山，叫做甘枣山。共水发源在这座山，往西流注入河水。山上多产枢树。山下产有一种草，葵的茎，杏的叶子，开黄花，结荚果，名字叫箨（音托），吃了它可以治疗眼睛昏花。有一种兽，形状像鼣（音虺）鼠，额头上有花纹，它的名字叫𤡮（音耐），吃了它可以消除颈脖上的肉瘤。

　　再往东二十里，叫做历兒山，山上多产橿树和枥树。这种树方方的茎干，圆圆的叶子，黄色的花，花瓣上有绒毛，它的果实像楝树的果实，吃了它可以使人不健忘。

　　再往东十五里，叫做渠猪山，山上多产竹。渠猪水发源在这座山，往南流注入河水。水中多产豪鱼，形状像鲔鱼，红嘴红尾红羽毛，吃了它可以消除白癣。

　　再往东三十五里，叫做葱聋山，山间多有大谷，谷里多产白垩，也产黑垩、青垩和黄垩。

　　再往东十五里，叫做𫘧（音倭）山，山上多产赤铜，山的北面多产铁。

　　再往东七十里，叫做脱扈山。有一种草，形状像葵叶，却开红花，结荚果，果荚像棕榈树的荚，名字叫植楮，可以拿它来消除心头的忧恐病，吃了它可以不魇梦。

　　再往东二十里，叫做金星山，多产天婴这种植物，形状像另一种叫龙骨的植物，可以拿它来治疗皮肤上起的小肿块。

　　再往东七十里，叫做泰威山，山间有一道谷，叫做枭谷，谷里多产铁。

　　再往东十五里，叫做橿谷山，山里多产赤铜。

　　再往东一百二十里，叫做吴林山，山里多产兰草。

　　再往北三十里，叫做牛首山。有一种草，名叫鬼草，叶子像葵叶，茎干却是红的，它的花像禾苗吐的花，吃了它可以使人解忧。劳水发源在这座山，往西流注入濝（音齐）水。水中多产飞鱼，形状像鲋鱼，吃了它可以治痔疮，止泻痢。

再往北四十里，叫做霍山，所产木多是构（楮）树。有一种兽，形状像狸猫却长着白色的尾巴，还长有鬃毛，名字叫朏朏（音配），蓄养了它可以消除忧愁。

再往北五十二里，叫做合谷山，山间多产薝（音瞻）棘，或者就是别名颠棘作为药用的天门冬。

再往北三十五里，叫做阴山，多产磨刀石和有斑纹的文石。少水发源在这座山，山间多产雕棠树，叶子像榆树的叶子却呈方形，果实像红豆，吃了它可以治耳聋病。

再往东北四百里，叫做鼓镫山，多产赤铜。有一种草，叫做荣草，叶子像柳叶，根像鸡蛋，吃了它可以消除风痹病。

总计薄山的开始，从甘枣山到鼓镫山，共是十五座山，行经六千六百七十里。历儿山，是众山的宗主，祭祀它的典礼，毛物要用猪、牛、羊三牲具备的太牢，并且要用美玉环绕陈列祭祀。其余十三座山的祭礼，毛物用一只羊，环绕陈列的玉用藻珪，祭祀已毕便将它们埋进地里，无须更用精米祀神。藻珪是什么呢？藻珪就是藻玉——一种有符彩的玉，下面是方的，上面是尖锐的，中间穿个孔，用金属薄片贴在上面作装饰。

中央第二列山系济山的开头一座山，叫做辉诸山，山上多产桑树。所产兽多是山驴和麋，所产鸟多是鹖——一种好勇喜斗的鸟。

再往西南二百里，叫做发视山，山上多产金属矿物和玉石，山下多产可以用来磨刀的砥石和砺石。即鱼水发源在这座山，往西流注入伊水。

再往西三百里，叫做豪山，山上多产金属矿物和玉石，却不生草木。

再往西三百里，叫做鲜山，多产金属矿物和玉石，不生草木。鲜水发源在这座山，往北流注入伊水。沿水多产鸣蛇，形状像蛇却生有四只翅膀，鸣叫的声音好像击磬，它一出现那个地方就会发生大旱灾。

再往西三百里，叫做阳山，满山石头，不生草木。阳水发源在这座山，

山海经卷五　　中山经

往北流注入伊水。沿水多产化蛇，形状是人的脸，豺狼的身子，鸟的翅膀，蛇一样地蜿蜒爬行，它的声音像人叱呼，它一出现那个地方就会发大水。

再往西二百里，叫做昆吾山，山上多产赤铜。有一种兽，形状像猪却长有角，声音像人号叫，名字叫蚕蛭，吃了它就不会发梦癫。

再往西一百二十里，叫做蒌山。蒌水发源在这座山，往北流注入伊水，山上多产金属矿物和玉石，山下多产石青和雄黄。有一种树，形状像棠树却长着红色的叶，名字叫芒草，可以用来毒鱼。

再往西一百五十里，叫做独苏山，不生草木，却多水。

再往西二百里，叫做蔓渠山，山上多产金属矿物和玉石，山下多产小竹丛。伊水发源在这座山，往东流注入洛水。有一种兽，名字叫马腹，形状是人的脸，老虎的身子，声音像婴儿啼哭，会吃人。

总计济山的开始，从辉诸山到蔓渠山，共是九座山，行经一千六百七十里。诸山山神都是人的脸，鸟的身子。祭祀用毛物，还用一块吉玉投往山间，不用精米。

中央第三列山系赍（音倍）山的开头一座山，叫做敖岸山，山的南面多产㻬琈玉，山的北面多产赭石和黄金。神熏池在这里居住。因而常常有美玉产生出来。北边可以望见濒河的林木，远看好像是茜草和榉柳。有一种兽，形状像白鹿却长有四只角，名字叫夫诸，它一出现那个地方就会发大水。

再往东十里，叫做青要山，这里实在就是天帝曲折深邃的都邑。常常看见有野鹅群飞。南边可以望见墠渚，是禹的父亲在那里化作异物的地方。山上山下多的是蜗牛和螺蛳。武罗神在这里做主管，她的形状是人的脸，豹子的斑纹，小腰身，洁白的牙齿，耳朵上挂着金环，她的鸣声像玉佩的叮咚响。这座山对女子最相宜。畛水发源在这座山，往北流注入河水。沿水产有一种鸟，名叫鴢（音窈）鸟，形状像野鸭，青色的身子，浅红色的眼睛，红色的尾巴，吃了它可望生孩子。有一种草，形状像菱草，却是方的茎，黄的花，红的果实，根像藁本的根，名字叫荀草，吃了它可以使人颜色美丽。

再往东十里,叫做騩(音龟)山,山上产有味美可口的枣,山的北面产有琈玉。正回水发源在这座山,往北流注入河水。水中多产飞鱼,形状像小猪而有红色的斑纹,吃了它可以不怕打雷,还可以防御兵灾。

再往东四十里,叫做宜苏山,山上多产金属矿物和玉石,山下多产牡荆这类灌木。滽滽水发源在这座山,往北流注入河水,水中多产黄色的贝。

再往东二十里,叫做和山,山上不生草木,却多产瑶和碧这类美玉,实在便是河水的九条水所聚的地方。这座山曲折回环共有五重,九条水发源在这里,又汇合起来往北流注入河水,沿水多产苍玉。吉神泰逢主管着这座山。他的形状像人,却长着老虎的尾巴,他喜欢居住在萯山的南面,进进出出都有光辉闪耀。泰逢神是能够动摇天地大气、兴云致雨的啊。

总计萯山的开始,从敖岸山到和山,共是五座山,行经四百四十里。祭祀的方法:泰逢、熏池、武罗这三位神都用一只剖开肚子的公羊来祭,祀神的玉用吉玉;其余两位神用一只雄鸡埋进地里。精米用稻米。

中央第四列山系厘山的开头一座山,叫做鹿蹄山,山上多产玉石,山下多产金属矿物。甘水发源在这座山,往北流注入洛水,沿水多产泠(音绀)石——一种像泥一样柔软的石头。

往西五十里,叫做扶猪山,山上多产礝(音软)石,就是硬石,是一种稍次于玉的石头。有一种兽,形状像貉,却长着人的眼睛,它的名字叫䴢(音银)。虢水发源在这座山,往北流注入洛水,沿水多产礝(音软)石,也就是前面所说的硬石。

再往西一百二十里,叫做厘山,山的南面多产玉石,山的北面多产茜草。有一种兽,形状像牛,青苍色的身子,声音像婴儿啼哭,会吃人,它的名字叫犀渠。滽滽水发源在这座山,往南流注入伊水。有一种兽,名字叫㹠(音颉),形状像獳(音耨)犬,身上却长有鳞甲,它的毛生在鳞甲间,好像猪鬃。

再往西二百里，叫做箕尾山，多产构（楮）树，又多产涂石，就是前面说过的像泥土一样柔软的泠石；山上还多产㻬琈玉。

再往西二百五十里，叫做柄山，山上多产玉石，山下多产铜。滔雕水发源在这座山，往北流注入洛水，那里多产羬羊。有一种树，形状像樗树，叶子像梧桐叶，结的果实是荚果，它的名字叫茇（音拔），可以用来毒鱼。

再往西二百里，叫做白边山，山上多产金属矿物和玉石，山下多产石青和雄黄。

再往西二百里，叫做熊耳山，山上多产漆树，山下多产棕榈树。浮濠水发源在这座山，往西流注入洛水，水中多产水晶、人鱼。有一种草，形状像蕲（同苏）草，开红花，名字叫葶苧（音亭宁），可以用来毒鱼。

再往西三百里，叫做牡山，山上多产有花纹的石头，山下多产竹箭竹䉋这类小竹丛。所产兽多是牦牛和羬羊，所产鸟多是赤鷩。

再往西三百五十里，叫做谨举山。雒水发源在这座山，东北流注入玄扈水，沿水多产马肠这样的怪物，大约就是前面蔓渠山所说的马腹。这两座山——玄扈山和谨举山——是夹在洛水之间的。

总计厘山的开始，从鹿蹄山到玄扈山，共是九座山，行经一千六百七十里。诸山山神的形状，都是人的脸，兽的身子。祭祀他们，毛物用一只白鸡取血涂祭，不用精米；鸡是用采帛包起来的。

中央第五列山系薄山的开头一座山，叫做苟林山，不生草木，而多怪石。

往东三百里，叫做首山，山的北面多产构（楮）树和柞树，所产草多是苍术、白术和芫华等药草，山的南面多产㻬琈玉，所产木多是槐树。山的北面有一道谷，叫做机谷，谷里多产䴅（音地）鸟，形状像枭鸟却长有三只眼睛，还有耳朵，鸣叫的声音像鹿鸣，吃了它可以防治湿气病。

再往东三百里，叫做县䪌（音竹）山，不生草木，多产有斑纹的石头。

再往东三百里，叫做葱聋山，不生草木，多产𣓘石，大约就是珌（音棒）石，是一种比玉稍差的石头，可以用来做佩饰。

往东北五百里，叫做条谷山，所产木多是槐树和桐树，所产草多是芍药和门冬——天门冬和麦门冬。

再往北十里，叫做超山，山的北面多产青玉，山的南面有一口井，冬天有水，夏天反倒枯竭。

再往东五百里，叫做成侯山，山上多产椿树，木材可以用来作车辕，所产草多是药草秦芁（音交）。

再往东五百里，叫做朝歌山，山谷里多产优质垩土。

再往东五百里，叫做槐山，或者该叫稷山，山谷里多产铜和锡。

再往东十里，叫做历山，所产木多是槐树，山的南面多产玉石。

再往东十里，叫做尸山，多产苍玉，所产兽多是大鹿。尸水发源在这座山，往南流注入洛水，沿水多产优质玉。

再往东十里，叫做良余山，山上多产构（楮）树和柞树，没有石头。余水发源在这座山的北面，往北流注入河水；乳水发源在这座山的南面，往东南流注入洛水。

再往东南十里，叫做蛊尾山，多产砺石和赤铜。龙余水发源在这座山，东南流注入洛水。

再往东北二十里，叫做升山，所产木多是构（楮）树、柞树和小枣树，所产草多是山药和蕙草，还多产茎干里有白瓤俗名通草的寇脱。黄酸水发源在这座山，往北流注入河水，沿水多产璇玉——也就是比玉稍次一点的玉。

再往东十二里，叫做阳虚山，多产金属矿物，临近玄扈水的岸边。

总计薄山的开始，从苟林山到阳虚山，共是十六座山，行经二千九百八十二里。升山，是众山的宗主，祭祀的典礼，要用猪、牛、羊三牲齐备的太牢，环陈的玉要用吉玉。首山，是精灵显应的山，祭祀要用稻米、黑色牲畜的太牢、曲蘗（音孽）酿造的酒；还要用庄严隆重的干舞，也就是万舞——拿着盾斧和羽龠舞蹈——祀神，旁边击鼓来应合节奏；祠神的玉则用一块璧。尸水，是上通到天的，要用肥壮的牲畜来祭祀，拿一只黑狗供在上面，拿一只雌鸡供在下面，再刲（音暌）一只母羊，献出血来。环

山海经卷五　　中山经

陈的玉要用吉玉。拿缯彩来装饰祭品,请神享用。

中央第六列山系缟羝山的开头一座山,叫做平逢山,南边可以望见伊水和洛水,东边可以望见谷城山。这座山不生草木,也没有水,遍山是沙和石头。有一个神,形状像人却长有两个脑袋,名字叫骄虫,他是一切螫虫的首领,也是众蜂包括蜜蜂所栖止的庐舍。祭祀他用一只雄鸡,祈祷后放而勿杀。

往西十里,叫做缟羝山,不生草木,多产金属矿物和玉石。

再往西十里,叫做廆(音龟)山,山的北面多产㻬琈玉。山的西面有一道谷,名叫雚(音灌)谷,谷里所产木多是柳树和构(楮)树。谷里还产有一种鸟,形状像山鸡却长着长长的尾巴,通身红得像丹火,嘴壳却是青的,名字叫鸰鹩(音铃要),它鸣叫的声音是自呼其名,吃了它可以不被梦魇。交觞水发源在这座山的南面,往南流注入洛水;俞随水发源在这座山的北面,往北流注入谷水。

再往西三十里,叫做瞻诸山,山的南面多产金属矿物,山的北面多产有斑纹的石头。谢水发源在这座山,东南流注入洛水;少水发源在这座山的北面,往东流注入谷水。

再往西三十里,叫做娄涿山,不生草木,多产金属矿物和玉石。瞻水发源在山的南面,往东流注入洛水;陂水发源在山的北面,往北流注入谷水,沿水多产紫色石头和有斑纹的石头。

再往西四十里,叫做白石山。惠水发源在山的南面,往南流注入洛水,水中多产水晶。涧水发源在山的北面,西北流注入谷水,沿水多产画眉石和黑丹。

再往西五十里,叫做谷山,山上多产构(楮)树,山下多产桑树。爽水发源在这座山,西北流注入谷水,沿水多产碧绿,大约就是石绿,也就是所谓的孔雀石。

再往西七十二里,叫做密山,山的南面多产玉石,山的北面多产铁。豪水发源在这座山,往南流注入洛水。水中多产旋龟,形状是鸟的头,鳖的尾巴，鸣叫的声音好像劈木头。这座山不生草木。

再往西一百里，叫做长石山，不生草木，多产金属矿物和玉石。山的西面有一座谷，名叫共谷，那里多产竹子。共水发源在这里，西南流注入洛水，水中多产鸣石，就是可以做磬的石头。

再往西一百四十里，叫做傅山，不生草木，多产瑶和碧这类美玉。厌染水发源在山的南面，往南流注入洛水，水中多产人鱼。山的西面有一座森林，名字叫做墦（音番）冢。谷水发源在这座山，往东流注入洛水，沿水多产珚（音窨）玉。

再往西五十里，叫做橐山，所产木多是樗树和构（楮）树，山的南面多产金属矿物和玉石，山的北面多产铁，又多产蒿草。橐水发源在这座山，往北流注入河水。水中多产修辟鱼，形状像蛙却长着白色的嘴，鸣叫的声音像猫头鹰，吃了它可以治白癣。

再往西九十里，叫做常烝山，不生草木，多产垩土。潐水发源在这座山，东北流注入河水，沿水多产青玉。菑水发源在这座山，往北流注入河水。

再往西九十里，叫做夸父山，所产木多是棕榈树和楠树，又多产小竹丛，所走兽多是柞牛和羬羊，所产鸟多是赤鷩，山的南面多产玉石，山的北面多产铁。山的北面有一座森林，名叫桃林，方圆大约三百里，林里多产良马，有名的骅骝、绿耳传说都是在这里得到的。湖水发源在这座山，往北流注入河水，沿水多产珚玉。

再往西九十里，叫做阳华山，山的南面多产金属矿物和玉石，山的北面多产石青和雄黄。所产草多是山药，又多产苦辛。苦辛形状像楸木，结的果实像瓜，味道酸中带甜，吃了它可以治疟疾。杨水发源在这座山，西南流注入洛水，沿水多产人鱼。门水发源在这座山，东北流灌注在河水里，水中多产黑色磨刀石。绪（音藉）姑水发源在这座山的北面，往东流注入门水里，沿岸多产铜。

总计缟羝山的开始，从平逢山到阳华山，共是十四座山，行经七百九十里。高大的山岳在这当中，须在每年六月祭祀它，像祭祀其他各大山岳的典礼一样，这样做了，天下就会太平。

中央第七列山系苦山的开头一座山，叫做休与山。山上有一种小石子，名叫帝台之棋，五彩的颜色而有斑纹，形状像鹌鹑蛋，帝台的石子，是拿来祷祀诸天神的，佩带着它可以防止毒虫叮咬。有一种草，形状像蓍草，红色的叶子，根是连结丛生在一起的，名字叫夙条，可以拿它做箭杆。

往东三百里，叫做鼓钟山，帝台是在这里敲钟击鼓、宴会诸天神的。有一种草，方的茎，开黄花，圆圆的叶子，重叠三层，名字叫焉酸，可以用来解毒。这座山山上多产砺石，山下多产砥石。

再往东二百里，叫做姑媱山。天帝的女儿死在这里，她的名字叫女尸，变成䔄草，它的叶子互相重叠，它的花是黄色的，它的果实像菟丝的果实，吃了它可以被人宠爱。

再往东二十里，叫做苦山。有一种兽，名字叫山膏，形状像小猪，通身红得像丹火，喜欢骂人。山上产有一种树，名字叫黄棘，黄的花，圆的叶子，果实像兰草的果实，吃了它就不生育。还产有一种草，叶子是圆的，却没有茎干，开红花，不结果实，名字叫无条，吃了它颈脖上不生瘤子。

再往东二十七里，叫做堵山，神天愚在这里居住，常常多有怪风和怪雨。山上产有一种树，名叫天楄，方方的茎干，形状像葵，吃了它可以不哽噎。

再往东五十二里，叫做放皋山。明水发源在这座山，往南流注入伊水，水中多产青玉。有一种树，叶子像槐叶，开黄花，却不结果实，名字叫蒙木，吃了它可以不糊涂。有一种兽，形状像蜂，分叉的尾巴，倒转生的舌头，喜欢呼唤，名字叫文文。

再往东五十七里，叫做大苦山，多产琈㻬玉，还多产麋玉，大约就是瑂（音眉）玉，是一种像玉的石头。有一种草，它的叶像榆叶，方的茎，上面长有青色刺，它的名字叫牛伤，就是牛棘，它的根有青色的斑文，吃了它可以不打呃，还可以防御兵灾。山的南面是狂水发源地，西南流注入伊水，水中多产三足龟，吃了它不会生大病，还可以消除痈肿。

山海经译注

再往东七十里，叫做半石山。山上产有一种草，刚生就抽穗吐花，它高约一丈多，红的叶，红的花，只是开花，却不结果，它的名字叫嘉荣，吃了它不怕打炸雷。来需水发源在山的南面，往西流注入伊水，水中多产䱱鱼，黑色的斑纹，形状像鲫鱼，吃了它精神特别好，可以不睡觉。合水发源在山的北面，往北流注入洛水，水中多产䲃鱼，形状像鳜鱼，居住在水里有洞穴潜通的地方，青色的斑纹，红色的尾巴，吃了它可以不患痈肿，还可以治疗痔瘘。

再往东五十里，叫做少室山，各种各样的草木屯聚像仓囷。山上产有一种树，名字叫帝休，树叶像杨树的叶，树枝交错，向五方伸展，好像衢路，黄的花，黑的果实，吃了它就会心气平和，不易发怒。山上多产玉石，山下多产铁。休水发源在这座山，往北流注入洛水。水中多产䱷鱼，形状像䱉（音舟）蜼——一种猕猴样的动物，却长着长长的足爪，白白的足，足趾相对，吃了它可以不患疑心病，还可以防御兵灾。

再往东三十里，叫做泰室山。山上产有一种树，树叶的形状像梨树的叶，却长有红色的叶脉，它的名字叫栯（音郁）木，吃了它可以不妒嫉。有一种草，形状像苍（苍术、白术），白的花，黑的果实，果实光泽得像山葡萄，它的名字叫䕬草，吃了它可以不被梦魇。山上还产有许多美好的石头。

再往北三十里，叫做讲山，山上多产玉石，多产柘树和柏树。有一种树，名叫帝屋，树叶的形状像花椒叶，长有倒生的刺，红色的果实，可以拿它来防御凶邪。

再往北三十里，叫做嬰梁山，山上多产青色的玉，附着在黑色的石头上。

再往东三十里，叫做浮戏山。有一种树，树叶的形状像樗树的叶，却结红色的果实，名叫亢木，吃了它可以不受蛊惑。汜水发源在这座山，往北流注入河水。山的东面有一道谷，谷里多蛇，因而叫它蛇谷，谷上多产细辛这种药材。

再往东四十里，叫做少陉山。有一种草，名字叫䓍草，叶子的形状像葵叶，却是红的杆儿，开白花，结的果实像山葡萄，吃了它可以益人心智，不愚蠢。器难水发源在这座山，往北流注入役水。

再往东南十里，叫做太山。有一种草，名字叫梨，它的叶子像艾蒿的叶，却开红花，可以拿它来治疗痈疽。太水发源在山的南面，东南流注入役水；承水发源在山的北面，东北流注入役水。

再往东二十里，叫做末山，山上多产赤金。末水发源在这座山，往北流注入役水。

再往东二十里，叫做役山，山上多产白金，又多产铁。役水发源在这座山，往北流注入河水。

再往东三十五里，叫做敏山，山上产有一种树，形状像牡荆，白的花，红的果实，名字叫蓟（音计）柏，吃了它可以不怕寒冷。山的南面多产琈㻬玉。

再往东三十里，叫做大騩山，山的北面多产铁、美玉和青垩。有一种草，形状像蓍草却长有毛，青的花，白的果实，它的名字叫狼（音很）草，吃了它可以长寿，不会短命死，还可以治肠胃病。

总计苦山的开始，从休与山到大騩山，共是十九座山，行经一千一百八十四里。这当中有十六个神，都是猪的身子，人的脸。祭祀他们，毛物用一只羊献祭，祀神的玉用一块藻玉，陈献以后埋进地里。苦山、少室、太室这三座山都是众山的宗主，祭祀这三座山的神，要用猪、牛、羊三牲齐备的太牢，还要用吉玉环陈以献。这三座山的神，形状都是人的脸而长有三个脑袋。其余十六个神，都是猪身人脸，前面已经讲过了。

中央第八列山系荆山的开头一座山，叫做景山，山上多产金属矿物和玉石，所产木多是柞树和檀树。雎水发源在这座山，东南流注入江水，水中多产像粟粒一样的细丹沙，多产有斑彩的鱼。

往东北一百里，叫做荆山，山的北面多产铁，山的南面多产赤金，山里还多产犁牛，多产豹子和老虎，所产木多是松树和柏树，还多产橘树和柚树，所产草多是竹。漳水发源在这座山，东南流注入雎水，水中多产黄金，大约就是金沙，还多产鲛鱼，据说就是鲨鱼，所产兽多是山驴和麢。

再往东北一百五十里，叫做骄山，山上多产玉石，山下多产青䨼，所产木多是松树和柏树，还多产桃枝和钩端这类小竹。神蠱（音驼）围居住在这里，他的形状像人却长有羊的角和老虎的爪子，他常在雎水和漳水的深潭里游玩，每进出水面就会闪闪发光。

再往东北一百二十里，叫做女几山，山上多产玉石，山下多产黄金，所产兽多是豹子和老虎，还多产山驴、麋、鹿和长有牛尾一角的麖（音京），所产鸟多是白鹈，还多产长尾巴的野鸡和鸩鸟。

再往东二百里，叫做宜诸山，山上多产金属矿物和玉石，山下多产青雘。洈（音诡）水发源在这座山，往南流注入漳水，沿水多产白玉。

再往东三百五十里，叫做纶山，所产木多是梓树和楠树，还多产桃枝竹，多产柤（音渣）梨树、栗子树、橘树、柚树，所产兽多是山驴、驼鹿、羚羊和形状像兔子却长有鹿足的奠（音绰）。

再往东北二百里，叫做陆䣝（音跪）山，山上多产㻬琈玉，山下多产垩土，所产木多是杻树和檀树。

再往东一百三十里，叫做光山。山上多产碧玉，山下多的是水。神计蒙居住在这里，他的形状是人的身子，龙的脑袋，他常游玩在漳水的深潭，进进出出都有飘风和暴雨伴随着。

再往东一百五十里，叫做岐山，山的南面多产赤金，山的北面多产白珉，据说是一种类似玉的石头，山上多产金属矿物和玉石，山下多产青雘，所产木多是樗树。神涉蠱（音驼）居住在这里，他的形状是人的身子，方方的脸，三只足。

再往东一百三十里，叫做铜山，山上多产金、银和铁，所产木多是构（楮）树、柞树、柤梨树、栗子树、橘树和柚树，所产兽多是有着豹子斑纹的豹（音灼）。

再往东北一百里，叫做美山，所产兽多是兕和野牛，多是山驴和驼鹿，多是野猪和鹿，山上多产金属矿物，山下多产青雘。

再往东北一百里，叫做大尧山，所产木多是松树和柏树，多是梓树和桑树，还多的是桤木树，所产草多是竹，所产兽多是豹子、老虎、羚羊和形似兔而足像鹿的奠。

再往东北三百里，叫做灵山，山上多产金属矿物和玉石，山下多产青雘，所产木多是桃树、李树、梅树和杏树。

再往东北七十里，叫做龙山，山间多产寄生在树上名叫"宛童"的寄生树，山上多产碧玉，山下多产赤锡，所产草多是桃枝竹和钩端竹。

再往东南五十里，叫做衡山，山上多产寄生树、构（楮）树和柞树，还多产黄垩和白垩。

再往东南七十里，叫做石山，山上多产金属矿物，山下多产青雘，多产寄生树。

再往南一百二十里，叫做若山，山上多产㻬琈玉，多产赭石，多产可以入药的封石，多产寄生树，多产柘树。

再往东南一百二十里，叫做彘山，多产美好的石头，多产柘树。

再往东南一百五十里，叫做玉山，山上多产金属矿物和玉石，山下多产碧玉和铁，所产木多是柏树。

再往东南七十里，叫做谨山，所产木多是檀树，还多产封石，多产白锡。郁水发源在山上，潜流在山下，其中多产砥石和砺石。

再往东北一百五十里，叫做仁举山，所产木多是构（楮）树和柞树，山的南面多产赤金，山的北面多产赭石。

再往东五十里，叫做师每山，山的南面多产砥石和砺石，山的北面多产青雘，所产木多是柏树，多是檀树，多是柘树，所产草多是竹。

再往东南二百里，叫做琴鼓山，所产木多是构（楮）树、柞树、花椒树和柘树，山上多产白珉，山下多产洗石，所产兽多是野猪、鹿，还多产白犀，所产鸟多是鸠鸟。

总计荆山的开始，从景山到琴鼓山，共是二十三座山，行经二千八百九十里。诸山山神的形状都是鸟的身子，人的脸。祭祀他们：毛物用一只雄鸡，取血涂祭以后埋进地里，祀神的玉用一块藻圭，祀神的精米用稻米。骄山，是众山的宗主，祭祀他要用专门献神的酒进献，还要用代表少牢祭礼的猪羊取血涂祭以后埋进地里，祀神的玉则用一块璧。

中央第九列山系岷山的开头一座山，叫做女几山，山上多产石涅，所产木多是杻树和檀树，所产草多是菊和术——苍术和白术。洛水发源在这座山，往东流注入江水，沿水多产雄黄，所产兽多是老虎和豹子。

再往东北三百里，叫做岷山。江水发源在这座山，东北流注入大海，水中多产品种优良的乌龟，多产猪婆龙（即扬子鳄）。山上多产金属矿物和玉石，山下多产像玉石的白珉，所产木多是梅树和棠树，所产兽多是犀牛和大象，还多产夔牛，所产鸟多是白翰和赤鷩。

再往东北一百四十里，叫做崃山。江水发源在这座山，往东流注入大江。山的南面多产黄金，山的北面多产麋和麈，所产木多是檀树和柘树，所产草多是山蘹（音械）和山韭，还多产白芷和寇脱。

再往东一百五十里，叫做崌（音居）山。江水发源在这座山，往东流注入大江，水中多产怪蛇，多产鳌（音赘）鱼，所产木多是楢树和杻树，还多产梅树和梓树，所产兽多是夔牛、羚羊、臭、犀牛和兕。有一种鸟，形状像鸮却是红身子、白脑袋，名字叫窃脂，畜养它可以用来防御火灾。

再往东三百里，叫做高梁山，山上多产垩土，山下多产砥石和砺石，所产木多是桃枝竹和钩端竹。有一种草，形状像葵却开红花，结荚果，花房是白色的，可以拿它来使马善跑。

再往东四百里，叫做蛇山，山上多产黄金，山下多产垩土，所产木多是栒树，还多产豫章树，所产草多是嘉荣和细辛。有一种兽，形状像狐狸，却长着白尾巴，长耳朵，名字叫狍（音已）狼，它一出现国内就会发生战争。

再往东五百里，叫做鬲山，山的南面多产金属矿物，山的北面多产白珉。蒲鹳（音薨）水发源在这座山，往东流注入江水，沿水多产白玉。所产兽多是犀牛、大象、狗熊和人熊，还多产猿猴和长尾猿。

再往东北三百里，叫做隅阳山，山上多产金属矿物和玉石，山下多产青膺，所产木多是梓树和桑树，所产草多是紫草。徐水发源在这座山，往东流注入江水，水中多产像粟粒一样的细丹沙。

再往东二百五十里，叫做岐山，山上多产白金，山下多产铁，所产木多

山海经卷五　中山经

是梅树和梓树,还多产杻树和楢树。减水发源在这座山,东南流注入江水。

再往东三百里,叫做勾㭿(音弭)山,山上多产玉石,山下多产黄金,所产木多是栎树和柘树,所产草多是芍药。

再往东一百五十里,叫做风雨山,山上多产白金,山下多产石涅,所产木多是棷(音邹)树和椫(音善)树,还多产杨树。宣余水发源在这座山,往东流注入江水,水中多产蛇。所产兽多是山驴、麋和麈,还多产豹子和老虎,所产鸟多是白鹢。

再往东北二百里,叫做玉山,山的南面多产铜,山的北面多产赤金,所产木多是豫章树、楢树和杻树,所产兽多是野猪、鹿、羚羊和㚟,所产鸟多是鸩鸟。

再往东一百五十里,叫做熊山。山上有一个大洞穴,是熊的洞穴,常有神人出现在这里。这个洞夏天开放、冬天关闭;这个洞要是冬天开放,一定就会发生战争。这座山山上多产白玉,山下多产白金,所产木多是樗树和柳树,所产草多是寇脱。

再往东一百四十里,叫做骐山,山的南面多产美玉和赤金,山的北面多产铁,所产木多是桃枝竹、牡荆树和枸杞树。

再往东二百里,叫做葛山,山上多产赤金,山下多产像玉石的珹(音缄)石,所产木多是柤梨树、栗子树、橘树、柚树、楢树和杻树,所产兽多是羚羊和㚟,所产草多是嘉荣草。

再往东一百七十里,叫做贾超山,山的南面多产黄垩,山的北面多产美赭,所产木多是柤梨树、栗子树、橘树和柚树,山间还多产龙须草。

总计岷山的开始,从女几山到贾超山,共是十六座山,行经三千五百里。诸山山神的形状都是马的身子,龙的脑袋。祭祀他们,毛物用一只雄鸡埋进地里,精米用稻米。文山、勾㭿山、风雨山、骐山这几座山,都是众山的宗主,祭祀他们,先献酒,然后用猪羊二牲的少牢礼,祀神的玉用一块吉玉。熊山,是众山的首领,祭祀他们要先献上酒,然后用猪、牛、羊三牲全备的太牢礼,祀神的玉则用一块璧。祭祀诸山山神,如果想禳灾,就用持盾斧的干舞来驱妖逐邪;如果想祈福,就穿袍戴帽、手持美玉舞蹈来博得神的欢心。

中央第十列山系的开头一座山，叫做首阳山，山上多产金属矿物和玉石，不生草木。

再往西五十里，叫做虎尾山，所产木多是花椒树和可以用来作拐杖的椐树，又多产可作药物的封石，山的南面多产赤金，山的北面多产铁。

再往西南五十里，叫做繁缋山，所产木多是楢树和杻树，所产草多是桃枝竹和钩端竹。

再往西南二十里，叫做勇石山，不生草木，多产白金，到处都是水。

再往西二十里，叫做复州山，所产木多是檀树，山的南面多产黄金。有一种鸟，形状像鸮，却是一只足，猪的尾巴，名字叫跂踵，它一出现那个国家就会发生大瘟疫。

再往西三十里，叫做楮山，多产寄生树，多产花椒树和椐树，多产柘树，多产垩土。

再往西二十里，叫做又原山，山的南面多产青雘，山的北面多产铁，所产鸟多是八哥。

再往西五十里，叫做涿山，所产木多是构（楮）树、柞树和杻树，山的南面多产㻬琈玉。

再往西七十里，叫做丙山，所产木多是梓树和檀树，还多产长而直的杻树，和一般矮而曲的杻树不同。

总计首阳山的开始，从首山到丙山，共是九座山，行经二百六十七里。诸山山神的形状，都是龙的身子，人的脸。祭祀他们：毛物用一只雄鸡埋进地里，精米用黍、稷、稻、粱、麦五种精米。堵山（楮山），是众山的宗主，祭祀它用猪羊二牲的少牢礼，献上清酒，祀神的玉用一块璧陈献后埋进地里。骢山，是众山的首领，祭祀它：献上清酒，用猪牛羊三牲齐备的的太牢礼，让巫师和祝师二人在神前跳舞，祀神的玉用一块璧。

中央第十一列山系荆山的开头一座山，叫做翼望山。湍水发源在这座山,往东流注入济水;贶水发源在这座山,东南流灌注在汉水里,水中多产形状像蛇而有四只足的蛟。这座山山上多产松树和柏树,山下多产漆树和梓树,山的南面多产赤金,山的北面多产珉石。

再往东北一百五十里,叫做朝歌山。潕水发源在这座山,东南流注入荥水,水中多产人鱼。这座山的山上多产梓树和楠树,所产兽多是羚羊和麋。有一种草,名字叫莽草,可以用来毒鱼。

再往东南二百里,叫做帝囷山,山的南面多产㻬琈玉。山的北面多产铁。帝囷水发源在山上,潜流在山下,这里多产有四只翅膀的鸣蛇。

再往东南五十里,叫做视山,上面多产山韭。有一口井,名叫天井,夏天有水,到冬天就枯干了。这里多产桑树,多产优质垩土、金属矿物和玉石等。

再往东南二百里,叫做前山,所产木多是楮树,俗名冬不凋,木材可用来作屋柱,经久不腐,还多产柏树,山的南面多产金属矿物,山的北面多产赭石。

再往东南三百里,叫做丰山。有一种兽,形状像猿猴,红眼睛,红嘴巴,黄身子,名字叫雍和,它一出现国家就会发生大恐慌。神耕父居住在这里,他常到清冷渊去游玩,每进出水面就会闪闪发光,只要他一出现那个国家就要衰败。山上有九口钟,每当霜降的时候,它们就会应和着霜的降落鸣响起来。山上多产金属矿物,山下多产构树、柞树、杻树和檀树。

再往东北八百里,叫做兔床山,山的南面多产铁,所产木多是楮树和小栗树,所产草多是鸡谷,它的根好像鸡蛋,味道酸中带甜,吃了对于人身体有益。

再往东六十里,叫做皮山,多产垩土,多产赭石,所产木多是松树和柏树。

再往东六十里,叫做瑶碧山,所产木多是梓树和楠树,山的北面多产青䨼,山的南面多产白金。有一种鸟,形状像野鸡,常常吃臭虫,名字叫鸩。

再往东四十里,叫做攻离山。清水发源在这座山,往南流注入汉水。有一种鸟,它的名字叫婴勺,形状像喜鹊,红眼睛,红嘴壳,白身子,尾巴好像汤勺子，鸣叫的声音是自呼其名。这座山多产牦牛，多产羬羊。

再往东北五十里，叫做袟筩（音秩雕）山，山上多产松树、柏树、桤树和无患子树。

再往西北一百里，叫做董理山，山上多产松树和柏树，还多产优质梓树，山的北面多产丹雘，多产金属矿物，所产兽多是豹子和老虎。有一种鸟，形状像喜鹊，青身子，白嘴壳，白眼睛，白尾巴，名字叫青耕，可以畜养它来防御时疫，它鸣叫的声音是自呼其名。

再往东南三十里，叫做依轱山，山上多产杻树和檀树，还多产枑梨树。有一种兽，形状像狗，老虎的爪子，身有鳞甲，名字叫獜（音吝），善于跳跃扑腾，吃了它可以不患风疾。

再往东南三十五里，叫做即谷山，多产美玉，多产黑豹，多产山驴和驼鹿，还多产羚羊和臭。山的南面多产珉石，山的北面多产青雘。

再往东南四十里，叫做鸡山，山上多产优质梓树，多产桑树，所产草多是山韭。

再往东南五十里，叫做高前山。山上有一股水泉，非常寒冷而又清莹，原来这是帝台的浆水，喝了它可以不患心痛病。山上产有金属矿物，山下产有赭石。

再往东南三十里，叫做游戏山，多产杻树、檀树和构（楮）树，还多产玉石和可作药用的封石。

再往东南三十五里，叫做从山，山上多产松树和柏树，山下多产竹。从水发源在山上，潜流在山下，沿水多产三足鳖，分叉的尾巴，吃了它可以不患疑心病。

再往东南三十里，叫做婴硬（音真）山，山上多产松树和柏树，山下多产梓树和形状像樗树可以用来作车辕的檖树。

再往东南三十里，叫做毕山。帝苑水发源在这座山，东北流注入视水，水中多产水晶，多产蛟。山上多产㻬琈玉。

再往东南二十里，叫做乐马山。有一种兽，形状像刺猬，红得像丹火，名字叫㺄（音戾），它一出现国家就会发生大瘟疫。

再往东南二十五里，叫做葴（音缄）山。视水发源在这座山，东南流注入汝水，水中多产人鱼，多产蛟，多产形状像黑狗的颉，大约就是水獭。

再往东四十里，叫做婴山，山下多产青䨼，山上多产金属矿物和玉石。

再往东三十里，叫做虎首山，多产柤梨树、耐冬的椆（音雕）树和可以用来作拐杖的椐树。

再往东二十里，叫做婴侯山，山上多产封石，山下多产赤锡。

再往东五十里，叫做大孰山。杀水发源在这座山，东北流注入视水，沿水多产白垩。

再往东四十里，叫做卑山，山上多产桃树、李树、柤梨树和梓树，还多产紫藤树。

再往东三十里，叫做倚帝山，山上多产玉石，山下多产金属矿物。有一种兽，形状像䶂（音吠）鼠，白耳朵，白嘴筒，名字叫狙（音居）如，它一出现国家就会有大的战争。

再往东三十里，叫做鲵山。鲵水发源在山上，潜流在山下，沿水多产优质垩土。这座山山上多产金属矿物，山下多产青䨼。

再往东三十里，叫做雅山。澧水发源在这座山，往东流注入视水，水中多产大鱼。这座山山上多产茂美的桑树，山下多产柤梨树，多产赤金。

再往东五十里，叫做宣山。沦水发源在这座山，东南流注入视水，水中多产蛟。山上有一棵桑树，合抱五丈，树枝交叉伸向四方，树叶大有一尺多，红色的纹理，黄色的花，青色的花房，名字叫帝女桑。

再往东四十五里，叫做衡山，山上多产青䨼，多产桑树，所产鸟多是八哥。

再往东四十里，叫做丰山，山上多产封石，所产木多是桑树，还多产羊桃，形状像桃树却是方的茎干，可以拿它来医治皮肤肿胀。

再往东七十里，叫做妪山，山上多产美玉，山下多产金属矿物，所产草多是鸡谷草。

再往东三十里，叫做鲜山，所产木多是楢树、杻树和柤梨树，所产草多是门冬，山的南面多产金属矿物，山的北面多产铁。有一种兽，形状像西方的狼狗,红嘴巴,红眼睛,白尾巴,它一出现那个地方就会发生火灾,它的名字叫狖(音移)即。

再往东三十里,叫做皋山,山的南面多产金属矿物,山的北面多产好看的石头。皋水发源在这座山,往东流注入澧水,沿水多产软而易碎的脆石。

再往东二十五里,叫做大支山,山的南面多产金属矿物,山的北面多产构(楮)树和柞树,不生草。

再往东五十里,叫做区吴山,所产木多是柤梨树。

再往东五十里,叫做声匈山,所产木多是构(楮)树,还多产玉石,山上多产封石。

再往东五十里,叫做大騩山,山的南面多产赤金,山的北面多产砥石。

再往东十里,叫做踵臼山,不生草木。

再往东北七十里,叫做历石山,所产木多是牡荆和枸杞,山的南面多产黄金,山的北面多产砥石。有一种兽,形状像野猫,却是白色的脑袋,老虎的爪子,名字叫梁渠,它一出现国家就会发生大的战争。

再往东南一百里,叫做求山。求水发源在山上,潜流在山下,其中产有优质赭石。所产木多是柤梨树,还多产可以作箭杆的蒲(音媚)竹。山的南面多产金属矿物,山的北面多产铁。

再往东二百里,叫做丑阳山,山上多产椆树和椐树。有一种鸟,形状像乌鸦而足却是红的,名字叫𪄀𪆻(音枳徒),畜养它可以用来防御火灾。

再往东三百里,叫做奥山,山上多产柏树、杻树和橿树,山的南面多产㻬琈玉。奥水发源在这座山,往东流注入视水。

再往东三十五里,叫做服山,所产木多是柤梨树,山上多产封石,山下多产赤锡。

再往东一百一十里,叫做杳山,山上多产嘉荣草,多产金属矿物和玉石。

再往东三百五十里,叫做几山,所产木多是楢树、檀树和杻树,所产草多是香草。有一种兽,形状像猪,黄身子,白脑袋,白尾巴,名字叫闻獜,它一出现天下就会刮大风。

山海经卷五　中山经

总计荆山的开始,从翼望山到几山,共是四十八座山,行经三千七百三十二里。诸山山神的形状都是猪的身子,人的脑袋。祭祀他们:毛物用一只雄鸡取血涂祭,然后把这鸡埋进地里,献祭的玉用一块珪,祀神的精米则用黍、稷、稻、粱、麦五种精米。禾山(或是帝囷山的脱文,或是求山的误文),是众山的首领,祭祀它,要用太牢礼,进献以后,把所进献的牲畜倒埋起来,献祭的玉用一块璧。虽是用太牢礼,也不一定要三牲全备。堵山和玉山,是众山的宗主,都须用倒埋牲畜的办法来祭祀,献祭的毛物用少牢礼,献祭的玉用吉玉。

中央第十二列山系洞庭山的开头一座山,叫做篇遇山,不生草木,多产黄金。

再往东南五十里,叫做云山,不生草木。产有一种桂竹,毒性很大,若是触伤到人定会致人于死命。山上多产黄金,山下多产㻬琈玉。

再往东南一百三十里,叫做龟山,所产木多是构(楮)树、柞树、椆树和椐树,山上多产黄金,山下多产石青和雄黄,还多产扶竹——又叫扶老竹,节疤稀,中间实在,可以用来做老年人的拐杖。

再往东七十里,叫做丙山,多产筀竹,也就是前面所说的桂竹,还多产黄金和铜铁,只是不生树木。

再往东南五十里,叫做风伯山,山上多产金属矿物和玉石,山下多产酸石和有斑彩的文石,还多产铁,所产木多是柳树、杻树、檀树和构(楮)树。山的东边有一座树林,叫做浮莽林,林里多有茂盛的树木和鸟、兽。

再往东一百五十里,叫做夫夫山,山上多产黄金,山下多产石青和雄黄。所产木多是桑树和构(楮)树,所产草多是竹和鸡谷草。神于儿居住在这里,他的形状是人的身子而手里握着两条蛇,常在江水的渊潭里游玩,进进出出都会发出闪光。

再往东南一百二十里,叫做洞庭山,山上多产黄金,山下多产银和铁,所产木多是柤梨树、梨树、橘树和柚树,所产草多是菱草、蘼芜、芍药和芎藭。天帝的两个女儿在这里居住,她们常常在江水的渊潭里游玩。

澧水和沅水吹来的风，交会在潇湘的渊潭，那地方是在九条江水汇合的中间，她们每进出那里，一定会伴随着狂风暴雨。因而多有怪神出现，形状像人而头上顶着蛇，左手和右手也都握着蛇。还多出现怪鸟。

再往东南一百八十里，叫做暴山，所产木多是棕榈树、楠树、牡荆树、枸杞树和竹、箭、䉋、箘等各种大大小小的竹子，山上多产黄金和玉石，山下多产文石和铁，所产兽多是麋、鹿和麂，所产鸟多是雕。

再往东南二百里，叫做即公山，山上多产黄金，山下多产瑽珋玉，所产木多是柳树、杻树、檀树和桑树。有一种兽，形状像乌龟，却是白身子，红脑袋，名字叫蛫（音诡），可以畜养它来防御火灾。

再往东南一百五十九里，叫做尧山，山的北面多产黄垩，山的南面多产黄金，所产木多是牡荆、枸杞、柳树和檀树，所产草多是山药和苍术、白术。

再往东南一百里，叫做江浮山，山上多产银和砥石、砺石，不生草木，所产兽多是野猪和鹿。

再往东二百里，叫做真陵山，山上多产黄金，山下多产玉石，所产木多是构（楮）树、柞树、柳树和杻树，所产草多是叶子像柳叶、根像鸡蛋、可以用来治风痹的荣草。

再往东南一百二十里，叫做阳帝山，多产优质铜，所产木多是柳树、杻树、山桑树和构（楮）树，所产兽多是羚羊和麝香鹿。

再往南九十里，叫做柴桑山，山上多产银，山下多产碧玉，还多产泠石和赭石，所产木多是柳树、枸杞树、构（楮）树和桑树，所产兽多是麋和鹿，还多产白蛇和飞蛇——飞蛇又叫螣蛇，能够乘云雾而飞行天空。

再往东二百三十里，叫做荣余山，山上多产铜，山下多产银，所产木多是柳树和枸杞，所产虫多是怪蛇和怪虫。

总计洞庭山的开始，从篇遇山到荣余山，共是十五座山，行经二千八百里。诸山山神的形状都是鸟的身子，龙的脑袋。祭祀他们：毛物用一只雄鸡和一只母猪取血涂祭，祀神的精米用稻米。所有夫夫山、即公山、尧山、阳帝山这几座山，都是众山的宗祖，祭祀它们，都须先陈牲玉，然后埋进地里；祈祷用酒，毛物用少牢礼，祀神的玉用一块吉玉。洞庭山和荣

山海经卷五　　中山经

余山,是神灵显应的山,祭祀它们,也须先陈牲玉,然后埋进地里;祈祷用酒和太牢礼,祀神的玉用圭和璧各十五块,拿青、黄、赤、白、黑五种颜色绘饰它们。

上面所记,是中央经历的山,总共是一百九十七座山,行经二万一千三百七十一里。

总计天下名山一共是五千三百七十座,散布在大地的各方,行经的路程一共是六万四千五十六里。

禹说:天下的名山,经历了一共五千三百七十座山,六万四千五十六里的程途,都散处在大地的各方。这里《五臧(古藏字)》所说,也只不过是举其大端,其余小山很多,用不着再去记了。天地从东方到西方,共是二万八千里;从南方到北方,共是二万六千里。出水的所在,是八千里;受水的所在,也是八千里。产铜的山,有四百六十七座;产铁的山,有三千六百九十座。这些就是世界划分疆土、种植五谷所凭藉的啊,也是戈和矛所以发动、刀和剑所以兴起的缘故啊。结果就使智能的人经常富裕有余,愚拙的人经常贫穷不足。古时候的国君,在太山行封的典礼、在梁父行禅的典礼的,共有七十二家,或得或失,或兴或亡,都活动在这个范围以内,国家的一切财用也都从这块土地上取得。

上面《五臧山经》五篇,总共是一万五千五百零三个字。

山海经卷六

海外南经

地之所载,六合之间,四海之内,照之以日月,经之以星辰,纪之以四时,要之以太岁①,神灵所生,其物异形,或夭或寿,唯圣人能通其道②。

海外自西南陬至东南陬者。

结匈国在其西南,其为人结匈。

南山在其东南。自此山来,虫为蛇,蛇号为鱼。一曰南山在结匈东南。

比翼鸟在其东,其为鸟青、赤,两鸟比翼。一曰在南山东。

羽民国在其东南,其为人长头,身生羽。一曰在比翼鸟东南,其为人长颊。

有神人二八,连臂,为帝司夜于此野。在羽民东。其为人小颊赤肩。尽十六人③。

山海经卷六 海外南经

毕方鸟在其东,青水西,其为鸟一脚④。一曰在二八神东。

讙头国在其南,其为人人面有翼,鸟喙,方捕鱼。一曰在毕方东。或曰讙朱国。

厌火国在其南⑤,其为人兽身黑色⑥,火出其口中⑦。一曰在讙朱东。

三珠树⑧在厌火北,生赤水上,其为树如柏,叶皆为珠⑨。一曰其为树若彗。

三苗国在赤水东,其为人相随。一曰三毛国。

讙头国人

䍺国在其东,其为人黄,能操弓射蛇。一曰盛国在三毛东⑩。

贯匈国在其东,其为人匈有窍。一曰在䍺国东。

交胫国在其东,其为人交胫。一曰在穿匈东。

不死民在其东,其为人黑色,寿,不死⑪。一曰在穿匈国东。

反舌国在其东,其为人反舌。一曰支舌国在不死民东⑫。

昆仑虚在其东,虚四方。一曰在反舌东⑬,为虚四方。

羿与凿齿战于寿华之野,羿射杀之。在昆仑虚东。羿持弓矢,凿齿持盾⑭。一曰持戈⑮。

三首国在其东,其为人一身三首。一曰在凿齿东⑯。

周饶国在其东,其为人短小,冠带。一曰焦侥国在三首东。

长臂国在其东,捕鱼水中,两手各操一鱼。一曰在焦侥东,捕鱼海中。

狄山,帝尧葬于阳,帝喾葬于阴。爰有熊、罴、

长臂国人

文虎、蜼、豹、离朱、视肉。吁咽⑰、文王皆葬其所。一曰汤山。一曰爰有熊、罴、文虎、蜼、豹、离朱、鸱久、视肉、虖交。

有范林方三百里⑱。

南方祝融，兽身人面，乘两龙。

校注：

① 地之所载……要之以太岁：《淮南子·墬形训》用此文，唯四海作四极。

② 六合之间……唯圣人能通其道：《列子·汤问篇》用此文，唯其物异形作其物其形，与下文或夭或寿对，于义为长。

③ 尽十六人：郭璞云："疑此后人增益语耳。"毕沅云："郭说是也。此或秀释二八神之文。"

④ 其为鸟一脚：原鸟下有人面二字，郝懿行云："《西次三经》说毕方鸟不言人面。"吴承志云："毕方人面，人面涉下谨头国人面有翼鸟喙而衍。"是也，从删。

⑤ 厌火国在其南：原作厌火国在其国南，王念孙校衍国字，是也，从删。

⑥ 其为人兽身黑色：原止作兽身黑色，其为人三字，据王念孙校补。

⑦ 火出其口中：原火上有生字，《艺文类聚》卷八〇、《太平御览》卷七九〇、卷八六九引此均无生字，生字实衍，从删。

⑧ 三珠树：珠原作株，郝懿行云："《初学记》二十七卷引此经作珠，《淮南子·墬形训》及《博物志》同。"按作珠是也，陶潜《读山海经》诗云："粲粲三珠树，寄生赤水阴。"字正作珠，从改。

⑨ 叶皆为珠：《太平御览》卷九五四引此经叶下有实字。

⑩ 一曰盛国在三毛东：盛国原作载国，然此"载"字当别是一字。经文中凡有"一曰"云者，均校书人就别本所见异文而附著之者，苟国名不异，则仅须书"在××东"或"在××西"而已，无缘复著此同名之国之理。《太平御览》卷七九〇引此经作"一曰盛国"，是也；盖载国之"载"

本作"戬",《集韵》:"戬,盛也。"故载国亦曰"盛国",亦以所居之地物产丰盛而名国耳。从改。

⑪ 其为人黑色,寿,不死:经文寿不死《太平御览》卷三八八引作寿考不死,卷七九〇引作寿考。

⑫ 反舌国在其东,其为人反舌。一曰支舌国在不死民东:原作岐舌国在其东。一曰在不死民东。文有脱误。《艺文类聚》卷十七引此经作"反舌国,其人反舌",《太平御览》卷三六七引此经同,下复有"一曰交"三字。郝懿行谓岐、支古字通,支与反字形相近,交盖支字之讹,是也。再证以《吕氏春秋·功名篇》有反舌国,《淮南子·墬形训》有反舌民,知此经之岐舌古本实当作反舌,因为订补全节经文如上。

⑬ 一曰在反舌东:反原作岐,从订补后之前节经文改。

⑭ 凿齿持盾:《太平御览》卷三五七引此盾上多戟字。

⑮ 一曰持戈:原止作一曰戈,郭璞云:"未详。"黄丕烈、周叔弢校云:"以文义求之,乃一曰持戈耳。"是也,从补。

⑯ 一曰在凿齿东:原无此数字,其他各本俱有,独《笺疏》本脱去之,从补。

⑰ 吁咽:郭璞云:"所未详也。"按吁咽与文王并列,疑当是人名。《大荒南经》云:"帝尧、帝喾、帝舜葬于岳山。"郭璞注:"即狄山也。"则所谓吁咽者,或当是舜之析音,吁咽(因)相切,其音近舜,狄山之吁咽,当即岳山之舜也。

⑱ 有范林方三百里:有原作其,从王念孙校改。

译文:

海外南经

凡是大地所负载的,上下四方六合之间,四海以内,有太阳月亮照耀着,有大小星辰经过着,用春夏秋冬来纪季节,凭木星的运行来纪年,凡是神灵所生的万物，各有不同的形状，或是夭折，或是长寿，只有圣人才能懂得这当中的道理。

海外地区从西南角到东南角的。

结胸国在它——指《海外西经》西南角的灭蒙鸟——的西南边，这里的人都是鸡胸。

南山在它的东南边。从这座山以来，凡是虫都被叫做蛇，蛇又号称为鱼。一本说，南山在结胸国的东南边。

比翼鸟在它的东边。这种鸟的颜色青中带红，形状像野鸭，只有一只足、一只翅膀和一只眼睛，要两只鸟合并起翅膀来，才能在天空飞翔。一本说，（比翼鸟）在南山的东边。

羽民国在它的东南边，这个国家的人都是长脑袋，身上生有羽毛。一本说，（羽民国）在比翼鸟的东南边，这里的人都是长脸颊。

有二八神人，连挽起臂膊来，为天帝守夜在这荒野。他们在羽民国的东边，为人小脸颊，红肩膀，总共是十六个人。

毕方鸟在它的东边，青水的西边，这里的鸟只有一只脚。一本说，（毕方鸟）在二八神的东边。

讙头国在它的南边，这里的人都是人的脸，生有翅膀，鸟的嘴，正在用他的鸟嘴捕鱼。一本说，（讙头国）在毕方鸟的东边。或说是讙朱国。

厌火国在它的南边，这里的人是野兽的身子，浑身黑色，火从他们的口里喷出来。一本说，（厌火国）在讙朱国的东边。

三珠树在厌火国的北边，生在赤水岸上。这种树形状像柏树，树叶全是珍珠。一本说，树的形状像彗星。

三苗国在赤水的东边，这里的人一个跟着一个，像是要远徙他方的样子。一本说，是三毛国。

𢼭（音秩）国在它的东边，此地的人黄皮肤，会拿弓来射蛇。一本说，盛国在三毛国的东边。

贯胸国在它的东边，这地方的人胸前都有一个洞。一本说，（贯胸国）

在载国的东边。

交胫国在它的东边，此地的人两只脚的脚胫是互相交叉的。一本说，（交胫国）在穿胸国的东边。

不死民在它的东边，此地的人浑身黑色，长寿，不死。一本说，（不死民）在穿胸国的东边。

反舌国在它的东边，此地的人舌头是反转生的。一本说，岐舌国在不死民的东边。

昆仑山在它的东边，山是四方形的。一本说，（昆仑山）在反舌国的东边，那山是四方的。

羿和凿齿战斗在寿华的野原上，羿射死了他。在昆仑山的东边。羿拿着弓和箭，凿齿拿着盾；一本说是拿着戈。

三首国在它的东边，这里的人一个身子，三个脑袋。一本说，（三首国）在凿齿的东边。

周饶国在它的东边，这里的人身体短小，戴着帽子，系着腰带，收拾得齐楚周正。一本说，焦侥国在三首国的东边。

长臂国在它的东边，这儿的人常在水里捕鱼，两只手各从水里抓了一条鱼出来。一本说，（长臂国）在焦侥国的东边，此地的人常到海里捕鱼。

狄山，帝尧葬在山的南面，帝喾葬在山的北面。于是有狗熊、人熊、花斑虎、长尾猴、豹子、离朱鸟和形状像牛肝一样永远吃不完的视肉等奇异的物事产生在这里。吁咽（舜？）和文王都葬在此地。一本说，狄山便是汤山。一本说，于是有狗熊、人熊、花斑虎、长尾猴、豹子、离朱鸟、猫头鹰，视肉和形态不明的虖交等奇异的物事产生在这里。

有一座布满树木的森林，方圆大约三百里。

南方的火神祝融，兽的身子，人的脸，驾着两条龙。

山海经卷七

海外西经

海外自西南陬至西北陬者。

灭蒙鸟在结匈国北,为鸟青,赤尾。

大运山高三百仞,在灭蒙鸟北。

大乐之野,夏后启于此儛《九代》①,乘两龙,云盖三层②。左手操翳,右手操环,佩玉璜。在大运山北。一曰大遗之野。

三身国在夏后启北,一首而三身③。

一臂国在其北,一臂、一目、一鼻孔。有黄马虎文,一目而一手。

奇肱之国④在其北,其人一臂三目,有阴有阳,乘文马。有鸟焉,两头,赤黄色,在其旁。

刑天⑤与帝争神⑥,帝断其首,葬之常羊之山。乃以乳为目,以脐为口⑦,操干戚以舞。

刑天

女祭女戚[8]在其北,居两水间。戚操鱼䱻(角䱻)[9],祭操俎。

䴅鸟、䳜鸟,其色青黄,所经国亡。在女祭北。䴅鸟人面,居山上。一曰维鸟,青鸟、黄鸟所集。

丈夫国在维鸟北,其为人衣冠带剑。

女丑之尸,生而十日炙杀之。在丈夫北。以右手鄣其面。十日居上,女丑居山之上。

巫咸国在女丑北,右手操青蛇,左手操赤蛇。在登葆山,群巫所从上下也。

并封在巫咸东,其状如彘,前后皆有首,黑。

女子国在巫咸北,两女子居,水周之[10]。一曰居一门中。

轩辕之国在穷山之际[11],其不寿者八百岁。在女子国北。人面蛇身,尾交首上。

穷山在其北,不敢西射,畏轩辕之丘。在轩辕国北。其丘方,四蛇相绕。

诸夭之野[12],沃民是处[13]。鸾鸟自歌,凤鸟自舞。凤凰卵,民食之;甘露,民饮之,所欲自从也。百兽相与群居。在四蛇北。其人两手操卵食之,两鸟居前导之。

龙鱼陵居在其北,状如鲤[14]。一曰鰕[15]。即有神圣乘此以行九野。一曰鳖鱼在夭野北,其为鱼也如鲤。

白民之国在龙鱼北,白身被发。有乘黄,其状如狐,其背上有角[16],乘之寿二千岁[17]。

肃慎之国在白民北,有树名曰雒棠[18],圣人代立,于此取衣[19]。

长股之国在雒棠北[20],被发。一曰长脚。

西方蓐收,左耳有蛇,乘两龙。

校注:

① 夏后启于此儛《九代》:郭璞云:"九代,马名,儛谓盘作之令舞也。"郝懿行云:"《九代》,疑乐名也。《淮南·齐俗训》云:'夏后氏其

乐夏龠《九成》。'疑九代本作九成，今本传写形近而讹也。"

② 云盖三层：郭璞云："层，犹重也。"宋本郭注层作曾。毛扆校注云："三层，注作曾，经文不应作层。"郝懿行云："李善注（《文选》）潘岳《为贾谧作赠陆机诗》引此注云：'层，重也；慈登切。'今本脱郭音三字。又层，经典通作曾，据郭音，益知此经层当为曾矣。"

③ 一首而三身：郝懿行云："《艺文类聚》三十五卷引《博物志》云：'三身国一头三身三手。'今此经无三手字。"

④ 奇肱之国：郭璞云："肱或作弘，奇音羁。"按《淮南子·墬形训》作奇股民。

⑤ 刑天：原作形天，据《太平御览》影宋本卷八八七、鲍崇城校本卷五五五引经文及今本《陶靖节集·读山海经》诗改。刑天之天，甲骨文作 ᗷ，金文作 ᗫ，口与●俱像人首，义为颠为顶，刑天盖即断首之意。意此刑天者，初本无名天神，断首之后，始名之为"刑天"。或作形天，义为形体夭残，亦通。惟作形夭、刑夭则不可通。

⑥ 与帝争神：原争神上有至此二字，查《御览》各卷（三七一、五五五、五七四、八八七）引经均无至此二字，至此二字实衍，从删。

⑦ 以脐为口：经文脐，《御览》卷三七一、五七四、八八七均引作齐。齐，古通脐；《左传·庄公六年》："后君噬齐。"

⑧ 女祭女戚：王念孙云："《大荒西经》：'有寒荒之国，有二人女祭女薎。'注云：'或持鳣，或持俎。'案此女戚亦当作女薎，因上文于戚文而误为戚也。"

⑨ 戚操鱼𩺰：王念孙云："鱼𩺰（王所据项絪本作此字，宋本、《藏经》本同）当为角䱝（䱝应作䱜），《说文》：'䱜，小䱝也'。"按王说疑是，此女巫祀神之图象，进俎必以樽，无缘操鱼鳣以献也。

⑩ 水周之：《太平御览》卷七九〇引此经水下有外字。

⑪ 轩辕之国在穷山之际：原"在"下有"此"字，从王念孙、郝懿行、失名校删。

⑫ 诸夭之野：原作此诸夭之野，郝懿行云："经文此字亦衍。"按《艺

文类聚》卷九十九引作清沃之野，无此字，从删。郝谓天为沃字省文，天野即沃野，是也。

⑬沃民是处：原无此句，文意不属。因下文尚有"凤凰卵，民食之；甘露，民饮之"，与"其人两手操卵食之"等句，其"民"其"人"维何？无由知也。疑文字尚有阙脱。因从《大荒西经》移补此句于"诸天之野"句下，则"沃民是处"与后文"凤鸟自舞"为韵，亦天衣无缝也。《淮南子·墬形训》海外三十六国自西北至西南方白民之后有沃民，此经系自西南至西北方，方向适反，故诸天（沃）之野之后乃有白民之国，移补沃民句于此，正其宜也。

⑭状如鲤：鲤原作狸，从王念孙、郝懿行校改。

⑮一曰鰕：郝懿行云："《后汉书·张衡传》注引此经鰕作虾，盖古字通也。"

⑯其背上有角：郭璞云："《周书》曰：'白民乘黄，似狐，背上有两角。'即飞黄也。"郝懿行云："两角，《初学记》（卷二十九）引作肉角。"

⑰乘之寿二千岁：《初学记》卷二十九及《博物志·外国》并作三千岁。

⑱有树名曰雒棠：雒棠原作雄常，郭璞云："（雄）或作雒。"郝懿行云："雒常，《淮南·墬形训》谓之雒棠。"按郝说是也，从改。

⑲圣人代立，于此取衣：原作先入伐帝于此取之，义不可通。从王念孙、孙星衍引《太平御览》卷九六一改，始与郭注"其俗无衣服，中国有圣帝代立者，则此木生皮可衣也"相适应。

⑳长股之国在雒棠北：雒棠原亦作雄常，并从前校改。

译文：

海外西经

海外地区从西南角到西北角的。

灭蒙鸟在结胸国的北边，这种鸟是青色的，长着红色的尾巴。

大运山高有二百四十丈，在灭蒙鸟的北边。

大乐野，夏启王在这里观看《九代》乐舞的演出，他驾着两条龙，有三重云盖簇拥着他。他左手握了一把形状像伞的羽葆幢，右手握了一只玉环，另外还佩带了一只玉璜在腰间。这地方是在大运山的北边。一本说，（夏启王观看乐舞是在）大遗野。

三身国在夏启王的北边，一个脑袋，三个身子。

一臂国在它的北边，一条胳膊，一只眼睛，一个鼻孔。有一种黄马，老虎的斑纹，也是只有一只眼睛和一只前脚。

奇肱国在它——一臂国——的北边，此地的人都是一条胳膊，三只眼睛，眼睛有阴有阳，阴在上，阳在下。他们骑文马，文马就是白身红鬣、眼睛像黄金的吉量，又叫鸡斯之乘。有一种鸟，两个脑袋，红黄色的身子，在他们的旁边。

刑天和天帝争神座，天帝砍掉了他的脑袋，把他的头埋葬在常羊山中。这断头的刑天，便拿他的乳头来当做眼睛，拿肚脐来当做嘴巴，左手握着一面盾，右手执着一把板斧，在那里挥舞不息，继续向敌人战斗。

女祭和女戚（蔑）这两个女巫在它——刑天——的北边，处在两条水的中间，女祭手里拿了一个能容纳四升酒的兕角酒杯，女戚（蔑）两手捧着一个祀神的肉案，大约正在向神做祭献。

附近有两种鸟：鸢（音次）鸟和鹬（音詹）鸟，它们的颜色是青中带黄，所经过的地方，国家就会灭亡。它们位居在女祭的北边。鸢鸟长着一张人样的脸，正兀立在山上。一本说，两种鸟统名叫维鸟，是青鸟和黄鸟栖止在一处的混称。

丈夫国在维鸟的北边，这里的人都穿衣戴帽，腰间佩剑，表现出一副威武而又彬彬有礼的模样。

女丑的尸体横卧在这里，她生遭不幸，被十个太阳的毒焰炙杀。在丈夫国的北边。死时她正拿右手遮住她的脸。十个太阳高挂在天空中，女丑则躺卧在山顶上。

巫咸国在女丑的北边，这儿的人右手握着一条青蛇，左手握着一条红蛇。地方是在登葆山，这里是巫师们上下于天，做下宣神旨、上达民情的工作的地方啊。

并封这种怪兽在巫咸国的东边，它的形状像猪，前后都长着脑袋，浑身是黑的。

女子国在巫咸国的北边，有两个女子住在这里，水环绕在她们的周围。一本说，她们居住在一道门中间。

轩辕国在穷山的附近，这里最短命的人也有八百岁。他们在女子国的北边，人的脸，蛇的身子，尾巴蟠绕在头顶上。

穷山在它的北边，射箭的人不敢向着西方射，为的是敬畏黄帝威灵所在的轩辕丘。丘在轩辕国的北边，它的形状是方的，被四条蛇互相缭绕纠缠着，大约是护卫着这丘的意思。

号称"沃野"的富饶原野，沃民在这里居住。这里有鸾鸟自由自在地唱歌，凤鸟自由自在地舞蹈。凤凰生的蛋，沃民拿它来做食品；天降的甘露，沃民拿它来做饮料：凡是心里向往的，莫不如愿遂意。各种飞禽走兽都在这里成群居住。位置在四条蛇的北边。沃民两手捧着凤凰蛋吃着，两只鸟飞翔在前面导引他。

既可居水又可居陆的龙鱼，大约就是人鱼，是处在它——沃野——的北边，形状像鲤鱼。一本说，像大的鲵鱼。于是便有神圣的人骑了它去遨游九州的原野。一本说，鳖鱼在沃野的北边，它的形状像鲤鱼。

白民国在龙鱼的北边，此地的人全身雪白，披着头发，头发也是白的。有乘黄兽，形状像狐狸，背上长有两只角，若是有人骑了它，寿命可望活到两千岁。

肃慎国在白民国的北边，有一种树名叫雒棠，此地的人平时不穿衣服，中国若是有圣明天子继位的话，这种树便能生长出木皮来供给国人取作衣服。

长股国在雒棠的北边，一国的人全都披着头发。一本说，是长脚国。

西方的金神蓐收，左边的耳朵上挂着蛇，驾着两条龙。

山海经卷八

海外北经

海外自西北陬至东北陬者①。

无启之国在长股东，为人无启②。

钟山之神，名曰烛阴，视为昼，瞑为夜，吹为冬，呼为夏，不饮，不食，不息，息为风，身长千里③。在无启之东④。其为物，人面，蛇身，赤色，居钟山下。

一目国在其东，一目中其面而居⑤。

柔利国在一目东，为人一手一足，反䯖⑥，曲足居上。一云留利之国，人足反折。

共工之臣曰相柳氏，九首，以食于九山。相柳之所抵，厥为泽溪。禹杀相柳，其血腥，不可

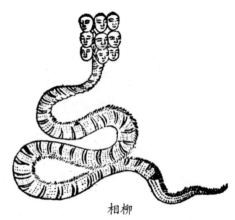

相柳

以树五谷种⑦。禹厥之,三仞三沮,乃以为众帝之台。在昆仑之北,柔利之东。相柳者,九首人面,蛇身而青。不敢北射,畏共工之台。台在其东。台四方,隅有一蛇,虎色,首冲南方。

深目国在其东,为人深目,举一手。一曰在共工台东⑧。

无肠之国在深目东⑨,其为人长而无肠。

聂耳之国在无肠国东,使两文虎,为人两手聂其耳。县居海水中⑩,及水所出入奇物⑪。两虎在其东。

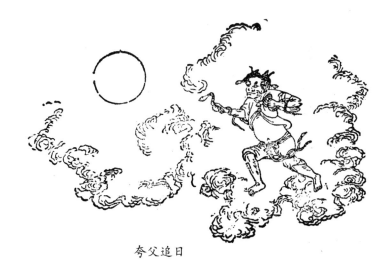

夸父追日

夸父与日逐走,入日⑫。渴欲得饮,饮于河渭,河渭不足,北饮大泽。未至,道渴而死。弃其杖⑬,化为邓林⑭。

夸父国⑮在聂耳东,其为人大,右手操青蛇,左手操黄蛇。邓林在其东,二树木。一曰博父。

禹所积石之山在其东,河水所入。

拘瘿之国在其东,一手把瘿⑯。一曰利缨之国⑰。

寻木长千里,在拘瘿南⑱,生河上西北。

跂踵国在拘瘿东⑲,其为人两足皆支⑳。一曰反踵㉑。

欧丝之野在反踵东㉒,一女子跪据树欧丝㉓。

三桑无枝,在欧丝东,其木长百仞,无枝。

范林方三百里，在三桑东，洲环其下。

务隅之山，帝颛顼葬于阳，九嫔葬于阴。一曰爰有熊、罴、文虎、离朱、鸱久、视肉㉔。

平丘在三桑东，爰有遗玉、青马㉕、视肉、杨柳、甘柤、甘华，百果所生㉖。有两山夹上谷㉗，二大丘居中，名曰平丘。

北海内有兽，其状如马，名曰騊駼㉘。有兽焉，其名曰驳，状如白马，锯牙㉙，食虎豹。有素兽焉，状如马，名曰蛩蛩。有青兽焉，状如虎，名曰罗罗。

北方禺强，人面鸟身，珥两青蛇，践两青蛇㉚。

校注：

① 海外自西北陬至东北陬者：原西北作东北，东北作西北，东西适倒；今从《淮南子·墬形训》及本篇所记诸国地理方位改正。

② 无启之国在长股东，为人无启：二启字原均作䏿，义不可通，从毕沅引《广雅》作无启改。

③ 息为风，身长千里：息为风，《太平御览》卷二七引作息则为风；身长千里，《艺文类聚》卷九六引作身长三千里。

④ 在无启之东：无启原作无䏿，从前校改。

⑤ 一目中其面而居：原此下尚有一曰有手足五字，郝懿行云："有手足三字疑有讹。"按此五字当涉下文"柔利国在一目东，为人一手一足"而衍，因删去之。

⑥ 反踞：膝，古膝字；宋本、《藏经》本、吴任臣本、汪绂本、毕沅校本、《百子全书》本并作膝。

⑦ 不可以树五谷种：王念孙云："《御览》无五字。"按今影宋本《御览》卷六四七作"不可以树榖"；榖，字书不载，疑即谷（穀）字之讹，无五字，并无种字，疑此二字皆衍文。

⑧ 深目国在其东，为人深目，举一手。一曰在共工台东：原作深目国在其东为人举一手一目在共工台东。文有脱误，其义难通。郭璞云：

"(目)一作曰。"郝懿行云："一目作一日连下读是也。""深目"非"一目"，"一目"正当作"一日"连下读。然尚有疑者："举一手"只是状态，非关形禀，无由"举一手"即列为一国之特征者。疑"为人"下，尚脱"深目"二字，"为人深目，举一手"，即与经记诸国之体例相符矣。因补改之。《镜花缘》第十六回说深目国"其人面上无目，高高举着一手，手上生出一只大眼"，皆因错读讹文而致误也。

⑨ 无肠之国在深目东：郭璞云："(东)一作南。"

⑩ 县居海水中：《初学记》卷六引作悬居赤水中。

⑪ 及水所出入奇物：《藏经》本奇物作奇怪物。

⑫ 夸父与日逐走，入日：郝懿行去："《北堂书钞》一百三十三卷，李善注(《文选》)《西京赋》、《鹦鹉赋》及张协《七命》引此经并作'与日竞走'，《初学记》卷一引此经作'逐日'，《史记·礼书》裴骃集解引此经作'与日逐走，日入'，并与今本异。"按陶潜《读山海经》诗云："夸父诞宏志，乃与日竞走。"是古本一本逐走或作竞走也。至经文入日，何焯校本作日入。黄丕烈、周叔弢校同。

⑬ 弃其杖：郝懿行云："《列子·汤问篇》'弃其杖'下，有尸膏肉所浸五字。"

⑭ 化为邓林：毕沅云："邓林即桃林也，邓、桃音相近。《列子》(《汤问篇》)云：'邓林弥广数千里。'盖即《中山经》(《中次六经》)所云'夸父之山，北有桃林'矣。"

⑮ 夸父国：原作博父国，以经文后有一曰博父，此正当作夸父。《淮南子·墬形训》云："夸父、耽耳在其北。"即谓是也。因改正之。

⑯ 拘瘿之国在其东，一手把瘿：二瘿字原俱作缨，郭璞云："言其人常以一手持冠缨也。或曰缨宜作瘿。"按缨正宜作瘿，无为以"一手持冠缨"而亦列为一国之理。因改正之。

⑰ 一曰利缨之国：江绍原《中国古代旅行之研究》云："利或是持之讹。"此说亦可供参考。

⑱ 在拘瘿南：瘿原作缨，从前校改。

⑲ 跂踵国在拘瘿东：瘿原作缨，从前校改。

⑳ 其为人两足皆支：原作其为人大，两足亦大。文有讹误。《太平御览》卷三七二引作"其为两足皆大"，卷七九〇引作"其人两足皆大"，"其为"、"其人"各脱一字，全文当作"其为人两足皆大"，经文前大字衍，亦乃皆字之讹。然以"两足皆大"释"跂踵"，义犹扞格。疑大实当作支，大、支形近而讹。"两足皆支"正"跂踵"之具体状写也。因改正之。

㉑ 一曰反踵：原作一曰大踵，郝懿行云："大踵疑当为支踵，或反踵，并字形之讹。"按作"反踵"是也。国名既为"跂踵"，则不当复作"支踵"，而作"大踵"乃未闻成说，故实只宜作"反踵"。跂（支）踵之为反踵，犹支舌之为反舌也。因亦改正之。

㉒ 欧丝之野在反踵东：反踵原作大踵，从前校改。

㉓ 一女子跪据树欧丝：《太平御览》卷八一四引此作有一女子跪据树而欧丝。

㉔ 一曰爰有熊、黑、文虎、离朱、鸱久、视肉：毕沅云："一本多此十四（四当为二，一曰二字不应计入）字也。"经文鸱久，《藏经》本作鸱久，郝懿行于《海外南经》注亦谓鸱当作鸱。孙星衍校同郝注。

㉕ 青马：原作青鸟，《藏经》本作青马，《海外东经》璜丘、《淮南子·墬形训》华丘亦俱作青马，则作青马是也，从改。

㉖ 百果所生：《齐民要术》十引此经生作在。

㉗ 有两山夹上谷：经文有，宋本、吴宽抄本、毛扆本、《藏经》本均作在。

㉘ 名曰驺䮫：郝懿行云："《尔雅》（《释畜》）注引此经驺䮫下有色青二字，《史记·匈奴传》徐广注亦云：'似马而青。'疑此经今本有脱文矣。"

㉙ 锯牙：郝懿行云："《尔雅》（《释畜》）注引此经作倨牙。"

㉚ 北方禺强，人面鸟身，珥两青蛇，践两青蛇：郭璞云："字玄冥，水神也。一本云，北方禺强，黑身手足，乘两龙。"按郭注所引一本禺强黑身手足，黑身当为鱼身之误，有说别见拙著《中国古代神话》及《山海经校注》有关章节，此不赘。

译文：

海外北经

　　海外地区从西北角到东北角的。

　　无启国在长股国的东边，为人没有子孙后代。——没有后代怎么还能成为国家呢？原来据说他们住在洞穴里，以吃泥土为生，不论男女，死了就埋掉，但他们的心不烂，死后一百二十年又能复活转来。这样死了又活，活了又死，实际上是长生不死，所以虽然没有子孙后代，国家照样兴旺发达。

　　钟山的山神名叫烛阴，神通广大。睁开眼睛便是白天，闭上眼睛就成黑夜，一吹气便是寒冬，一呼气又成为炎夏，不喝，不吃，不呼吸，一呼吸就成为风。他的身子有一千里长。在无启国的东边。他的形状，是人的脸，蛇的身子，浑身红色，居住在钟山脚下。

　　一目国在它——钟山山神烛阴——的东边，这儿的人一只眼睛生在脸的中央。

　　柔利国在一目国的东边，这儿的人只有一只手和一只脚，膝盖反生，脚弯曲朝上。一本说，留利国的人，足是反折的。

　　共工的臣子名叫相柳氏，生有九个脑袋，同时吃九座山上的食物。相柳所到过的地方，便成了沼泽和溪谷。禹杀死相柳，他的血流出来遍地腥臭，不能栽种五谷。禹挖掘填塞这块地方，三次填充，三次都坍陷下去，禹干脆用挖掘出的泥土来为当时诸帝修造了几座台，像帝尧台、帝喾台、帝丹朱台、帝舜台等。台在昆仑山的北边，柔利国的东边。相柳这个怪物，是九个脑袋，人的脸，蛇的身子，浑身青色。射箭的人不敢向北方射，原来是害怕共工台的威灵。台在他——相柳——的东边。台是四方形的，每一角有一条蛇，老虎的颜色，蛇头冲向南方。

　　深目国在它的东边，这儿的人眼眶很深，举起一只手，像是向人打招呼的样子。一本说，（深目国）在共工台的东边。

无肠国在深目国的东边,这儿的人身体长大,可是肚里却没有肠子,吃下的东西一直通过。

聂耳国在无肠国的东边,每人使唤两匹花斑大老虎,他们两只手经常托着自己的大耳朵。这个国家孤悬在大海当中,海水里经常进出各种奇怪的生物。两只老虎在它——聂耳国——的东边。

夸父同太阳竞走,走进太阳炎热的光轮里。口里干渴,想要得到水喝。便去喝黄河和渭水的水,两条水都被他一口气喝干了,还不能解口渴。他又想去北方喝大泽的水,没有走到,就在半路渴死了。临死的时候,他抛掉手杖,变为邓林。——邓林其实就是桃林,就是夸父山北边那一座方圆三百里的桃林,结满了鲜果累累的桃实,给后来寻求光明的人解除口渴。

夸父国在聂耳国的东边,这儿的人身材高大,右手握着一条青蛇,左手握着一条黄蛇。邓林在它的东边,虽说是一片大森林,实际上只有两棵树,大森林就是这两棵树发展成的。一本说,是博父国。

禹所积石山在它——夸父国——的东边,是河水流入的地方。

拘瘿国在它——禹所积石山——的东边,这儿的人常用一只手托住自己颈脖上的肉瘤。一本说,是利缨国。

寻木高有千里,在拘瘿国的南边,生长在河水岸上西北方。

跂踵国在拘瘿国的东边,这儿的人两只脚都是脚跟不着地、踮着脚掌走路的。一本说,不是跂踵,是反踵;那就是说,脚掌是反转生的,如果这人往南走,看来他的脚迹却是朝北向。

欧丝野在反踵国的东边,有一个女子正跪据在一棵大树上吐丝。

三棵桑树,没有树枝,在欧丝野的东边,树身高达八十丈,只是不生树枝。

浮泛水上的一座森林,方圆约有三百里,在三桑的东边,河洲环绕在它的下面。

务隅山,帝颛顼葬在山的南面,他的九个嫔妃葬在山的北面。一本说,还有狗熊、人熊、花斑虎、离朱鸟、猫头鹰和永远也吃不完的视肉等奇异物事产生在这里。

平丘在三桑的东边。有千年琥珀化成的黑玉，有青马、视肉、杨柳、甜柤梨树以及与甜柤梨树形状相似的甘华树产生在这里。这里是百果所生的地方。有两座山夹住一道山上的谷，两个大丘处在谷中，名字就叫平丘。

北海内有一种兽，形状像马，名叫驹骎（音陶涂）。又有一种兽，名叫䮝（音剥），形状像白马，锯子一样的牙齿，能吃老虎和豹子。又有一种白色的兽，形状像马，名字叫蛩蛩（音邛）。又有一种青色的兽，形状像老虎，名字叫罗罗。

北方的风神兼水神禺强，当他是风神的时候，他的形态就是人的脸，鸟的身子，耳朵上悬挂两条青蛇，脚下踏两条青蛇；当他是水神的时候，他就是鱼的身子，有手有足，驾着两条龙。

山海经卷九

海外东经

海外自东南陬至东北陬者。

嗟丘①,爰有遗玉、青马、视肉、杨桃②、甘柤、甘华。甘果所生,在东海。两山夹丘,上有树木。一曰嗟丘。一曰百果所在,在尧葬东。

大人国在其北,为人大,坐而削船。一曰在嗟丘北。

奢比之尸在其北,兽身、人面、大耳,珥两青蛇。一曰肝榆之尸在大人北。

君子国在其北,衣冠带剑,食兽,使二文虎在旁③,其人好让不争。有薰华草④,朝生夕死。一曰在肝榆之尸北。

䖟䖟在其北,各有两首。一曰在君子国北。

朝阳之谷,神曰天吴,是为水伯。在䖟䖟北两水间。其为兽也,八首人面,八足八尾⑤,背青黄⑥。

青丘国在其北,其人食五谷,衣丝帛⑦。其狐四足九尾。一曰在朝阳北。

帝命竖亥步,自东极至于西极,五亿十选九千八百步⑧。竖亥右手把箭⑨，左手指青丘北⑩。一曰禹令竖亥。一曰五亿十万九千八百步。

黑齿国在其北，为人黑齿⑪，食稻啖蛇，一赤一青⑫，在其旁。一曰在竖亥北，为人黑首⑬，食稻使蛇，其一蛇赤。

下有汤谷。汤谷上有扶桑，十日所浴，在黑齿北。居水中，有大木，九日居下枝，一日居上枝。

雨师妾（国）在其北，其为人黑，两手各操一蛇，左耳有青蛇，右耳有赤蛇。一曰在十日北，为人黑身人面，各操一龟。

玄股之国在其北，其为人股黑⑭，衣鱼食躯。两鸟夹之⑮。一曰在雨师妾（国）北。

毛民之国在其北，为人身生毛。一曰在玄股北。

劳民国在其北，其为人黑，食果草实。有一鸟两头⑯。或曰教民。一曰在毛民北，为人面目手足尽黑。

东方句芒，鸟身人面，乘两龙。

建平元年四月丙戌，待诏太常属臣望校治，侍中光禄勋臣龚、侍中奉车都尉光禄大夫臣秀领主省。

校注：

① 嗟丘：郭璞云："（嗟）音嗟，或作发。"

② 杨桃：原作杨柳，据《淮南子·墬形训》改。作杨桃始与下文"甘果所生"相应。

③ 使二文虎在旁：文虎原作大虎，郝懿行云："《后汉书·东夷传》注引此经大虎作文虎，高诱注《淮南·墬形训》亦作文虎，今此本作大，字形之讹也。"接《藏经》本正作文虎，从改。

④ 有薰华草：郭璞云："（薰）或作堇。"

⑤ 八足八尾：郭璞云："《大荒东经》云：十尾。"

⑥ 背青黄：背原作皆，何焯校本、黄丕烈周叔弢校本俱作背，《文选》谢灵运《游赤石进帆海》注引此经亦作背，作背青黄是也，从改。

⑦其人食五谷，衣丝帛：此二句原系郭注，经文无之。王念孙云："此是正文，见《御览·南蛮六》。"查《御览》卷七九〇引此经云："青丘国其人食五谷，衣丝帛，其狐九尾。"确是正文而误作注者，因复其原。

⑧五亿十选九千八百步：王念孙云："《类聚·地部》（卷六）作八百八步，《初学·地部上》（卷五）同。《御览·工艺七》（卷七五〇）八百下有八十二字。"

⑨竖亥右手把筭：筭原作算，郝懿行云："算当为筭；说文（五）云：筭长六寸，计历数者。"按宋本、《藏经》本正作筭，从改。

⑩左手指青丘北：王念孙云："《御览》三十六右作左，左作右。《类聚》（卷六）同。"

⑪为人黑齿：原止作为人黑，郝懿行云："黑下当脱齿字。王逸注《楚辞·招魂》云：'黑齿，齿牙尽黑。'高诱注《淮南·墬形训》云：'其人黑齿，食稻啖蛇，在汤谷上。'是古本有齿字之证。《太平御览》三百六十八卷引此经黑下亦有齿字。"按同书卷九三三引此经黑下亦有齿字。有齿字是也，从补。

⑫一赤一青：郭璞云："一作一青蛇。"

⑬为人黑首：郝懿行云："首盖齿字之讹也。古文首、齿形近，所以致讹。"按郝说有是有非。其非者，此经文例，一曰以下，皆刘秀校书时所列别本异文，上文既有"为人黑（齿）"语，则此处不当更作"为人黑齿"。黑首，宋本、《藏经》本俱作黑手，同音易讹，犹《世本》殽手或又作殽首，尤可见此经黑首非黑齿也。其是者，黑齿国民，其最要特征，仍当是黑齿，无由是黑首之理。别本异文作黑首者，亦缘齿、首古文形似而致误如郝所说，然当在刘秀校经以前，非刘秀所列别本异文本身有误也。

⑭其为人股黑：股黑二字原无，高诱注《淮南子·墬形训》云："玄股民，其股黑，两鸟夹之。见《山海经》。"虽非径引经文，然作为玄股国最特征之"股黑"二字已引述之，自当据以补入。

⑮两鸟夹之：原作使两鸟夹之，文义难通，从高诱注《淮南子》引经删使字。

⑯食果草实。有一鸟两头：此二语原不在经文，止见郭璞注中。郝懿

山海经卷九 海外东经

行云:"郭注此语疑本在经内,今亡。"孙星衍校本亦以此二语系经文误入注中,初云照改,后又云此不必改。按此二语之意,均说图之词,当系经文无疑。孙初云照改后又云不必改者,或见《御览》七九〇引亦已作注,则误当在《御览》引以前也。此经前文青丘国"其人食五谷,衣丝帛"亦系经文误入注中者。《海外西经》奇肱国"有鸟焉,两头,赤黄色,在其旁",则本系经文。可证此二语确系经文,因复其旧。

译文:

海外东经

海外地区从东南角到东北角的。

䃌(音嗟)丘,这里有黑色玉石、青马、视肉、杨桃、甜柤梨树、甘华树。甘美的果树都生长在这里,地方在东海岸边。有两座山夹住一个土丘,丘上生有树木,这就是䃌丘了。一本说,是嗟丘。一本说,百种果树所在的地方,是在尧葬地的东边。

大人国在它的北边,这种人身体长大,正坐在那里划船。一本说,(大人国)在䃌丘的北边。

奢比尸神在它的北边,兽的身子,人的脸,大耳朵,耳朵上挂着两条青蛇。一本说,肝榆尸神在大人国的北边。

君子国在它——奢比尸神——的北边,这儿的人衣冠齐整,腰间佩着宝剑,吃野兽,役使两匹花斑老虎在身旁。他们为人都彬彬有礼,好让不争。这里出产一种薰华草,又叫木堇,或叫薜华,早晨开花,到傍晚就凋谢了。一本说,(君子国)在肝榆尸神的北边。

双重虹在它的北边,每道虹都有两个脑袋。一本说,(双重虹)在君子国的北边。

朝阳谷的神,名叫天吴,就是所谓的"水伯"。这神处在双重虹北边的两条水中间。这种野兽形的神,长着八个脑袋,每个脑袋都有着人样的脸,八只足,八条尾巴,背的颜色是青中带黄,看来多么狰狞可怕啊!

青丘国在它的北边,这里的人吃五谷,穿丝帛。这个国家出产一种狐狸,四只足,九条尾巴。一本说,(青丘国)在朝阳谷的北边。

天帝命竖亥步行测量大地,从东极到西极,共是五亿十选(万)九千八百步。竖亥右手拿着算筹,左手指着青丘国的北边。一本说,是禹令竖亥测量,是五亿十万九千八百步。

黑齿国在它的北边,这里的人牙齿是漆黑的,吃稻米饭,拿蛇作菜肴,一条红蛇和一条青蛇在他的身旁。一本说,(黑齿国)在竖亥的北边,这里的人脑袋是黑的,吃稻米饭,使唤蛇,有一条蛇是红的。

下面有一座汤谷。汤谷上有一棵扶桑树,是十个太阳在这里洗澡的地方,它的位置在黑齿国的北边。处在大水当中,有一棵高大的树,九个太阳住在树的下枝,一个太阳住在树的上枝。

雨师妾国在它的北边,这地方的人通身是黑的,两只手各握着一条蛇,左边耳朵挂有青蛇,右边耳朵挂有红蛇。一本说,(雨师妾国)在十个太阳的北边,这里的人是黑身子,人的脸,两手各握着一只乌龟。

玄股国在它的北边,这里的人大腿全是黑的,拿鱼皮做衣服,拿鸥鸟做食品,两只鸟夹在他们的身旁。一本说,(玄股国)在雨师妾国的北边。

毛民国在它的北边,这里的人全身都生满了毛。一本说,(毛民国)在玄股国的北边。

劳民国在它的北边,这里的人浑身都是黑的,拿野果和草莓等来做食物。这里有一种两个脑袋的鸟。有人说,应该称为教民,反正劳、教的声音相近,怎么称呼都可以。一本说,(劳民国)在毛民国的北边,那儿的人面目和手足全都是黑的。

东方的木神句芒,鸟的身子,人的脸,驾着两条龙。

建平元年(汉哀帝刘欣乙卯年,公元前6年)四月丙戌日,待诏太常属臣(丁)望校治,侍中光禄勋臣(王)龚、侍中奉车都尉光禄大夫臣(刘)秀领主省。

山海经卷十

海内南经

海内东南陬以西者。

瓯居海中。闽在海中,其西北有山。一曰闽中山在海中。

三天子鄣山在闽西海北。一曰在海中。

桂林八树在番隅东。

伯虑国、离耳国、雕题国、北朐国皆在郁水南。郁水出湘陵南海。一曰相虑。

枭阳①国在北朐之西,其为人②人面长唇,黑身有毛,反踵,见人则笑③,左手操管。

兕在舜葬东,湘水南,其状如牛,苍黑,一角。

苍梧之山,帝舜葬于阳,帝丹朱葬于阴。

氾林方三百里,在狌狌东。

狌狌知人名,其为兽如豕而人面,在舜葬西。

狌狌西北有犀牛,其状如牛而黑。

夏后启之臣曰孟涂④，是司神于巴，巴人讼于孟涂之所⑤，其衣有血者乃执之，是请生。居山上，在丹山西⑥。

窫窳居弱水中⑦，在狌狌之西⑧，其状如貙，龙首，食人⑨。

有木，其状如牛，引之有皮，若缨、黄蛇。其叶如罗，其实如栾，其木若芑，其名曰建木。在窫窳西弱水上。

氐人国在建木西，其为人人面而鱼身，无足。

巴蛇食象，三岁而出其骨，君子服之，无心腹之疾。其为蛇青黄赤黑。一曰黑蛇青首，在犀牛西。

旄马，其状如马，四节有毛，在巴蛇西北，高山南⑩。

校注：

① 枭阳：郝懿行云："扬雄《羽猎赋》、《淮南·氾论训》并作㺌阳，左思《吴都赋》作枭羊，《说文》作枭阳。"

② 其为人：《尔雅·释兽》郭璞注引此经作其状如人。

③ 见人则笑：原作见人笑亦笑，据王念孙、郝懿行校改。

④ 孟涂：郝懿行云："《水经·江水注》引此经作血涂，《太平御览》六百三十九卷作孟余或孟徐。"按今本《水经注》仍作孟涂，影宋本《御览》作孟徐，徐盖涂字之讹也。

⑤ 巴人讼于孟涂之所：原作人请讼于孟涂之所，从《水经注·江水》引此经删补。《太平御览》卷六三九引此经亦无请字，请字实衍，巴字宜增。

⑥ 在丹山西：经文此已下尚有丹山在丹阳南、丹阳居属也二语，郝懿行云："《水经注》(《江水》)引郭景纯云：'丹山在丹阳，属巴。'是此经十一字乃郭注之文，郦氏节引之，写书者误作经文耳。居属又巴属字之讹。"按郝所说是也，毕沅、王念孙并校同郝注，因删去之。

⑦ 窫窳居弱水中：原作窫窳龙首、居弱水中，吴承志《山海经地理今释》卷六谓"上龙首二字衍"，是也，以下文既已有"其状如……龙首"语，上不得更为重出，因删去之。

山海经卷十　　海内南经

⑧ 在狌狌之西：原狌狌下有知人名三字，王念孙云："知人名三字疑衍。"是也，前节"氾林方三百里"，亦止云"在狌狌东"，无"知人名"三字，因亦删去。

⑨ 其状如貙，龙首，食人：原作其状如龙首，食人，郝懿行云："刘逵注《吴都赋》引此经云：'南海之外，有猰貐，状如貙，龙首，食人。'盖参引《尔雅》之文。《尔雅》（《释兽》）云：'猰貐类貙。'以引此经，则误矣。"按据《吴都赋》注引此经，"其状如"下，当有"貙"字，"状如龙首"，则不词矣。郝懿行谓"参引《尔雅》之文"，非是，毋宁谓《尔雅》据经文之为愈也。因据以补入。

⑩ 旄马……在巴蛇西北，高山南：原此节已下，尚有"匈奴、开题之国、列人之国并在西北"节。吴承志《山海经地理今释》卷六云："此经（指上"匈奴"节）当与下篇首条并在《海内北经》'有人曰大行伯'之上。匈奴、开题之国、列人之国并在西北，叙西北陬之国，犹《海内东经》云'钜燕在东北陬'也。不言陬，文有详省。贰负之臣在开题西北，开题即蒙此。大行伯下贰负之尸与贰负之臣亦连络为次。今大行伯上有'蛇巫之山'、'西王母'二条，乃下（上字之讹）篇'后稷之葬'下叙昆仑隅外山形神状之文，误脱于彼。《武陵山人杂著》着云：'《海内西经》"东胡"下四节当在《海内北经》"舜妻登比氏"节后。"东胡在大泽东"即蒙上"宵明烛光处河大泽"之文也。《海内北经》"盖国"下九节当在《海内东经》"钜燕在东北陬"之后，"盖国在钜燕南"即蒙上"钜燕"之文，而朝鲜蓬莱并在东海，亦灼然可信也。《海内东经》"国在流沙"下三节当在《海内西经》"流沙出钟山"节之后，上言流沙，故接叙中外诸国；下言昆仑墟昆仑山，故继以"海内昆仑之墟在西北"。脉络连贯，更无可疑。不知何时三简互误，遂致文理断续，地望乖违。今移而正之，竟似天衣无缝。'详审经文，顾（武陵山人顾观光）说自近。"按经文简策，确多紊乱，吴顾之说甚精，当参照其说改正。此节与下篇首节并移在《海内北经》"有人曰大行伯"节上。余详各经有关章节注释。

译文：

海内南经

海内地区东南角以西的。

瓯处在海中。闽处在海中，它的西北有山。一本说，闽所属的山在海中。

三天子鄣山在闽的西边，海的北边。一本说，（三天子鄣山）在海中。

桂林的八棵树——八棵树就成了一片森林——在番隅的东边。

伯虑国、离耳国、雕题国、北朐国都在郁水的南边。郁水发源在湘陵南海。一本说，（伯处）又叫相虑。

枭阳国在北朐国的西边，这里的人，都是人的脸，长嘴唇，黝黑的身子，浑身是毛，足跟是朝前生的，一见人就张开嘴哈哈大笑，左手握着一只竹筒。——原来这只竹筒是人们预先准备好，套在自己的臂膀上，待枭阳国人捉住人哈哈大笑，嘴唇卷上去遮住额头时，人便从被捉的竹筒中抽出手臂，用小刀猛凿他的嘴唇，将他嘴唇钉在额头上，这样就可以反转来把他捉住。

兕在舜葬所的东边，在湘水的南边，它的形状像牛，青黑的颜色，一只角。

苍梧山，帝舜葬在山的南面，帝丹朱葬在山的北面。

一座浮泛水上的森林，方圆有三百里，在狌狌的东边。

狌狌（猩猩），知道人的姓名，它的形状像猪，却有着一张人样的脸；在舜葬所的西边。

狌狌的西北边有犀牛，形状像牛，浑身是黑的。

夏启王的臣子叫孟涂的，在巴地做巫教教主，巴地的人到孟涂那里去打官司，孟涂便把那衣服上有血的人捉起来，据说这样便不会冤枉一个好人，算是有好生之德。他居住在一座山上，这座山在丹山的西边，有人说就是巫山。

窫窳（音亚雨）居住在弱水里面，在狌狌的西边，它的形状像貙，龙的脑袋，会吃人。

有一种树，树的形状像牛，牵引它就有皮掉下来，像缨带，又像黄蛇。它的叶子像网罗，它的果实像栾木的果实，它的树干像刺榆，它的名字叫建木，在窫窳西边的弱水岸上。

氐人国在建木的西边，这里的人是人的脸，鱼的身子，没有足。

巴蛇吞象，三年以后才吐出象骨，有才德的人服食了它，不会闹心痛和肚子痛的病。这种蛇的颜色是青黄红黑几种颜色交织在一起的。一本说，是黑色的蛇，长着青色的脑袋，在犀牛的西边。

旄（音毛）马，它的形状像马，四条腿关节上都长有毛，在巴蛇的西北边，高山的南边。

山海经卷十一

海内西经

海内西南陬以北者。

后稷之葬,山水环之。在氐国西①。

流黄酆氏之国,中方三百里;有涂四方,中有山。在后稷葬西。

流沙出钟山,西行又南行昆仑之虚,西南入海黑水之山②。

国在流沙中者埻端、玺㬇,在昆仑虚东南。一曰海内之郡,不为郡县,在流沙中③。

国在流沙外者,大夏、竖沙、居繇、月支之国。

西胡白玉山在大夏东,苍梧在白玉山西南,皆在流沙西,昆仑虚东南。昆仑山在西胡西。皆在西北。

海内昆仑之虚,在西北,帝之下都。昆仑之虚,方八百里,高万仞。上有木禾,长五寻,大五围。面有九井④以玉为槛。面有九门⑤,门有开明兽守之,百神之所在。在八隅之岩,赤水之际,非仁羿莫能上冈之岩。

赤水出东南隅，以行其东北，西南流注南海厌火东⑥。

河水出东北隅，以行其北，西南又入渤海，又出海外，即西而北，入禹所导积石山。

洋水、黑水出西北隅，以东，东行，又东北，南入海，羽民南。

弱水、青水出西南隅，以东，又北，又西南，过毕方鸟东。

昆仑南渊深三百仞。开明兽身大类虎而九首，皆人面，东向立昆仑上。

开明西有凤凰、鸾鸟，皆戴蛇践蛇，膺有赤蛇。

开明北有视肉、珠树、文玉树、玗琪树、不死树。凤凰鸾鸟皆戴瞂⑦。又有离朱、木禾、柏树、甘水、圣木曼兑，一曰挺木牙交⑧。

开明东有巫彭、巫抵、巫阳、巫履、巫凡、巫相，夹窫窳之尸，皆操不死之药以距之。窫窳者，蛇身人面，贰负臣所杀也。

服常树⑨，其上有三头人，伺琅玕树。

开明南有树鸟，六首；蛟、蝮、蛇、蜼、豹、鸟秩树，于表池树木，诵鸟、鹨、视肉⑩。

蛇巫之山，上有人操杯而东乡立。一曰龟山⑪。

西王母梯几而戴胜⑫，其南有三青鸟，为西王母取食。在昆仑虚北。

校注：

①后稷之葬……在氐国西：此经上文尚有四节文字，首"贰负之臣曰危"节，移在《海内北经》"有人曰大行伯"节上，次"大泽方百里"、"雁门山"、"高柳在代北"三节，移在同经"舜妻奏登比氏"节前，说见前经注⑩。

②流沙出钟山……西南入海黑水之山：以下尚有"东胡在大泽东"、"夷人在东胡东"、"貊国在汉水东北"、"孟鸟在貊国东北"四节，移在《海内北经》"舜妻登比氏"节后，说见前经注⑩。

③国在流沙中者埻端、玺㬇……在流沙中：此节连同下"国在流沙外者"、"西胡白玉山在大夏东"二节，并从《海内东经》移来于此，说见前经注⑩。郭璞注"玺㬇"云："㬇音唤，或作䧐㬇。"

④面有九井：《初学记》卷十引此经面作上。《淮南子·墬形训》云："旁有九井。"

⑤面有九门：《史记·司马相如传》正义引此经作旁有五门。《御览》卷三八引作面有五门。

⑥西南流注南海厌火东：经文此九字各本俱有，独《笺疏》本无，盖脱去之，从补。

⑦凤凰鸾鸟皆戴瞂：郭璞云："音伐，盾也。"郝懿行云："《太平御览》三百五十七卷引此经瞂作盾。"王念孙、毕沅校同郝注。查今影宋本《御览》作戭，则是瞂之讹也，王、毕、郝三家所见本均同误。

⑧又有离朱……一曰挺木牙交：郝懿行云："疑经文上下当有脱误。"

⑨服常树：郭璞云："服常木，未详。"吴任臣云："《淮南子·墬形训》沙棠琅玕在昆仑东，服常疑是沙棠。"

⑩开明南有……视肉：此节文字亦疑有脱讹，姑为断句意译如此，俟更详考。

⑪蛇巫之山……一曰龟山：此节及下"西王母梯几而戴胜"节，均从下经首二节移来，说见前经注⑩。

⑫西王母梯几而戴胜：原戴胜下有杖字，郝懿行云："如淳注《汉书》司马相如《大人赋》引此经无杖字。"按无杖字是也，《御览》卷七一〇引此经亦无杖字，《西次三经》与《大荒西经》亦俱止作"戴胜"，杖字实衍，从删。

译文：

海内西经

海内地区西南角以北的。

后稷的葬所，有山和水环绕着它。在氐国的西边。

流黄酆氏国，又叫流黄辛氏国，方圆大约三百里；有道路通向四方。

山海经卷十一　海内西经

中间有一座山。它的位置在后稷葬所的西边。

流沙——沙和水一同流行——发源在钟山，往西行，又朝南行经过昆仑大山，再往西南便流进大海直到黑水山。

国家位置在流沙当中的，有埻（音敦）端和玺映（音唤）两国，它们都在昆仑大山的东南方。一本说，海内建置的郡，凡是在流沙中的，都不算在郡县以内。

国家位置在流沙以外的，有大夏、竖沙、居繇、月支这几国。

西胡白玉山在大夏国的东边，苍梧在白玉山的西南边，它们的位置都在流沙的西边，昆仑山的东南边。昆仑山呢，又在西胡的西边。它们总的位置，都在西北方。

海内地区的昆仑大山，在西北方，是天帝在下方的都邑。昆仑大山，方圆大约八百里，高有八千丈。山顶生了一棵稻子树，高有四丈，大有五人合抱之粗。昆仑山每一面有九口井，每口井都拿玉石做栏杆。每一面有九道门，每道门都有开明神兽守卫在那里，那是百神所在的地方。百神所在，是在八方的山岩，在赤水的岸边，要不是有本领高强像射太阳的英雄羿那样的人，休想要攀上这冈岭，登上这巉岩。

赤水发源在山的东南角，弯曲流行到东北角，再由东北角折转流回来灌注在南海厌火国的东边。

河水发源在山的东北角，顺势朝北流，转折到西南方流进渤海，又流出了海外，从西往北，一直流进禹所疏导的积石山。

洋水和黑水发源在山的西北角，弯向东，朝东流，再往东北，然后折向南方流进大海，在羽民国的南边。

弱水和青水发源在山的西南角，弯向东，又向北，再折回西南，经过毕方鸟的东边。

昆仑山南边的渊潭深有二百四十丈。开明兽身子有老虎那么大，长着九个脑袋，九个脑袋都有人样的脸，威风凛凛地朝着东方，站在昆仑山上。

开明兽西边有凤凰、鸾鸟，都头上顶着蛇，足下踩着蛇，胸脯上还挂着红蛇。

开明兽的北边有视肉，有珠树、文玉树、玗琪（音于其）树，都是生长珍珠和美玉的树；有不死树，可以拿它来制炼不死药；还有凤凰、鸾鸟，它们头上都戴着盾；除此而外，还有离朱鸟、稻子树、柏树、甘水和圣木曼兑又叫挺木牙交等。

开明兽的东边有巫彭、巫抵、巫阳、巫履、巫凡、巫相几个巫师，夹着窫窳的尸体，手里都拿不死药去救治他。窫窳这位天神，是蛇的身子，人的脸，原是被贰负的一个名叫危的臣子所杀死的。

服常树，可能就是沙棠树，上面有一个长有三个脑袋的人，名叫离珠，在那里伺察着附近琅玕树的动静，因为琅玕树上生长的琅玕，是为凤凰准备的最好食品。

开明兽的南边有树鸟，或者又叫鹴鸟，长着六个脑袋，还有像蛇而长有四只脚的蛟，还有蝮、蛇、长尾猿、豹子，还有一些鸟秩树，环列生长在一座池子的周围，使池子显得更加华美。这个池子，可能就是西王母的瑶池。又有诵鸟，还有属于雕类的隼，还有视肉，等等。

蛇巫山，上面有一个人，手里拿了一条棒，向着东方站在那里。一本说，是龟山。

西王母倚靠着一张短腿案桌，头上戴着玉胜。南边有三只猛勇劲健、多力善飞的青鸟，正在四下里为西王母觅取食物。它们——西王母和三青鸟——的位置都在昆仑山的北方。

山海经卷十二

海内北经

海内西北陬以东者。

匈奴、开题之国、列人之国并在西北①。

贰负之臣曰危,危与贰负杀窫窳,帝乃梏之疏属之山,桎其右足,反缚两手②,系之山上木。在开题西北③。

有人曰大行伯,把戈。其东有犬封国。贰负之尸在大行伯东。

犬封国曰犬戎国,状如犬。有一女子,方跪进杯食④。有文马,缟身朱鬣,目若黄金,名曰吉量⑤,乘之寿千岁。

鬼国在贰负之尸北,为物人面而一目。一曰贰负神在其东,为物人面蛇身。

蜪犬⑥如犬,青⑦,食人从首始。

穷奇状如虎,有翼⑧,食人从首始,所食被发。在蜪犬北。一曰从足。

帝尧台、帝喾台、帝丹朱台、帝舜台,各二台⑨,台四方,在昆仑东北。

大蜂，其状如螽（蜂）⑩；朱蛾，其状如蛾。

蛴，其为人虎文，胫有膂。在穷奇东。一曰，状如人，昆仑虚北所有。

阘非，人面而兽身，青色。

据比之尸，其为人折颈被发，无一手。

环狗，其为人兽首人身。一曰猬状如狗，黄色。

袜，其为物人身黑首从目。

戎，其为人人首三角⑪。

林氏国有珍兽，大若虎，五采毕具，尾长于身，名曰驺吾，乘之日行千里。

昆仑虚南所，有氾林方三百里。

从极之渊⑫，深三百仞，维冰夷恒都焉。冰夷人面，乘两龙。一曰忠极之渊。

阳污之山，河出其中；凌门之山，河出其中。

王子夜之尸⑬，两手、两股、胸、首、齿，皆断异处⑭。

大泽方百里，群鸟所生及所解。在雁门北⑮。

雁门山，雁出其间⑯。在高柳北。

高柳在代北。

舜妻登比氏生宵明、烛光，处河大泽，二女之灵能照此所方百里⑰。一曰登北氏⑱。

东胡在大泽东⑲。

夷人在东胡东。

貊国在汉水东北，地近于燕，灭之。

孟鸟在貊国东北，其鸟文赤、黄、青，东乡。

校注：

① 匈奴、开题之国、列人之国并在西北：此节原在《海内南经》篇末，

162

山海经卷十二　海内北经

据该经注⑩吴承志说改移于此。

②反缚两手：原两手下有与发二字，据刘秀《上山海经表》、《文选·吴都赋》刘逵注、张协《七命》李善注引此经删。

③贰负之臣曰危……在开题西北：此节原在《海内西经》篇首，亦据吴承志说改移于此。本篇篇首"蛇巫之山"及"西王母"二节，已改移于《海内西经》"开明南有树鸟"节后。

④方跪进杯食：杯食原作柸食，从宋本、《藏经》本改。《艺文类聚》卷七十三引此经正作杯，上有玉字。

⑤名曰吉量：郭璞云："一作良。"按《文选·东京赋》李善注引此经正作吉良。

⑥蜪犬：郭璞云："音陶；或作蚼，音钩。"按《说文》十三云："北方有蚼犬，食人。"本此。

⑦如犬，青：王念孙云："《御览》兽部十六（卷九〇四）作如犬而青，《类聚·兽部》四（卷九四）作如犬青色。"

⑧穷奇状如虎，有翼：郭璞云："毛如猬。"孙星衍云："毛如猬三字亦疑是经文。"按《西次四经》云："邽山，其上有兽焉，其状如牛，猬毛，名曰穷奇。"即郭注所本，不必如孙所说也。

⑨帝尧台……各二台：失名云："《玉海》引作帝营尧舜各二台。"

⑩其状如蠭（蜂）：蠭原作螽，从王念孙、孙星衍、郝懿行校改。

⑪戎，其为人人首三角：郝懿行云："戎，《广韵》作伐，云，伐人身有三角也，首作身，与今本异。"

⑫从极之渊：郝懿行云："李善注《江赋》引此经渊作川。"

⑬王子夜之尸：日本小川琢治《穆天子传地名考》谓夜即亥之形讹，疑是；若然，则此节亦系王亥故事之片段。

⑭王子夜之尸……皆断异处：江绍原《殷王亥惨死及后君王恒上甲微复仇之传说》谓齿字与首字形近而衍，亦足供参考。若然则王亥惨遭杀戮系尸分为八，合于《左传》襄公三十年"亥有二首六身"之说。郭璞《图赞》云："子夜之尸，体分成七。"则所见本已衍齿字也。

⑮ 大泽方百里……在雁门北：此节及下"雁门山"、"高柳在代北"二节，原在《海内西经》，今从吴承志说改移于此。

⑯ 雁出其间：郝懿行云"《水经注》(《㶟水》)及《初学记》三十卷引此经并作雁出其门。"按今本《初学记》(《蕴石斋丛书》本)仍作雁出其间。

⑰ 二女之灵能照此所方百里：《淮南子·墬形篇》云："宵明烛光在河洲，所照方千里。"说本此。而百作千，或所见本异也。

⑱ 舜妻登比氏……一曰登北氏：此节以下尚有"盖国在钜燕南"至"大人之市在海中"共十节文字，均从吴承志、顾观光说改移在《海内东经》首"钜燕在东北陬"节下，详见《海内南经》注⑩。

⑲ 东胡在大泽东：此节及下"夷人在东胡东"、"貊国在汉水东北"、"孟鸟在貊国东北"四节文字均从吴顾二氏说自《海内西经》移来。

译文：

海内北经

海内地区西北角以东的。

匈奴国、开题国、列人国都在西北方。

贰负的臣子名叫危，危和贰负共同把一个名叫窫窳的天神杀害，天帝便把他——危——枷锁在疏属山上，械了他的右足，拿他自己的头发反绑了他的两只手，拴在山头的大树下。那地方在开题国的西北边。

有个人名叫大行伯，手里拿着一把戈。他的东边有犬封国。贰负神的尸象在大行伯的东边。

犬封国又叫犬戎国，形状像狗。有一个女子，正恭恭敬敬地跪在那里，向她的丈夫进奉酒食。这里出产一种花斑马，白色的身子，红色的鬣毛，眼睛像黄金，名字叫吉量，凡是骑了它的，可以活到一千岁。

鬼国在贰负神尸象的北边，它是人的脸，脸当中只长着一只眼睛，很像姓威的一目国人。一本说，贰负神在它——鬼国——的东边，这神是人的脸,蛇的身子。

蜪(音陶)犬的形状像犬,浑身青色,吃人从脑袋开始。

穷奇的形状像老虎,生有翅膀,吃人从脑袋开始,被吃的那个人披着头发。它们的位置在蜪犬的北边。一本说,是从足开始吃的。

帝尧台、帝喾台、帝丹朱台、帝舜台,各都是两座台,台的形状是四方的,在昆仑山的东北边。

大蜂,形状像一般的蜂,可是身体大得像把壶;红蚂蚁,形状像一般蚂蚁,可是身体大得像只象。

蟜,这种人身上有老虎的斑纹,足胫上长着健劲的筋,在穷奇的东边。一本说,他的形状像人,是昆仑山北边所有的。

阘(音榻)非,人的脸,兽的身子,浑身青色。

据比尸,模样是折断了脖子,披散着头发,连一只手也没有。大约是神国内讧,惨遭失败的光景。

环狗,这种人是兽的头,人的身子,有点像犬封国的人。一本说,是刺猬的形状,又有点像狗,浑身黄色。

袜,就是鬼魅,这种怪物是人的身子,黑脑袋,眼睛竖生。

戎,这种人长着人的脑袋,上面有三只角。

林氏国产有一种珍奇的兽,有老虎那么大,五种彩色都具有,尾巴比身子还长,名字叫驺吾,骑了它一天可以走一千里。

昆仑山南边,有一座氾滥布衍的森林,方圆大约三百里。

从(音中)极渊,深有二百四十丈,只有水神冰夷——就是河伯——常在这里栖息。冰夷,是人的脸,驾着两条龙。一本说,是忠极渊。

阳污山,就是阳纡山,河水发源在这山中。凌门山,就是龙门山,河水发源在这山中。

王子夜的尸象,两只手、两条腿、胸脯、脑袋和牙齿都被斩断分裂开来散在不同的地方。

大泽方圆约有百里,是群鸟孳生幼鸟和脱毛换羽的地方,在雁门山的北边。

雁门山，群雁春去秋来，都要进出其间。山在高柳的北边。

高柳在代地的北边。

舜的妻子登比氏，生了宵明和烛光两个女儿，居住在河水旁边的大泽中，两位神女的灵光能照耀这里方圆百里的地方。一本说，（舜的妻子是）登北氏。

东胡在大泽的东边。

夷人在东胡的东边。

貊国在汉水的东北边，地方靠近燕国的境界，后来被燕国灭掉了。

孟鸟在貊国的东北边，鸟的纹彩是红、黄、青三种颜色，它面向东方站着。

山海经卷十三

海内东经

海内东北陬以南者。

钜燕在东北陬①。

盖国在钜燕南,倭北。倭属燕②。

朝鲜在列阳东,海北山南。列阳属燕。

列姑射在海河洲中。

姑射国③在海中,属列姑射;西南,山环之。

大蟹在海中。

陵鱼人面,手足,鱼身,在海中。

大鲠居海中。

明组邑居海中。

蓬莱山在海中。

大人之市在海中。

琅邪台在渤海间,琅邪之东。其北有山。一曰在海间④。

都州在海中。一曰郁州⑤。

韩雁在海中,都州南。

始鸠在海中,韩雁南⑥。

雷泽中有雷神,龙身而人头,鼓其腹⑦。在吴西⑧。

会稽山在大越南⑨。

建平元年四月丙戌,待诏太常属臣望校治,侍中光禄勋臣龚、侍中奉车都尉光禄大夫臣秀领主省。

雷神

校注:

① 钜燕在东北陬:此节以下尚有"国在流沙中者埻端"、"国在流沙外者大夏"及"西胡白玉山在大夏东"三节文字,均从吴承志、顾观光说改移在《海内西经》。

② 盖国在钜燕南……倭属燕:此节及以下九节文字均从吴、顾说自《海内北经》篇末移来。

③ 姑射国:原作射姑国,宋本、《藏经》本、吴宽抄本、吴任臣本、毕沅校本、汪绂本并作姑射国,是也,从改。

④ 琅邪台……一曰在海间:原此节文字前尚有"雷泽中有雷神"、"都州在海中"二节文字;前节文字从吴、顾说移在下"始鸠在海中"节文字后,后节文字亦以己意移在本节文字之后,始与地望相俾。

⑤ 一曰郁州:毕沅云:"《水经注》(《淮水》)引此作郁山,刘昭注《郡国志》与经文同。"

⑥ 韩雁南:韩雁原作辕厉,毕沅云:"辕厉即韩雁也;辕、韩音相近,雁、厉字相似。"郝懿行云:"辕、韩、雁、厉并字形相近。"王念孙、孙星衍校同。从改。

⑦ 鼓其腹:《史记·五帝本纪》正义引此经鼓其腹下有"则雷"二字,

《淮南子·墬形训》作鼓其腹而熙，并与今本异也。

⑧雷泽中有雷神……在吴西：此节文字，原在"琅邪台在渤海间"节前，今从吴顾说移来至此。

⑨会稽山在大越南：大越南原作大楚南，吴承志《山海经地理今释》卷六云："楚当为越，传写讹误。《越绝书·记越地传》云：'禹忧民救水，到大越，上茅山大会计，更名茅山曰会稽。'即本此经。"衡以地望，吴说是也，从改。又经文此下尚有"岷三江，首……"一大段文字，毕沅云："自'岷三江，首……'以下疑《水经》也。"又云："右《海内东经》旧本合'岷三江，首……'以下云云为篇，非，今附在书后。"寻绎经文，此以下文字，确与本书无关，系他书拦入，因删去之，庶符原书本貌。

译文：

海内东经

海内地区东北角以南的。

大燕在东北角。

盖国在大燕的南边，倭国的北边。倭国是属于燕的。

朝鲜在列阳的东边，北面有大海，南面有高山。列阳也是属于燕的。

列姑射（音夜）在海河的洲渚里，它是由几个海岛组成的群岛。

始射国在海里，属于列姑射；其西南部有山环绕着。

大蟹在海里。

陵鱼，就是人鱼，人的脸，有手有足，鱼的身子，在海里。

大鲕鱼住在海里。

明组邑，那个原始的聚落，也居住在海里。

蓬莱山在海里。

大人贸易的集市也在海里。

琅邪台在渤海中间，琅邪的东边。它的北边有山。一本说，（琅邪台）

在海中间。

都州在海里。一本说，是郁州。

韩雁这种鸟，或者韩雁这个地方，在海里，在都州的南边。

始鸠这种鸟，或者始鸠这个地方，在海里，在韩雁的南边。

雷泽里有雷神，龙的身子，人的头，常自己敲打自己的肚子，有人说每当他敲打肚子时，就会放出响雷来。他位居吴地的西边。

会稽山在大越的南边。

建平元年（汉哀帝刘欣乙卯年，公元前6年）四月丙戌日待诏太常属臣（丁）望校治，侍中光禄勋臣（王）龚、侍中奉车都尉光禄大夫臣（刘）秀领主省。

山海经卷十四

大荒东经

东海之外有大壑①,少昊之国。少昊孺帝颛顼于此,弃其琴瑟。有甘山者,甘水出焉,生甘渊。

东海之外②,甘水之间③,有羲和之国。有女子名曰羲和,方浴日于甘渊④。羲和者,帝俊之妻,是生十日⑤。

大荒东南隅有山,名皮母地丘⑥。

东海之外,大荒之中,有山名曰大言⑦,日月所出。

有波谷山者,有大人之国。有大人之市,名曰大人之堂。有一大人踆其上,张其两臂⑧。

有小人国,名靖人。

有神,人面兽身,名曰犁𩵀之尸。

有潏山,杨水出焉。

有蒍国,黍食,使四鸟:虎、豹、熊、罴。

大荒之中,有山名曰合虚⑨,日月所出。

小人国

有中容之国。帝俊生中容，中容人食兽、木实，使四鸟：豹、虎、熊、罴。

有东口之山。有君子之国，其人衣冠带剑。

有司幽之国⑩。帝俊生晏龙，晏龙生司幽，司幽生思士，不妻；思女，不夫。食黍，食兽，是使四鸟。

有大阿之山者。

大荒之中，有山名曰明星，日月所出。

有白民之国。帝俊生帝鸿，帝鸿生白民，白民销姓，黍食，使四鸟：虎、豹、熊、罴。

有青丘之国。有狐，九尾。

有柔仆民，是维嬴土之国。

有黑齿之国。帝俊生黑齿，姜姓，黍食，使四鸟。

有夏州之国。有盖余之国。

有神，八首人面，虎身十尾，名曰天吴。

大荒之中，有山名曰鞠陵于天、东极、离瞀，日月所出。有人名曰折丹⑪——东方曰折，来风曰俊——处东极以出入风。

东海之渚中，有神，人面鸟身，珥两黄蛇，践两黄蛇，名曰禺䝞⑫。黄帝生禺䝞，禺䝞生禺京，禺京处北海，禺䝞处东海，是为海神。

有招摇山，融水出焉。有国曰玄股，黍食，使四鸟。

有因民国⑬，勾姓，黍食⑭。有人曰王亥，两手操鸟，方食其头。王亥托于有易、河伯仆牛，有易杀王亥，取仆牛。河伯念有易⑮，有易潜出，为国于兽，方食之，名曰摇民⑯。帝舜生戏，戏生摇民。

海内有两人，名曰女丑⑰。女丑有大蟹。

大荒之中，有山名曰孽摇頵羝。上有扶木，柱三百里，其叶如芥。有谷曰温源谷。汤谷上有扶木。一日方至，一日方出，皆载于乌。

有神，人面、大耳⑱、兽身，珥两青蛇，名曰奢比尸。

有五采之鸟，相乡弃沙（婴婺）⑲，惟帝俊下友。帝下两坛，采鸟是司。

山海经卷十四　大荒东经

大荒之中，有山名曰猗天苏门，日月所生[20]。有壎民之国。

有綦山。又有摇山。有䗥山。又有门户山。又有盛山。又有待山。有五采之鸟。

东荒之中，有山名曰壑明俊疾，日月所出。有中容之国[21]。

东北海外，又有三青马、三骓、甘华。爰有遗玉、三青鸟、三骓、视肉、甘华、甘柤，百谷所在。

有女和月母之国。有人名曰鹓——北方曰鹓，来风曰狋[22]——是处东北隅以止日月[23]，使无相间出没，司其短长。

大荒东北隅中[24]，有山名曰凶犁土丘。应龙处南极，杀蚩尤与夸父，不得复上。故下数旱。旱而为应龙之状，乃得大雨。

东海中有流波山，入海七千里。其上有兽，状如牛，苍身而无角，一足，出入水则必风雨，其光如日月，其声如雷，其名曰夔。黄帝得之，以其皮为鼓[25]，橛以雷兽之骨，声闻五百里，以威天下[26]。

校注：

① 东海之外有大壑：原大壑上无有字，从《艺文类聚》卷九引此经增。

② 东海之外：原作东南海之外，从《北堂书钞》卷一四九、《太平御览》卷三引此经删。南字系此经（原《大荒南经》）上文"海水南入焉"之南字误脱于此者。

③ 甘水之间：郝懿行云："《初学记》一卷及《太平御览》三卷引此经作甘泉之间，《后汉书·王符传》注引此经仍作甘水之间。"

④ 方浴日于甘渊：浴日，原作日浴，宋本、吴宽抄本、毛扆本、汪绂本并作浴日，诸书所引亦俱作浴日，作浴日是也，从乙正之。

⑤ 是生十日：原止作生十日，王念孙云："《王符传》注生上有是字，《御览》天部三（卷三）同，《类聚》天部上（卷一）同，《初学》（卷一）同。"从补。又此段经文，原在《大荒南经》，就经文所记方位及地理，当移于此，因移正之。

⑥ 大荒东南隅有山，名皮母地丘：郝懿行云："《淮南·墬形训》云：

'东南方曰波母之山。'盖波母之波字脱水旁因为皮尔。臧庸曰：'波母即皮母，同声字也。'"

⑦ 有山名曰大言：《初学记》卷五引此经作大谷。

⑧ 张其两臂：臂原作耳，从《太平御览》卷三七七及卷三九四引此经改。

⑨ 有山名曰合虚：《北堂书钞》卷一四九引此经合作含。

⑩ 司幽之国：《太平御览》卷五〇引此经作司幽之民。

⑪ 有人名曰折丹：原名曰折丹上无有人字，《北堂书钞》卷一五一引此经有此二字，《太平御览》卷九引同，据诸经记四方风及四方神文例，应增此二字，从补。

⑫ 名曰禺䝞：郭璞云："䝞，一本作号（號）。"按䝞，《说文》、《玉篇》均无此字，疑即号之异文，《海内经》云"帝俊生禺号"是也。

⑬ 有因民国：因民国原作困民国，据吴其昌《卜辞所见殷之先公先王三续考》说改。因民即后文所记之摇民也。

⑭ 勾姓，黍食：原作勾姓而食，郝懿行云："勾姓下，而食上当有阙脱。"按而字应是黍字之缺坏。篆书黍作𮮳，缺其上部禾字之半，即与而字形近易讹。"勾姓，黍食"，则辞晓义明，完整无缺矣。因改正之。

⑮ 河伯念有易：原作河念有易，无伯字，伯字据王念孙校增。

⑯ 有人曰王亥……名曰摇民：此段文字，疑有讹挩。因王亥故事，若非郭注，但凭经文，则不能尽通。或正显示此一故事当时已普传民间，家喻户晓，故图画说明，乃简略如此。

⑰ 海内有两人，名曰女丑：郭璞云："此乃有易所化者也。"郝懿行云："两人盖一为摇民，一为女丑。"按郭、郝之说俱非，经文"海内有两人，名曰女丑"之间，文字当有阙脱，未可强为解释。

⑱ 大耳：原作犬耳，宋本作大耳，《海内东经》记此神亦作大耳，从改。

⑲ 相乡弃沙：郭璞云："未闻沙义。"郝懿行云："沙疑与娑同，鸟羽娑娑然也。"按郝云"鸟羽娑娑"，近之矣，而于弃字无释。弃疑是婴字之讹，婴娑，娑娑，盘旋而舞之貌也。五采之鸟，盖鸾凤之属也。《山海经》

屡有"鸾鸟自歌、凤鸟自儛"之记载,此经五采之鸟,相乡婴娑,盖亦自歌自舞之意也。

⑳ 有山名曰猗天苏门,日月所生:《艺文类聚》卷一引此经作猗天山、苏门山,日月所出;《太平御览》卷一引作苏门日月所出。

㉑ 有中容之国:郝懿行云:"中容之国,已见上文。诸文重复杂沓,蹉驳不伦,盖作者非一人,书成非一家故也。"

㉒ 来风曰狻:原作来之风曰狻,准此经前文"来风曰俊"及《大荒西经》"来风曰韦"文例,当衍之字,因删去之。

㉓ 是处东北隅以止日月:东北隅原作东极隅,"东极隅"不成文义,一也;经文前节言"东北海外",后节言"大荒东北隅中",知此亦必位在东北,二也;《大荒西经》云:"有人曰石夷……处西北隅以司日月之长短。"石夷亦四方神之一,与之相对之鼍,亦必当曰"处东北隅"。有此三者,因改正之。

㉔ 大荒东北隅中:王念孙云:"《御览》十一作东荒之北隅,卅五同。《类聚》灾异部(卷一百)作东荒北隅。"按今影宋本《御览》作东荒之北隅,卷十一仍从《类聚》作东荒北隅。

㉕ 东海中有流波山……以其皮为鼓:郝懿行云:"《庄子·秋水篇》释文引李云:'黄帝在位,诸侯于东海流山得奇兽,其状如牛,苍色无角,一足能走,出入水即风雨,目光如日月,其音如雷,名曰夔。黄帝杀之,取皮以冒鼓,声闻五百里。'盖本此经为说也。其文与今本小有异同:流波山作流山,其光如日月作目光如日月,似较今本为长也。又以其皮为鼓作以其皮冒鼓,刘逵注《吴都赋》引此经亦作冒字,是也。"按《御览》卷五十引此经其声如雷作其音如雷,其名曰夔作名曰夔,以其皮为鼓作以其皮作鼓。

㉖ 橛以雷兽之骨……以威天下:郝懿行云:"《庄子》释文本此经及刘逵注《吴都赋》引此经并无橛以雷兽之骨及以威天下四字,《北堂书钞》一百八卷引有四字。"

译文：

大荒东经

东海海外有一个很大的深坑——据说深得没有底，叫做归墟———那就是少昊建国的地方。少昊在这里抚养帝颛顼，把颛顼幼年玩耍过的琴瑟抛弃在大壑里。附近有一座山，叫做甘山，甘水发源在这座山，流下来汇集成了甘渊。

东海海外，甘水流经的地区，有羲和国。有一个女子，名叫羲和，正在甘渊里替她的太阳儿子洗澡。羲和是帝俊的妻子，生了十个太阳。

大荒的东南角上有一座山，名叫皮母地丘。

东海海外，大荒当中，有一座山，名叫大言，是太阳和月亮出来的地方。

有一座波谷山，是大人国所在的地方。有大人做买卖的市集，也是一座高山，形状像堂室，名叫大人堂。有一个大人正蹲在上面，张开他的两只臂膀。

有小人国，名叫靖人。

有一个神，人的脸，兽的身子，名叫犁𩺰（音灵）尸。

有潏（音决）山，杨水发源在这座山。

有芳（音妫）国，人们以黍为主食，役使四种野兽：虎、豹、熊、罴。

大荒当中，有座山名叫合虚，是太阳和月亮出来的地方。

有中容国。帝俊生了中容，中容吃兽类和树木的果实，役使着四种野兽：豹、虎、熊、罴。

有东口山。附近有君子国，这里的人衣冠齐整，腰悬宝剑，显得彬彬有礼的样子。

有司幽国。帝俊生了晏龙，晏龙生了司幽，司幽生了思士，不娶妻子；生了思女，不嫁丈夫。他们虽然不嫁不娶，却能凭藉精神相感而生出孩子来。吃黍，也吃各种兽类，役使四种野兽。

有大阿山这样的山。

山海经卷十四 大荒东经

大荒当中，有座山名叫明星，是太阳和月亮出来的地方。

有白民国。帝俊生了帝鸿，帝鸿生了白民国的第一个祖先。白民国姓销，拿黍来做主要的食品，役使四种野兽：虎、豹、熊、罴。

有青丘国。有一种九条尾巴的狐狸产生在这里。

有柔仆民，他们所处的国，土地肥沃丰饶。

有黑齿国。帝俊生了黑齿国的祖先。黑齿国姓姜，拿黍来做主要的食品，役使四种野兽。

有夏州国。有盖余国。

有一个神，八个脑袋，每个脑袋都长着人样的脸，老虎的身子，十条尾巴，名叫天吴。

大荒当中，有三座山，一座叫鞠陵于天山，一座叫东极山，还有一座叫离瞀（音茂）山，这三座山都是太阳和月亮出来的地方。有个神名叫折丹——东方叫折，从那里吹来的风叫俊——处在大地的东极，管理风的出入。

东海的海岛上，有一个神，人的脸，鸟的身子，耳朵上挂着两条黄蛇，足下踩着两条黄蛇，名叫禺䝞（禺号）。黄帝生了禺䝞，禺䝞生了禺京（禺强），禺京处在北海，禺䝞处在东海，都作了海神。

有招摇山，融水发源在这座山。有个国家，名叫玄股，拿黍来做主要的食品，役使四种野兽。

有因民国，姓勾，以黍为主食。有个人名叫王亥，两只手各握着一只鸟，正在吃它的头。王亥是殷国的国君，曾经把一群肥壮的牛羊寄托给有易族的君主和河伯。有易族君主恨王亥淫了他的妻，把王亥杀了，吞没了他的牛羊。殷国的新君上甲微兴师报仇，残毁了有易族的大部分。河伯和有易本来友好，见有易族被残毁，于心不忍，便暗中帮助有易族的人潜逃出来，在榛莽和野兽中间，建立了一个国家，这国的人正在吃这些野兽，叫做摇民国。摇民国就是前面所说的因民国。另一种说法是：帝舜生了戏（易），戏又生了摇民。

海内有两个人，其中一个名叫女丑。女丑有一只大螃蟹。

大荒当中，有一座山，名叫孽摇頵（音群）羝山。山上有一棵扶桑树，上伸高达三百里，树叶的形状像芥叶。有一道谷名叫温源谷。温源谷又叫汤谷。汤谷上长有一棵扶桑树，十个太阳在这里进出，一个太阳刚刚回来，另一个太阳正准备出去，它们都负载在三足乌鸦的身上。

有一个神，人的脸，大耳朵，兽的身子，耳朵上挂着两条青蛇，名叫奢比尸。

有一群五彩羽毛的鸟，成双捉对地在婆娑起舞，天帝帝俊最喜欢从天上下来和它们交朋友。帝俊在下方的两座祠坛，正是由这些五彩鸟管理着。

大荒当中，有一座山，叫做猗天苏门山，是太阳和月亮出来的地方。埙民国在它的附近。

有綦山。又有摇山。有䰠（音甑）山。又有门户山。还有盛山。还有待山。有五彩羽毛的鸟。

东荒当中，有一座山，名叫壑明俊疾山，是太阳和月亮出来的地方。中容国在它的附近。

东北方的海外，还有三青马、三骓马、甘华树。又说还有黑色玉石、三青鸟、三骓马、视肉、甘华树、甜柤梨树等，是百谷所在的地方。

有女和月母国。附近有一个神，名叫鹓——北方叫鹓，从那里吹来的风叫狻——处在大地的东北角，止住太阳和月亮，使它们不要杂乱无章地进出，控制着日子的长短。

大荒的东北角上，有一座山名叫凶犁土丘。应龙居住在这座山的南端，因为他曾经在黄帝和蚩尤的战争中，帮助黄帝杀死过蚩尤，又杀死过夸父，神力用尽，上不了天。天上没有兴云作雨的神，所以下界常闹旱灾。遇到这种情况，人们便装扮了应龙的形状来求雨，果然常常就得到大雨。

东海里有一座流波山，位居入海七千里的地方。山上有一种兽，形状像牛，青苍色的身子，头上不长角，一只脚，进出海水定会伴随着大风大雨，它身上发出的光辉像太阳和月亮，它叫喊的声音像打雷，它的名字叫夔。黄帝得到了它，便拿它的皮来蒙鼓，再拿雷兽——就是雷神——的骨头做鼓槌来敲打这鼓，发出的响声，使五百里以内的人都能听见。黄帝便用它来威服天下。

山海经卷十五

大荒南经

南海之外,赤水之西,流沙之东,有兽,左右有首,名曰跊踢。有三青兽相并,名曰双双。

有阿山者。南海之中,有氾天之山,赤水穷焉。

赤水之东,有苍梧之野①,舜与叔均之所葬也。爰有文贝、离俞、鸱久、鹰、贾、委维、熊、罴、象、虎、豹、狼、视肉。

有荣山,荣水出焉②。黑水之南,有玄蛇,食麈。

有巫山者,西有黄鸟。帝药,八斋。黄鸟于巫山,司此玄蛇。

大荒之中,有不庭之山,荣水穷焉③。有人三身;帝俊妻娥皇,生此三身之国,姚姓,黍食,使四鸟。有渊四方④,四隅皆达,北属黑水,南属大荒。北旁名曰少和之渊,南旁名曰从渊,舜之所浴也。

又有成山,甘水穷焉。有季禺之国,颛顼之子,食黍。有羽民之国,其民皆生毛羽。有卵民之国,其民皆生卵。

大荒之中,有不姜之山,黑水穷焉。又有贾山,汔水出焉。又有言山。又有登备之山。有恝恝之山。又有蒲山，澧水出焉。又有隗山，其西有丹，其东有玉。又南有山，漂水出焉。有尾山。有翠山。

有盈民之国，於姓，黍食。又有人方食木叶。

有不死之国，阿姓，甘木是食。

大荒之中，有山名曰去痓。南极果，北不成，去痓果⑤。

南海渚中，有神，人面，珥两青蛇，践两赤蛇，曰不廷胡余。

有神名曰因因乎——南方曰因乎，来风曰乎民⑥——处南极以出入风。

有襄山。又有重阴之山。有人食兽，曰季厘。帝俊生季厘，故曰季厘之国。有缗渊。少昊生倍伐，倍伐降处缗渊。有水四方，名曰俊坛。

有载民之国。帝舜生无淫，降载处，是谓巫载民。巫载民盼姓⑦，食谷，不绩不经，服也；不稼不穑，食也。爰有歌舞之鸟，鸾鸟自歌，凤鸟自舞。爰有百兽，相群爰处，百谷所聚。

大荒之中，有山名曰融天，海水南入焉。

有人曰凿齿，羿杀之。

有蜮山者，有蜮民之国，桑姓，食黍⑧，射蜮是食。有人方扞弓射黄蛇，名曰蜮人。

有宋山者，有赤蛇，名曰育蛇。有木生山上，名曰枫木。枫木，蚩尤所弃其桎梏，是为枫木。

有人方齿虎尾，名曰祖状之尸⑨。

有小人，名曰焦侥之国，几姓，嘉谷是食。

大荒之中，有山名朽涂之山，青水穷焉。有云雨之山，有木名曰栾。禹攻云雨，有赤石焉生栾，黄本，赤枝，青叶，群帝焉取药。

有国曰伯服，颛顼生伯服⑩，食黍。有鼬姓之国。有苕山。又有宗山。又有姓山。又有壑山。又有陈州山。又有东州山。又有白水山，白水出焉，而生白渊，昆吾之师所浴也。

有人名曰张弘，在海上捕鱼。海中有张弘之国，食鱼，使四鸟。

山海经卷十五 大荒南经

　　有人焉，鸟喙，有翼，方捕鱼于海。大荒之中，有人名曰驩头。鲧妻士敬，士敬子曰炎融，生驩头。驩头人面鸟喙，有翼，食海中鱼，杖翼而行。维宜芑苣，穋杨是食。有驩头之国。

　　帝尧、帝喾、帝舜葬于岳山。爰有文贝、离俞、鸱久、鹰、贾⑪、延维、视肉、熊、罴、虎、豹；朱木，赤枝，青华，玄实。有申山者。

　　大荒之中，有山名曰天台⑫，海水南入焉⑬。

　　有盖犹之山者，其上有甘柤，枝干皆赤，黄叶，白华，黑实。东又有甘华，枝干皆赤，黄叶。有青马。有赤马，名曰三骓。有视肉。

　　有小人，名曰菌人。

　　有南类之山。爰有遗玉、青马、三骓、视肉、甘华，百谷所在。

校注：

①有苍梧之野：郝懿行云："《艺文类聚》八十四卷及《太平御览》五百五十五卷并引此经无有字。"

②有荣山，荣水出焉：经文二荣字吴任臣《广注》本、毕沅校本、《百子全书》本并作荥。

③荣水穷焉：经文荣水，吴任臣本、毕沅校本、《百子全书》本并作荥水。

④有渊四方：《太平御览》卷三九五引此经四作正。

⑤大荒之中，有山名曰去痓……去痓果：郭璞云："（痓），音如风痓之痓。未详。"郝懿行云："痓即风痓之痓，郭氏又音如之，疑有讹字。"按二痓字，王念孙均校作痓。

⑥来风曰乎民：经文来风，原作夸风，准诸经所记四方神与四方风"来风曰……"文例，此处夸风必仍系来风之讹，因改正之。又参校诸经所记，此处经文全文当作"有神名曰因乎，南方曰因，来风曰民，处南极以出入风"，上因字与下二乎字俱系衍文。未敢遽定，因存其疑。

⑦巫臷民盼姓：经文盼，宋本、毛扆本作盼。

⑧食黍：《太平御览》卷七九〇引此经作食桑。

⑨ 名曰祖状之尸：郭璞云："音如柤梨之柤。"经文祖状之尸，宋本、毛扆本均作柤状之尸，与郭"柤梨"字同，盖讹。

⑩ 有国曰伯服，颛顼生伯服：原文本作有国曰颛顼，生伯服，词意难明。疑有国曰下，脱伯服二字，颛顼属下读；全文当是"有国曰伯服，颛顼生伯服，食黍"（有内证数事，从略）。为便翻译，姑更定之。

⑪ 爰有……鹰、贾：经文鹰下，原无贾字，宋本、毛扆本、吴任臣本、毕沅校本、汪绂本、《百子全书》本均有贾字，从补。

⑫ 有山名曰天台：原天台下尚有高山二字，王念孙云："《御览》地部十五（卷十五）引无高山二字，地部廿五（卷六〇）同。《类聚》水部上（卷八）同。"按无高山二字是也，此疑郭注误入经文者，从删。

⑬ 海水南入焉：原海水下无南字，南字误脱于下文"东南海之外"句中。经记海水入山之山凡五：一即此经前文之融天山，云"海水南入焉"；二即此；三即《大荒北经》之先槛大逢山，云"海北注焉"；四即同经之北极天柜山，云"海水北注焉"；五即同经之不句山，今本云"海水入焉"，然《藏经》本水下有北字，是仍当作"海水北入焉"。诸山记海水所入，俱有表示方位之南北字样，知此当亦不能例外。南字误脱于下文句中，盖无可疑。因补正之。又此经下文"羲和浴日"节，系《大荒东经》文字错简于此者，已移还《大荒东经》中，见该经注⑤。

译文：

大荒南经

南海海外，赤水的西边，流沙的东边，有一种兽，左右都有脑袋，名叫跊（音黜）踢。还有三只青色的兽并合在一起，名叫双双。

有阿山这样的山。南海当中，有氾天山，赤水流到这里就穷尽了。

赤水的东边，有苍梧野，是舜和他的儿子叔均（又叫商均）埋葬的地方。这里有花斑贝、离朱鸟、猫头鹰、老鹰、乌鸦、两头蛇、狗熊、人

山海经卷十五 大荒南经

熊、大象、老虎、豹子、狼、视肉等奇异物产。

有荣山，荣水发源在这里。黑水的南边，有一条大黑蛇，在那里吞食驼鹿。

有一座叫巫山的山，它的西边，有一只凤凰属的黄鸟。天帝的仙药共有八所，都贮藏在这山上。黄鸟便在巫山上，昼夜伺察着附近的那条贪婪的大黑蛇，防备它来偷吃天帝的仙药。

大荒当中，有座山叫不庭山，荣水流到这里就穷尽了。有一种人有三个身子；帝俊的妻子娥皇，生了三身国人的祖先。这国的人姓姚，以黍为主食，役使四种野兽。有一座渊是四方形的，四个角都能通，北边连着黑水，南面连着大荒。北侧的渊叫少和渊，南侧的渊叫从渊，是舜曾经在这里沐浴过的地方。

还有一座山叫成山，甘水流到这里就穷尽了。有季禺国，是颛顼的子孙后代，以黍为主食。有羽民国，人民的身上都生有羽毛。有卵民国，人民从卵里生出，他们自己也生卵。

大荒当中，有不姜山，黑水流到这里就穷尽了。又有贾山，汔水发源在这座山。又有言山。又有登备山，就是巫师们打从那里上下于天的登葆山。又有恝恝（音契）山。又有蒲山，澧水发源在这座山。又有隗山，山的西面出产丹臒，山的东面出产玉石。隗山的南边又有一座山，漂水发源在这座山。有尾山。有翠山。

有盈民国，姓於，以黍为主食。又有人在吃树叶。

有不死国，姓阿，拿甘木来做食品。甘木就是所谓的不死树，吃了可以使人长寿。

大荒当中，有座山叫去痓山。巫师们留传下几句咒语："南极果，北不成，去痓果。"谁也不知道它的意义。

南海的海岛上，有一个神，人的脸，耳朵上挂着两条青蛇，足下踩着两条红蛇，名叫不廷胡余。

有个神名叫因因乎——南方叫因乎，从那里吹来的风叫乎民——处在大地的南极管理风的出入。

有襄山。还有重阴山。有人在吃野兽，名字叫季厘。帝俊生了季厘，所以名叫季厘国。有缗渊。少昊生了倍伐，倍伐被贬谪到下界来，居住在缗渊。有个四方形的水池，像座土坛，便叫它做俊坛，表示它是属于天帝帝俊的。

有载民国。帝舜生了无淫，无淫被贬谪到载这个地方来居住，他传下的子孙后代便叫巫载民。巫载民姓盼，吃五谷，他们不绩麻，不织布，自然有衣服穿；不栽秧，不割禾，自然有食物吃。那里经常有歌舞的鸟：鸾鸟自由自在地唱歌，凤鸟自由自在地舞蹈。各种各样的野兽，成群而和睦地住居在一起。那里是百谷汇聚的地方。

大荒当中，有一座山叫做融天山，海水从南边流进这座山。

有个人名叫凿齿，羿射杀了他。

有蜮山这样的山，附近有个国叫蜮民国。蜮民国的人姓桑，以黍为主食，同时也射蜮来吃。蜮是一种生在水边的害虫，体长三四寸，能够含沙射人，人被射中，就会生疮害病死去。蜮民国的人却专吃这种害虫。有人正挽起弓来射黄蛇，名叫蜮人；就是前面所说的蜮民。

有座宋山，山上产有一种红蛇，名叫育蛇。有一种树生长在山上，名叫枫木。枫木，原是被杀的蚩尤在临死以前所抛弃的桎梏，后来变化成了枫木。

有个人正咬住老虎的尾巴，名字叫祖（音渣）状尸；大约也是一个神的尸象。

有小人组成的国家，叫做焦侥国，姓几，吃上等的五谷。

大荒当中，有一座山名叫歹丂（音朽）涂山，就是昆仑山西南方的丑涂山，青水流到这里就穷尽了。又有一座山叫云雨山，山上有一棵树名叫栾。禹治水到云雨山，动手砍伐山上的林木，在一处红色崖石上忽然变化生长出这棵栾树来，黄色的树干，红色的枝条，青色的叶子，当时诸帝就到这里来采取栾树的花果去制炼仙药。

有个国家名叫伯服国；颛顼生了伯服，伯服的后裔便成为此国之民，以黍为主食。有鼬姓国，大约是姓鼬的人组成的国家。有苕山。又有宗

山海经卷十五 大荒南经

山。还有姓山。还有壑山。还有陈州山。还有东州山。还有白水山，白水发源在这里，流下来汇聚成为白渊，据说这就是昆吾的老师沐浴的地方。

有个人名叫张弘（实际上就是长肱，也就是长臂的意思），正在海面上捕鱼。于是海岛中就出现了张弘国，以鱼为主食，役使四种野兽。

有一个人，生着鸟的嘴，有翅膀，正在海里捉鱼。大荒当中，有个人名叫驩头。鲧的妻子士敬，士敬的儿子名叫炎融，炎融生了驩头。驩头是人的脸，鸟的嘴，生有翅膀，吃海里的鱼，翅膀不能飞，拿它来当拐杖走路。他常拿芑（音起）、苣（音秬）、穄（音虬）、杨这类救荒的植物来做食品。于是后来就有了驩头国。

帝尧、帝喾、帝舜都葬在岳山，岳山就是前面说过的狄山。那儿有花斑贝、离朱鸟、猫头鹰、老鹰、乌鸦、两头蛇、视肉、狗熊、人熊、老虎、豹子等物；还有朱木，红色的枝干，青色的花朵，黑色的果实。附近还有一座申山。

大荒当中，有座极高的山，名叫天台，海水从南边流进这座山。

有一座盖犹山，山上产有甜柤梨树，树枝和树干都是红色，黄色的叶子，白色的花，黑色的果实。山的东边又有甘华树，树枝和树干都是红色，黄色的叶子。有青马。有红马，名叫三骓。有视肉。

有小人，名叫菌人。

有南类山，大约也是神人住居的地方，那儿有黑色玉石、青马、三骓马、视肉、甘华树等物；各种各样的谷物都在那里汇聚。

山海经卷十六

大荒西经

西北海之外,大荒之隅,有山而不合,名曰不周①,有两黄兽守之。有水曰寒暑之水。水西有湿山,水东有幕山。有禹攻共工国山。

有国名曰淑士,颛顼之子。

有神十人,名曰女娲之肠②,化为神,处栗广之野;横道而处。

有人名曰石夷——西方曰夷③,来风曰韦④——处西北隅以司日月之长短⑤。

有五采之鸟,有冠,名曰狂鸟。

有大泽之长山。有白民之国⑥。

西北海之外,赤水之东,有长胫之国。

有西周之国,姬姓,食谷。有人方耕,名曰叔均。帝俊生后稷、稷降以百谷。稷之弟曰台玺,生叔均。叔均是代其父及稷播百

女娲补天

谷，始作耕。有赤国妻氏。有双山。

西海之外，大荒之中，有方山者，上有青树[7]，名曰柜格之松，日月所出入也。

西北海之外[8]，赤水之西，有天民之国[9]，食谷，使四鸟。

有北狄之国。黄帝之孙曰始均[10]，始均生北狄。

有芒山。有桂山。有榣山。其上有人，号曰太子长琴。颛顼生老童，老童生祝融，祝融生太子长琴，是处榣山，始作乐风。

有五采鸟三名：一曰皇鸟、一曰鸾鸟、一曰凤鸟。

有虫状如菟，胸以后者裸不见，青如猿状。

大荒之中，有山名曰丰沮玉门，日月所入。

有灵山，巫咸、巫即、巫肦[11]、巫彭、巫姑、巫真、巫礼、巫抵、巫谢、巫罗十巫，从此升降，百药爰在。

有西王母之山[12]、壑山、海山。有沃民之国[13]，沃民是处；沃之野，凤鸟之卵是食，甘露是饮。凡其所欲，其味尽存。爰有甘华、甘柤、白柳、视肉、三骓、璇瑰、瑶碧、白木、琅玕、白丹、青丹，多银铁[14]。鸾鸟自歌[15]，凤鸟自舞，爰有百兽，相群是处，是谓沃之野[16]。

有三青鸟，赤首黑目，一名曰大鹜，一名少鹜，一名曰青鸟。

有轩辕之台，射者不敢西乡[17]，畏轩辕之台。

大荒之中，有龙山，日月所入。

有三泽水[18]，名曰三淖，昆吾之所食也。

有人衣青，以袂蔽面，名曰女丑之尸。

有女子之国。

有桃山。有宝山。有桂山。有于土山。

有丈夫之国。

有弇州之山，五采之鸟仰天，名曰鸣鸟。爰有百乐歌儛之风。

有轩辕之国[19]。江山之南栖为吉，不寿者乃八百岁。

西海陼中，有神，人面鸟身，珥两青蛇，践两赤蛇，名曰弇兹。

大荒之中，有山名曰日月山，天枢也。吴姖天门[20]，日月所入。有神，人面无臂，两足反属于头上[21]，名曰嘘。颛顼生老童，老童生重及黎，帝令重献上天，令黎卭下地[22]，下地是生噎，处于西极，以行日月星辰之行次。

有人反臂，名曰天虞。

有女子方浴月[23]。帝俊妻常羲，生月十二，此始浴之。

有玄丹之山[24]。有五色之鸟，人面有发。爰有青鸢、黄鹜，青鸟、黄鸟，其所集者其国亡。

有池，名孟翼之攻颛顼之池。

大荒之中，有山名曰鏖鏊钜，日月所入者。

有兽，左右有首，名曰屏蓬。

有巫山者。有壑山者。有金门之山，有人名曰黄姖之尸[25]。有比翼之鸟。有白鸟，青翼、黄尾、玄喙。有赤犬，名曰天犬，其所下者有兵。

西海之南，流沙之滨，赤水之后，黑水之前，有大山，名曰昆仑之丘。有神——人面虎身，有文有尾[26]，皆白——处之。其下有弱水之渊环之，其外有炎火之山，投物辄然。有人戴胜，虎齿，豹尾[27]，穴处，名曰西王母。此山万物尽有。

大荒之中，有山名曰常阳之山，日月所入。

有寒荒之国。有二人女祭、女薎。

有寿麻之国。南岳娶州山女，名曰女虔。女虔生季格，季格生寿麻。寿麻正立无景，疾呼无响。爰有大暑，不可以往。

有人无首，操戈盾立，名曰夏耕之尸。故成汤伐夏桀于章山，克之，斩耕厥前。耕既立，无首，咎厥咎[28]，乃降于巫山。

有人名曰吴回，奇左[29]，是无右臂。

有盖山之国。有树，赤皮支干，青华[30]，名曰朱木。

有一臂民。

大荒之中，有山名曰大荒之山，日月所入。有人焉三面，是颛顼之子，三面一臂，三面之人不死。是谓大荒之野。

山海经卷十六 大荒西经

西南海之外，赤水之南，流沙之西，有人珥两青蛇，乘两龙，名曰夏后开。开上三嫔于天，得《九辩》与《九歌》以下。此天穆之野，高二千仞，开焉得始歌《九招》㉛。

有氐人之国。炎帝之孙名曰灵恝，灵恝生氐人㉜，是能上下于天。

有鱼偏枯，名曰鱼妇。颛顼死即复苏。风道北来，天乃大水泉，蛇乃化为鱼，是为鱼妇㉝。颛顼死即复苏。

有青鸟，身黄，赤足，六首，名曰鸀鸟。

有大巫山㉞。有金之山。西南，大荒之隅㉟，有偏句、常羊之山㊱。

校注：

① 名曰不周：原不周下尚有负子二字，《文选·甘泉赋》、《思玄赋》注及《太平御览》卷五九引经均无此二字，郭注亦只释"不周"，未及"负子"，"负子"二字应是衍文，从删。

② 名曰女娲之肠：郭璞云："或作女娲之腹。"

③ 西方曰夷：此句原脱，参校其他诸经文意句例补入。

④ 来风曰韦：郭璞云："来或作本也。"

⑤ 以司日月之长短：经文长短，《藏经》本作短长。

⑥ 有白民之国：白民原作白氏，宋本、《藏经》本、毛扆本、吴任臣本、汪绂本氏均作民，是也，从改。

⑦ 上有青树：《初学记》卷一引此青树作青松。

⑧ 西北海之外：郝懿行云："《初学记》十卷引此经无北字，明《藏》本同。"

⑨ 有天民之国：天民原作先民，从王念孙、郝懿行校改。

⑩ 黄帝之孙曰始均：明《藏经》本无曰字。

⑪ 巫朌：宋本作巫盼。

⑫ 有西王母之山：原有西二字作西有，从王念孙、孙星衍、郝懿行校乙。《藏经》本正作有西。

⑬ 沃民之国：原作沃之国，民字从王念孙、郝懿行校增。

⑭ 多银铁：《藏经》本无多字。

⑮ 鸾鸟自歌：原作鸾凤自歌，从明《藏经》本、吴任臣本、汪绂本改。

⑯ 是谓沃之野：《藏经》本沃下有民字。

⑰ 射者不敢西乡：原作射者不敢西向射，从王念孙、孙星衍、毕沅、郝懿行校删改。

⑱ 有三泽水：《藏经》本泽作浑。

⑲ 有轩辕之国：郭璞云："其人人面蛇身。"按郭注此六字明《藏》本作经文。

⑳ 吴姖天门：郝懿行云："姖字《玉篇》所无，《藏经》本作姬。"按汪绂本、毕沅校本同。

㉑ 两足反属于头上：头上原作头山，从宋本、吴宽抄本、《藏经》本、汪绂本改。

㉒ 令黎印下地：印原作卭，据《山海经校注·海经新释》卷十一"日月山"节注⑦改。印卭二字原易互讹，此北次二山北嚻山卭泽又讹为敦头山印泽也。

㉓ 有女子方浴月：郝懿行云："《北堂书钞》一百五十卷引浴上有澄字。"

㉔ 有玄丹之山：《藏经》本玄丹之山下有者字。

㉕ 有人名曰黄姖之尸：经文姖，《藏经》本、汪绂本、毕沅校本并作姬。

㉖ 有文有尾：王念孙云："《御览》地部三（卷三八）无两有字，《类聚》山部上（卷七）作有尾，无有文二字。"

㉗ 豹尾：原作有豹尾，王念孙云："（《文选》）《思玄赋》注引此经豹尾上无有字，《西山经》（《西次三经》）亦无，（《后汉书》）《张衡传》作有尾，无豹字。"按经文有豹尾之有字实衍，从删。

㉘ 乇厥咎：经文乇，宋本、毛扆本、汪绂本均作走。乇，走本字。

㉙ 奇左：王念孙校改经文"奇左"为"奇厷"，恐非。

㉚青华：华原作叶，据《大荒南经》朱木青华改。

㉛开焉得始歌《九招》：经文《九招》，明《藏》本作九韶。

㉜有氐人之国……灵恝生氐人：经文二氐人原均作互人，从王念孙、孙星衍、郝懿行校改，此即《海内南经》氐人国也。

㉝是为鱼妇：明《藏》本为作谓。

㉞有大巫山：《藏经》本大巫山下有者字。

㉟大荒之隅：原作大荒之中隅，《藏经》本隅上无中字，是也，从删。

㊱有偏句、常羊之山：原经文此以下尚有"按夏后开即启避汉景帝讳云"一行字，不知何人所题，实在毫无意义，各本俱有，独汪绂本无，今从汪绂本删去之。

译文：

大荒西经

西北海海外，大荒的一角，有一座山断裂了合不拢来，名叫不周山，据说就是共工和颛顼争神座发怒碰坏的，有两头黄色的兽看守在那里。有一条河叫寒暑水，或者因为它是半寒半热而得名。水的西边有湿山，水的东边有幕山。还有一座山，叫禹攻共工国山，大约因为禹曾攻伐共工国，杀死共工的臣子相柳在这座山吧。

有个国名叫淑士国，是颛顼的子孙后代繁衍而成国的。

有十个神人，名叫女娲肠，他们就是女娲的肠子化成神的，住在栗广的原野上，横截了道路居住在那里。

有个人名叫石夷——西方叫夷，从那里吹来的风叫韦——处在大地的西北角，在那里掌管太阳和月亮运行时间的长短。

有一种五彩羽毛的鸟，头上有冠，名叫狂鸟，大约就是凤凰一类的鸟。

有大泽长山。有白民国。

西北海海外，赤水的东边，有长胫国——又叫长股国，或叫长脚国。

有西周国,姓姬,吃五谷。有个人正在那里耕田,名字叫叔均。帝俊生了后稷,后稷把百谷的种子从天上带到凡间。后稷的弟弟名叫台玺的,生了叔均。叔均于是代替他的父亲和后稷播种百谷,发明创造了耕田的方法。那里有个人叫赤国妻氏,有座山叫双山。

西海海外,大荒当中,有座山叫方山的,上面有棵青色大树,名叫柜格松,是太阳和月亮进出的地方。

西北海海外,赤水的西边,有个国叫天民国,吃五谷,役使四种野兽。有北狄国。黄帝的孙子名叫始均,始均生了北狄的祖先。

有芒山。有桂山。有榣山,山上有一个人,名叫太子长琴。颛顼生了老童,老童生了祝融,祝融生了太子长琴,他便住在榣山上,创制出各种乐曲来。

有三种五彩羽毛的鸟:一种叫皇鸟,一种叫鸾鸟,还有一种叫凤鸟。

有一种兽,形状像兔子,胸脯以后全都裸露着,却不见裸露的地方,因为它的皮色青得像猿猴,把裸露处遮掩过去了。这种动物据说就是㲋(音绰)。

大荒当中,有座山名叫丰沮玉门山,是太阳和月亮进去的地方。

有一座灵山,巫咸、巫即、巫盼(音斑)、巫彭、巫姑、巫真、巫礼、巫抵、巫谢、巫罗十个巫师,从这里上天下地。各种各样的药物都生长在这里。

有西王母山、壑山、海山。有沃民国,沃民在这里居住。他们拿沃野里凤鸟生的蛋来做食品,拿天降的甘露来做饮料。凡是他们心里想要尝到的滋味,都能在凤鸟蛋和甘露当中尝到。这里还有甘华树、甜柤梨树、白柳、视肉、三骓马、璇瑰、瑶碧、白木、琅玕、白丹、青丹种种珍奇的事物,还多产银和铁。鸾鸟在这里自由自在地唱歌,凤鸟在这里自由自在地舞蹈。各种飞禽走兽,都在这里成群结队和睦相处。所以这个地方叫做沃野。

有三只硕大的青鸟,红的脑袋,黑亮的眼睛,一只名叫大鵹(音黎),一只名叫少鵹,还有一只名叫青鸟。

山海经卷十六　大荒西经

有轩辕台；凡是射箭的都不敢向西方射，因为敬畏轩辕台上黄帝威灵的缘故。

大荒当中，有座山叫龙山，是太阳和月亮进去的地方。

有三个池子的水汇聚在一起，名叫三淖，是昆吾在那里取得食物的地方。

有个人身穿青色衣服，拿袖子遮住自己的脸，名叫女丑尸。

有女子国。

有桃山。有䖝（同虻）山。有桂山。有于土山。

有丈夫国。

有弇州山，山上有五彩羽毛的鸟仰头向天，名叫鸣鸟。于是那里便有了各种各样乐曲歌舞的风气。

有轩辕国。那儿的人都欢喜栖息在江山的南边以取吉祥，他们当中短命的也有八百岁。

西海的海岛上，有一个神，人的脸，鸟的身子，耳朵上挂两条青蛇，脚踩两条红蛇，名叫弇兹。

大荒当中，有座山名叫日月山，是天的枢纽。吴姖（音巨）天门山，是太阳和月亮进去的地方。有一个神，人的脸，没有胳膊，两只脚反转过来架在头顶上，名叫嘘，可能就是后面要说到的噎。颛顼生了老童，老童生了重和黎，颛顼为了要断绝天和地的通路，便命令重两手托着天，把天尽力往上举，又命令黎两手撑着地，把地竭力朝下按，这样天和地就分得远远的了。黎随着下降的大地来到地上，生了一个儿子，名叫噎，噎就位居在大地的西极，安排太阳、月亮和星辰运行的次序。

有个人两只臂膊反转朝后生，名叫天虞。

有个女子正在那里替月亮洗澡。帝俊的妻子常羲，生了十二个月亮，这才开始给它们洗澡。

有座山叫玄丹山，山上有五色鸟，人的脸，头上长有头发。于是出现了青䳒（音文）、黄鹜（音敖），也就是青鸟、黄鸟，它们飞集栖止的地方，国家就会灭亡。

有个池子名叫孟翼攻颛顼池。性质大约像前面提到过的禹攻共工国山一样，都是因事名地，表示古代传说中黄炎战争的绵亘和剧烈，孟翼和共工都是属于炎帝集团的。

大荒当中，有座山名叫鏖鏊（音敖）钜，是太阳和月亮进去的地方。

有一种兽，左边右边都长有脑袋，名叫屏蓬。

有叫做巫山的山。有叫做壑山的山。有金门山，有个人名叫黄姖尸。有比翼鸟。有一种白颜色的鸟，青翅膀，黄尾巴，黑嘴壳。有一种红颜色的犬，名叫天狗，凡是它降落下来的地方，那个地方就会发生战争。

西海的南岸，流沙的边缘，赤水的后面，黑水的前边，有座大山，名叫昆仑山。有一个神——人的脸，老虎的身子，花尾巴，尾巴上有许多白色的斑点——居住在这里。它的下面环绕着弱水的深渊，外面又有炎火的大山，只要投进东西去马上就会燃烧起来。有个人头上戴着玉胜，老虎的牙齿，豹子的尾巴，住在岩洞里，名叫西王母。这座山什么珍奇的东西都有。

大荒当中，有座山名叫常阳山，是太阳和月亮进去的地方。

有寒荒国。有两个人，一个是女祭，一个是女薎（音蔑）。

有寿麻国。南岳娶了州山的女儿，名叫女虔。女虔生了季格，季格生了寿麻。寿麻笔直地站在太阳底下不见影子，大声疾呼四面八方没有回响。这个国家热得可怕，人们不可以到那里去。

有一个人没有脑袋，拿了一把戈和一面盾站在那里，名叫夏耕尸。原来成汤攻伐夏桀在章山，战败了夏桀，把夏耕斩首在他的面前。夏耕站立起来，发觉自己丢了脑袋，赶紧想法逃避罪咎，于是便窜到巫山去藏了起来。

有个人名叫吴回，单剩左膀，没有右臂。据说他就是火神祝融的弟弟，也是火神。

有盖山国。有一种树，树枝树干的皮都是红的，花是青的，名叫朱木。

有一臂民——就是前面讲过的一臂国，国人只有一条胳膊、一只眼睛和一个鼻孔，实际上只有半边身体。

山海经卷十六　大荒西经

　　大荒当中，有座山名叫大荒山，是太阳和月亮进去的地方。有一种人长有三张脸，是颛顼传下来的子孙后代，三张脸一条胳膊，三张脸的人永远不死。这里就叫做大荒野。

　　西南海海外，赤水的南边，流沙的西边，有一个人耳朵上挂了两条青蛇，驾着两条龙，名叫夏后开，夏后开就是夏启王的意思。夏启王三次上天做客，得到——实际上是偷窃到——天乐《九辩》和《九歌》，下到凡间。在这高达一千六百丈的天穆野的高原上，夏启王把得来的天乐改造制作一番，成为《九招》（音韶），在这里开始演奏歌唱起来。

　　有氐人国。炎帝的孙子名叫灵恝（音契），灵恝生了氐人，氐人的形状是人的脸，鱼的身子，能够乘着云雨，上下于天。

　　有一种鱼，半身偏枯，一半是人形，一半是鱼体，名叫鱼妇，据说是颛顼死而复苏变化成的。适逢风从北方吹来，泉水得风涌溢而出，蛇变化成鱼，死去的颛顼便趁蛇鱼变化未定的这时，托体鱼躯，死而复苏。人们因称这种和颛顼结为一体的鱼叫鱼妇。

　　有一种青鸟，身子是黄的，足是红的，长有六个脑袋，名叫鸀（音触）鸟。

　　有大巫山。有金山。在西南方，大荒的一角，还有偏句山和常羊山。

山海经卷十七

大荒北经

　　东北海之外,大荒之中,河水之间,附禺之山①,帝颛顼与九嫔葬焉。爰有鸱久②、文贝、离俞、鸾鸟、凤鸟③、大物、小物。有青鸟、琅鸟、玄鸟、黄鸟、虎、豹、熊、罴、黄蛇、视肉、璇、瑰、瑶、碧,皆出于山。卫丘方员三百里④,丘南帝俊竹林在焉,大可为舟。竹南有赤泽水,名曰封渊。有三桑无枝⑤。丘西有沉渊,颛顼所浴。

　　有胡不与之国,烈姓,黍食。

　　大荒之中,有山,名曰不咸。有肃慎氏之国。有蜚蛭⑥,四翼。有虫,兽首蛇身,名曰琴虫。

　　有人名曰大人。有大人之国,釐姓,黍食。有大青蛇,黄头⑦,食麈。

　　有榆山。有鲧攻程州之山。

　　大荒之中,有山名曰衡天。有先民之山。有槃木千里。

　　有叔歜国,颛顼之子,黍食,使四鸟:虎、豹、熊、罴。有黑虫如熊状,名曰猎猎。

有北齐之国,姜姓,使虎、豹、熊、罴。

大荒之中,有山名曰先槛大逢之山⑧,河济所入,海北注焉。其西有山,名曰禹所积石。

有阳山者。有顺山者,顺水出焉。有始州之国,有丹山。

有大泽方千里,群鸟所解。

有毛民之国,依姓,食黍,使四鸟。禹生均国,均国生役采⑨,役采生修鞈⑩,修鞈杀绰人。帝念之,潜为之国,是此毛民。

有儋耳之国,任姓,禺号子,食谷。北海之渚中⑪,有神,人面鸟身,珥两青蛇,践两赤蛇,名曰禺强。

强良

大荒之中,有山名曰北极天柜⑫,海水北注焉。有神,九首人面鸟身,名曰九凤。又有神衔蛇操蛇,其状虎首人身,四蹄长肘,名曰强良⑬。

大荒之中,有山名曰成都载天。有人珥两黄蛇,把两黄蛇,名曰夸父。后土生信,信生夸父。夸父不量力,欲追日景,逮之于禺谷。将饮河而不足也,将走大泽,未至,死于此。应龙已杀蚩尤,又杀夸父,乃去南方处之,故南方多雨。

又有无肠之国⑭,是任姓,无继子,食鱼。

共工之臣名曰相繇,九首蛇身,自环,食于九土。其所歍所尼,即为源泽,不辛乃苦,百兽莫能处。禹湮洪水,杀相繇,其血腥臭,不可生谷⑮,其地多水,不可居也。禹湮之,三仞三沮,乃以为池,群帝因是以为台。在昆仑之北。

有岳之山⑯,寻竹生焉。

大荒之中,有山名曰不句,海水北入焉⑰。

有系昆之山者⑱,有共工之台,射者不敢北乡。有人衣青衣,名曰黄帝女魃⑲。蚩尤请兵伐黄帝,黄帝乃令应龙攻之冀州之野。应龙畜水,蚩尤请风伯雨师,纵大风雨⑳。黄帝乃下天女曰魃㉑,雨止㉒,遂杀蚩尤。魃不得复上,所居不雨。叔均言之帝,后置之赤水之北。叔均乃为田祖。魃时亡之。所欲逐之者,令曰:"神北行!"先除水道,决通沟渎。

有人方食鱼,名曰深目民之国,盼姓,食鱼。

有钟山者。有女子衣青衣,名曰赤水女子献㉓。

大荒之中,有山名曰融父山,顺水入焉。有人名曰犬戎。黄帝生苗龙,苗龙生融吾,融吾生弄明㉔,弄明生白犬,白犬有牝牡㉕,是为犬戎,肉食。有赤兽,马状无首,名曰戎宣王尸。

有山名曰齐州之山、君山、鬵山、鲜野山、鱼山。

有人一目,当面中生。一曰是威性,少昊之子,食黍。

有无继民,无继民任姓㉖,无骨子,食气、鱼。

西北海外,流沙之东,有国名曰中𨐈㉗,颛顼之子,食黍。

有国名曰赖丘。有犬戎国。有人㉘,人面兽身,名曰犬戎。

西北海外,黑水之北,有人有翼,名曰苗民。颛顼生驩头,驩头生苗民,苗民釐姓,食肉。有山名曰章山。

大荒之中,有衡石山、九阴山、灰野之山㉙,上有赤树,青叶,赤华,名曰若木。

有牛黎之国。有人无骨,儋耳之子。

西北海之外,赤水之北,有章尾山。有神,人面蛇身而赤,身长千里㉚,直目正乘,其瞑乃晦㉛,其视乃明,不食,不寝,不息,风雨是谒。是烛九阴,是谓烛龙。

校注:

① 附禺之山:郝懿行云:"《海外北经》作务隅,《海内东经》作鲋鱼,此经又作附禺,皆一山也,古字通用。《文选》注谢朓《哀策文》引此经作鲋禺之山,《后汉书·张衡传》注引此经与今本同。"

② 爰有鸱久：经文鸱，孙星衍校改作鸱。

③ 凤鸟：原作皇鸟，宋本、毛扆本、《藏经》本均作凤鸟，王念孙亦校作凤鸟。作凤鸟是也，从改。

④ 皆出于山。卫丘方员三百里：原作皆出卫于山，丘方员三百里。郝懿行云："《艺文类聚》八十九卷、《初学记》二十八卷引此经并作卫丘山，《北堂书钞》一百七十三卷亦作卫丘，知古本卫丘连文，而以皆出于山四字相属。"王念孙校同郝注。因从二家所校订正之。

⑤ 有三桑无枝：郭璞云："皆高百仞。"王念孙云："皆高百仞四字乃正文误入注。见《艺文类聚》八十八，又见《御览》木部四（卷九五五）。"

⑥ 有蜚蛭：《文选·上林赋》"蛭蜩蠼猱"司马彪注引此经蜚作飞。

⑦ 黄头：《艺文类聚》卷六引此作头方。

⑧ 先槛大逢之山：经文先槛，《藏经》本作光槛。

⑨ 均国生役采：郭璞云："采一作来。"按《藏经》本正作来，无郭注四字。

⑩ 役采生修鞈：经文修，《藏经》本作循。

⑪ 食谷。北海之渚中：旧以此数字连文，故郭璞注云："言在海岛中种粟给食，谓禺强也。"其实禺强乃北海海神，非"在海岛中种粟给食"者，而"食谷"者，乃号称"寓号子"之任姓儋耳国也，故为分别之。说详《山海经校注·海经新释》卷十二"儋耳国"节注③。

⑫ 北极天柜：经文柜，宋本、毛扆本、吴宽抄本、《藏经》本并作横。

⑬ 名曰强（疆）良：郝懿行云："《后汉·礼仪志》说十二神云：'强梁祖明共食磔死寄生。'疑强（疆）梁即强良，古字通也。"按强良，《藏经》本作强良。

⑭ 又有无肠之国：《藏经》本无又字。

⑮ 不可生谷：《太平御览》卷三七五引此经谷上有五字。

⑯ 有岳之山：《文选》张协《七命》李善注引此经作岳山，无之字。

⑰ 海水北入焉：原止作海水入焉，无北字，北字据《藏经》本补。说详《大荒南经》注⑬。

⑱ 有系昆之山者：系昆，《太平御览》卷三十五引作傒昆。

⑲ 名曰黄帝女魃：王念孙、郝懿行同校此处经文魃当作妭。

⑳ 纵大风雨：郝懿行云："纵当为从。《史记》(《五帝本纪》)正义引此经云：'以从大风雨。'《艺文类聚》七十九卷及《太平御览》七十九卷引此经亦作从。"按《藏经》本正作从。从通纵，《礼记·曲礼》："欲不可从。"释文："放纵也。"

㉑ 黄帝乃下天女曰魃：郝懿行云："《御览》(卷七九)引此经魃作妭，《藏经》本此下亦俱作妭。"按唐刘赓《稽瑞》引此经亦作妭。

㉒ 雨止：王念孙云："《史记·五帝纪》正义引此'雨止'上有'以止雨'三字。"

㉓ 名曰赤水女子献：吴承志云："献当作妭。上文有人衣青衣，名曰黄帝女魃，后置之赤水之北，赤水女子魃即黄帝女魃也。此句当本上句之异文，校者两存之，遂成歧出耳。"按吴说疑是。疑此献本作妭，所以为前文诸妭字之"异文"，迨后前文诸妭字均改为魃，此妭字亦遂讹为献耳。

㉔ 融吾生弄明：郭璞云："弄亦作卞。"

㉕ 白犬有牝牡：郝懿行云："《史记·周本纪》(正义)、《汉书·匈奴传》注引此经并作白犬有二牝牡，盖谓所生二人相为牝牡也。《藏经》本作白犬二犬有牝牡，下犬字疑衍。"

㉖ 有无继民，无继民任姓：经文二无继原均作继无，从王念孙、郝懿行校乙。

㉗ 有国名曰中𨍰：经文𨍰，宋本、《藏经》本并作轮，汪绂本作辐。

㉘ 有人：原作有神，从王念孙、郝懿行校改。

㉙ 灰野之山：原作洞野之山，郝懿行云："《水经·若水注》、《文选·甘泉赋》及《月赋注》、《艺文类聚》八十九卷引此经并作灰野之山。"按宋本及《藏经》本正作灰野之山，从改。

㉚ 身长千里：此四字经文原无，系郭璞注。王念孙云："身长千里四字亦正文误入注。《御览》神鬼部二(卷八八二)不误，《类聚》灵异下(卷七十九)同，唯作尺。"按《海外北经》经文亦有"身长千里"四字，

足证郭此注确系经文误入,因复其原。

㉛其瞑乃晦:经文瞑,《文选·思玄赋》李善注、《类聚》七十九并引作眠,俗字也。

译文:

大荒北经

东北海海外,大荒当中,河水流经的地方,有一座山叫附禺山(也就是前面说的务隅山或鲋鱼山),帝颛顼和他的九个妃嫔都埋葬在这里。这里有猫头鹰、花斑贝、离朱鸟、鸾鸟、凤鸟以及大大小小的殉葬物事。又有青鸟、琅鸟、燕子、黄鸟、虎、豹、熊、罴、黄蛇、视肉、璇、瑰、瑶、碧等物产,都出在这座山。山旁有一座卫丘,方圆有三百里,丘的南边有帝俊的竹林,剖开竹子的一节便可以做船。竹林的南边有红色的湖水,名叫封渊。有三棵桑树,不生枝条,其高都达数十丈。卫丘的西边有沉渊,是颛顼洗澡的地方。

有胡不与国,姓烈,以黍为主食。

大荒当中,有一座山,叫做不咸山。附近有肃慎氏国。有会飞的蛭,生有四只翅膀。有一种虫,野兽的头,蛇的身子,名叫琴虫。

有人名叫大人。有大人国,姓釐(音僖),以黍为主食。有大青蛇,黄色的头,正在那里吞吃驼鹿。

有榆山。有鲧攻程州山——程州大概是一个国名,或者是一个部族名。

大荒当中,有座山名叫衡天山。有先民山。有盘曲的大树占的地面广达千里。

有叔歜(音触)国,是颛顼的子孙后代,以黍为主食,役使四种野兽:虎、豹、熊、罴。有一种黑虫像熊的模样,名叫猎猎(音藉)。

有北齐国,姓姜,役使虎、豹、熊、罴。

大荒当中，有座山名叫先槛大逢山，是河水和济水流入处，海水也从北方来注入这里。它的西边有一座山，名叫禹所积石山。

有一座山叫阳山。有一座山叫顺山，顺水发源在这里。有始州国，附近有一座纯出丹朱的丹山。

有大泽方圆大约一千里，是各种鸟类在那里更换毛羽的地方。

有毛民国，姓依，以黍为主食，役使四种野兽。原来禹生了均国，均国生了役采，役采生了修鞈（音袷），修鞈把绰人杀了。禹哀念绰人无辜被杀，暗地里把绰人的子孙弄出来建成一个国家，就是这毛民国。

有儋耳国，就是大耳国，姓任，是东海海神禺号（禹貔）的子孙后代，拿谷类来做主要的食品。北海的海岛上，有一个神，人的脸，鸟的身子，耳朵上挂两条青蛇，脚踏两条红蛇，名叫禺强。

大荒当中，有座山名叫北极天柜山，海水从北边灌注在这里。有一个神，九个脑袋，人的脸，鸟的身子，名叫九凤。又有一个神，嘴里衔着蛇，手上握着蛇，老虎的头，人的身子，四只蹄足，长长的手肘，名叫强良。

大荒当中，有座山叫成都载天山。有个人耳朵上挂着两条黄蛇，手里握着两条黄蛇，名叫夸父。幽冥世界的统治者后土生了信，信生了夸父。夸父不量力，想要去追赶太阳光，将它在禺谷那个地方捉住。他追到半途，心烦口渴，想去喝黄河的水，怕不够喝，又想到北方去喝大泽的水，还没走到，就渴死在这里了。后来黄帝和蚩尤战争，应龙已经杀死了蚩尤，又杀死了帮助蚩尤作战的夸父（大约是追日夸父的子孙后代），神力用尽，上不了天，只得到南方去居住，所以南方一直多雨。

又有无肠国，据说姓任，是无继国人的子孙后代，以鱼为主食。

共工的臣子名叫相繇，就是前面曾经讲到过的相柳，九个脑袋，蛇的身子，蟠旋自绕，寻找九座山上的食物吃。凡是经他喷气止息过的地方，那地方就会成为沼泽，气味不是辣就是苦，各种飞禽走兽都没法居住。禹填塞洪水，杀死相繇，流出的血液，腥臭难闻，五谷都不能在那里生长，那个地方又水潦成灾，实在不能居住。禹就把它填塞起来，三次填塞满，三次都陷落下去。于是干脆就把它挖掘成为一个池子,当时的诸帝就利用池泥来造了几座台,台在昆仑山的北边。

有岳山,高大的竹子产生在这座山上。

大荒当中,有座山名叫不句山,海水从北边灌进这座山里。

有一座系昆山,上面有共工台,凡是射箭的都不敢面向着台所在的北方射,为的是敬畏共工的威灵。有人穿了件青色衣服,名叫黄帝女魃。蚩尤制造了各种兵器去攻伐黄帝,黄帝派遣应龙到冀州的野原上去抵御他。应龙畜积了大量的水。蚩尤却去请了风伯和雨师来,纵起一场大风雨,使应龙畜的水失了作用。黄帝就降下天女叫做魃的(人们叫她做旱魃,据说是秃头,不长一根头发),她一下来狂风暴雨都止住了,于是杀了蚩尤。魃也用尽了神力,不能再上天,所居住的地方一点雨也没有。叔均便向黄帝建议,把她安置在赤水的北边。这样一来,旱灾的威胁解除了,叔均便做了田神。魃不安本分,时时逃亡,到处骚扰。要想驱逐她的,便设下禁咒向她祝告道:"神呀,回到北方你的故居去吧!"事先清除水道,疏通大小沟渎;据说这样做了,往往能得到大雨。

有一群人正在那里吃鱼,名叫深目民国,姓盼(音焚),以鱼为主食。

有一座山叫做钟山。有一个女子,穿了一件青色衣服,名叫赤水女子献——有人说可能就是被安置在赤水北边的黄帝女魃。

大荒当中,有座山名叫融父山,顺水流进这座山。有一个人名叫犬戎。黄帝生了苗龙,苗龙生了融吾,融吾生了弄明,弄明生了白犬,白犬有雌雄二头,自相配偶,于是繁衍了犬戎这一族,以吃肉为生。有一种红色的兽,马的形状,却没有脑袋,名叫戎宣王尸,据说就是犬戎奉祀的神。

有山名叫齐州山、君山、鬻(音潜)山、鲜野山、鱼山。

有一种人,只有一只眼睛,长在脸的正中央。有人说他们姓威,是少昊传下的子孙后代,以黍为主食。

有无继民,无继民姓任,是无骨民的子孙后代,以空气和鱼为主食,就是说他们除了吃鱼之外,还擅长做深呼吸运动。

西北方的海外，流沙的东边，有个国名叫中䡢（音扁）国，是颛顼的子孙后代，以黍为主食。

有个国名叫赖丘国。有犬戎国。有一种人，人的脸，兽的身子，名叫犬戎。

西北方的海外，黑水的北边，有一种人生有翅膀，名叫苗民。颛顼生了骥头，骥头生了苗民，苗民姓釐（音僖），吃肉为生。有座山名叫章山。

大荒当中，有衡石山、九阴山、灰野山。灰野山上有棵红色的大树，青色的树叶，红色的花朵，名叫若木。

有牛黎国，就是前面讲过的柔利国。一国的人身上都不长骨头，是儋耳国人传下的子孙后代。

西北海海外，赤水的北边，有章尾山。有一个神，人的脸，蛇的身子，浑身红色，身长千里，眼睛竖生，眼睑是两条直缝。当他闭上眼睛时，世界就成为黑暗；当他睁开眼睛时，马上又变成白天。他不吃东西，不睡觉，不呼吸，只把风雨来吞噎。他能照亮九重泉壤的阴暗，所以叫他做烛龙，或者又叫做烛阴。

山海经卷十八

海内经

东海之内,北海之隅,有国名曰朝鲜、天毒①,其人水居,偎人爱人②。

西海之内,流沙之中,有国名曰壑市。

西海之内,流沙之西,有国名曰氾叶。

流沙之西,有鸟山者,三水出焉。爰有黄金、璇瑰、丹货、银铁,皆流于此中③。又有淮山,好水出焉。

流沙之东,黑水之西,有朝云之国、司彘之国。黄帝妻雷祖,生昌意,昌意降处若水,生韩流。韩流擢首、谨耳、人面、豕喙、麟身、渠股、豚止,取淖子曰阿女,生帝颛顼。

流沙之东,黑水之间,有山名不死之山。

华山青水之东,有山名曰肇山,有人名曰柏子高,柏子高上下于此④,至于天。

西南黑水之间,有都广之野⑤,后稷葬焉。其城方三百里,盖天地之中，素女所出也⑥。爰有膏菽、膏稻、膏黍、膏稷，百谷自生，冬夏播琴。鸾鸟自歌，凤鸟自儛，灵寿实华，草木所聚。爰有百兽，相群爰处。此草也，冬夏不死。

南海之内⑦，黑水青水之间⑧，有木名曰若木，若水出焉。

有禹中之国。有列襄之国。有灵山，有赤蛇在木上，名曰蝡蛇，木食。

有盐长之国⑨。有人焉鸟首，名曰鸟民⑩。

有九丘，以水络之：名曰陶唐之丘、叔得之丘⑪、孟盈之丘、昆吾之丘、黑白之丘、赤望土丘、参卫之丘、武夫之丘、神民之丘⑫。有木，青叶紫茎，玄华黄实⑬，名曰建木，百仞无枝，上有九欘⑭，下有九枸，其实如麻，其叶如芒。大暤爰过，黄帝所为。

有窫窳，龙首，是食人。有兽，人面⑮，名曰猩猩。

西南有巴国。大暤生咸鸟，咸鸟生乘釐，乘釐生后照⑯，后照是始为巴人。

有国名曰流黄辛氏，其域中方三百里，其出是尘⑰。有巴遂山，渑水出焉。

又有朱卷之国。有黑蛇，青首，食象。

南方有赣巨人，人面长唇⑱，黑身有毛，反踵，见人则笑⑲，唇蔽其目⑳，因可逃也㉑。

又有黑人，虎首鸟足，两手持蛇，方啖之。

有嬴民，鸟足。有封豕㉒。

有人曰苗民。有神焉，人首蛇身，长如辕，左右有首，衣紫衣，冠旃冠，名曰延维，人主得而飨食之，伯天下。

有鸾鸟自歌，凤鸟自舞。凤鸟首文曰德，翼文曰顺，膺文曰仁，背文曰义，见则天下和。

又有青兽如菟，名曰菌狗。有翠鸟。有孔鸟。

南海之内，有衡山，有菌山㉓，有桂山。有山名三天子之都㉔。

南方苍梧之丘，苍梧之渊，其中有九嶷山㉕，舜之所葬。在长沙零陵界中㉖。

北海之内，有蛇山者，蛇水出焉，东入于海。有五采之鸟，飞蔽一乡㉗，名曰翳鸟。又有不距之山，巧倕葬其西。

北海之内，有反缚盗械、带戈常倍之佐，名曰相顾之尸。

伯夷父生西岳，西岳生先龙，先龙是始生氐羌，氐羌乞姓。

北海之内，有山名曰幽都之山，黑水出焉。其上有玄鸟、玄蛇、玄豹、玄虎、玄狐蓬尾。有大玄之山。有玄丘之民。有大幽之国㉘。有赤胫之民。

有钉灵之国，其民从厀已下有毛，马蹄善走。

钉灵国人

炎帝之孙伯陵，伯陵同吴权之妻阿女缘妇。缘妇孕三年，是生鼓、延、殳。殳始为侯㉙，鼓、延是始为钟，为乐风。

黄帝生骆明，骆明生白马，白马是为鲧。

帝俊生禺号，禺号生淫梁㉚，淫梁生番禺，是始为舟。番禺生奚仲，奚仲生吉光，吉光是始以木为车。

少皞生般，般是始为弓矢。

弹鸟解羽

帝俊赐羿彤弓素矰，以扶下国，羿是始去恤下地之百艰㉛。

帝俊生晏龙，晏龙是为琴瑟㉜。

帝俊有子八人，是始为歌舞㉝。

帝俊生三身，三身生义均。义均是始为巧倕，是始作下民百巧。后稷是播百谷。稷之孙曰叔均，是始作牛耕。大比赤阴㉞，是始为国。禹、鲧是始布土，均定九州。

炎帝之妻，赤水之子听訞生炎居，

炎居生节并，节并生戏器，戏器生祝融。祝融降处于江水，生共工。共工生术器，术器首方颠㉟，是复土穰㊱，以处江水。共工生后土，后土生噎鸣，噎鸣生岁十有二。

洪水滔天。鲧窃帝之息壤以堙洪水，不待帝命。帝令祝融杀鲧于羽郊。鲧复生禹。帝乃命禹卒布土以定九州。

校注：

①朝鲜、天毒：郭璞云："朝鲜，今乐浪郡也。天毒即天竺国，贵道德，有文书、金银、钱货，浮屠出此中也。"按天竺即今印度，在我国西南；此天毒则在东北，方位迥异，未知是否。或者中有脱文讹字，未可知也。

②偎人爱人：原作偎人爱之，从王念孙、郝懿行校改。朱本、吴宽抄本正作偎人爱人。

③皆流于此中：郝懿行云："皆流于此中，《藏经》本作皆出此水四字。"

④有人名曰柏子高，柏子高上下于此：经文二柏子高，原均止作柏高，郭璞注云："柏子高，仙者也。"郝懿行云："据郭注，经文当为柏子高，《藏经》本正如是，今本脱子字也。"王念孙校亦增子字，从补。

⑤有都广之野：王念孙云："(《后汉书》)《张衡传》注作广都，《御览》百谷一（卷八三七）作都广，木部八（卷九五九）作广都，《类聚》地部（卷六）作都广，百谷部（卷八十五）作广都，鸟部上（卷九十）同。"按据此，则古有二本，或作都广，或作广都，其实一也。杨慎《山海经补注》云："黑水广都，今之成都也。"衡以地望，庶几近之。

⑥其城方三百里，盖天地之中，素女所出也：此十六字经文原无，系郭璞注，王念孙、郝懿行校均以为是经文误入郭注，是也，因复其原。然今本郭注盖天下之中，王逸注《楚辞·九叹》引经作盖天地之中，于义为长，因亦并改之。

⑦南海之内：经文内原作外，宋本、吴宽抄本、毛扆校本、《藏经》本均作内，作内是也，此《海内经》，不得言海外，从改。

⑧ 黑水青水之间：《水经注·若水》引此无青水二字。

⑨ 有盐长之国：郝懿行云："《太平御览》七百九十七卷引作监长，有上有西海中三字。《藏经》本亦作监长。《北堂书钞》一百五十七卷引与今本同。"

⑩ 名曰鸟民：鸟民原作鸟氏，从王念孙、郝懿行校改。

⑪ 叔得之丘：原作有叔得之丘，郝懿行云："叔得、孟盈盖皆人名号也。"则有字当衍，揆以其他诸丘，亦无冠有字句例者，因删去之。

⑫ 神民之丘：郭璞云："言上有神人。"郝懿行云："《文选·游天台山赋》注引此经作神人之丘，《书钞》仍作神民。以郭注推之，似民当为人。"

⑬ 玄华黄实：王念孙云："《御览》木部十（卷九六一）作赤实。"

⑭ 上有九欘：原止作有九欘，无上字。郝懿行云："《藏》本经文（百衲无）枝下有上字，今本脱也。"查《御览》卷九六一引经亦有上字，据补。

⑮ 有兽，人面：原作有青兽，人面，郝懿行云："郭注《海内南经》云：'狌狌状如黄狗。'此经云'青兽，人面'，与郭异。《艺文类聚》九十五卷引作'有兽'，无青字，当是今本青字衍也。"王念孙校同郝注，从删。

⑯ 乘釐生后照：《太平御览》卷一六八引此经照作昭。

⑰ 其出是麈：经文麈原作尘（塵）土，诸家注解纷纭，或言"殷盛"（郭璞），或言"其地清旷无嚣埃"（杨慎），或言"谓人物喧阗"（郝懿行），皆以出产尘土或超出尘土之"尘土"为言，非上古种落景象。独清蒋知让于孙星衍校本眉批云："尘土当是麈、麚等字之讹。"为巨眼卓识，一语中的。此经尘土，确系麈字误析为二。麈字形体本长，如书之竹简，长当更甚。抄者不慎，误析为尘土二字，乃极有可能。《山海经》诸有关麈之记叙，《白氏六帖》、《艺文类聚》、《太平御览》等引之，均以麈为尘而误入"尘部"，益知此经"尘土"为"麈"之误析，盖无可疑，因改正之。

⑱ 人面长唇：长唇原作长臂，据《海内南经》"枭阳国"节经文改，此物最特征乃在唇不在臂也。

⑲ 见人则笑：原作见人笑亦笑，郝懿行云："当依古本作见人则笑。"

王念孙、失名校同郝注,从改。

⑳唇蔽其目:原作唇蔽其面,王念孙云:"《尔雅疏》引作笑则唇蔽其目。"按郭璞《图赞》亦云"见人则笑,唇盖其目",因据改。

㉑因可逃也:可原作即,郝懿行云:"《藏经》本即作可。"于义为长,从改。

㉒有嬴民,鸟足。有封豕:吴其昌《卜辞所见殷先公先王三续考》云,"封豕"疑即"王亥"之字误,"嬴民"即《大荒东经》所记"困民国"之"困民"。"困民"之"困",乃"因"字之误。"因民"即同经后文所记之"摇民"。"因民"、"摇民"、"嬴民"俱一声之转也。如吴所说,则此所记亦王亥故事之零片遗落于此者。略记其说以供参考。

㉓有菌山:郭璞云:"音芝菌之菌。"郝懿行云:"菌即芝菌之字,何须用音?知郭本经文不作菌,疑亦当为崗字。"

㉔有山名三天子之都:郭璞云:"一本(作)三天子鄣山。"

㉕其中有九嶷山:九嶷,王念孙、郝懿行校诸书所引多作九疑,亦有作九嶷者。疑、嶷古字通,不必改也。

㉖在长沙零陵界中:长沙、零陵非古地名,疑是后人释语羼入经文者。

㉗飞蔽一乡:郝懿行云:"(《文选》)《思玄赋》旧注引此经作飞蔽日,盖古本如此。"

㉘有大幽之国:郭璞云:"即幽民也;穴居无衣。"郝懿行云:"郭注疑本在经中,今脱去。"

㉙殳始为侯:原止作始为侯,无殳字,据此经下文"鼓、延是始为钟、为乐风"文意,此处决应有殳字,方明作者,盖因连文脱去(正如《海内南经》"孟涂是司神于巴、人请讼于孟涂之所"脱下巴字句例然),因以意补之。

㉚禺号生淫梁:郝懿行云:"《北堂书钞》一百三十七卷引此经淫作经。"

㉛羿是始去恤下地之百艰:百艰,《藏经》本作百难。

㉜晏龙是为琴瑟:郭璞云:"《世本》云:'伏羲作琴,神农作瑟。'"

按《北堂书钞》卷一百九引此经是下有始字；《御览》卷五七七引此经是作始；王念孙校"为琴瑟"上增"务"字，"务为琴瑟"，则是以琴瑟为戏弄之具，非造作之意，似于义为长也。郭璞所见本或即如此，否则其所注释便与正文相抵牾。然此经所述，皆诸神子孙创造发明，仍以"是为琴瑟"或"始为琴瑟"为是。

㉝ 帝俊有子八人，是始为歌舞：郝懿行云，"《初学记》十五卷、《艺文类聚》四十三卷、《太平御览》五百七十二卷引此经并云帝俊八子，是始为歌，无舞字。"按诸书所引，俱归类于"歌"，故删舞字，殆不足据。

㉞ 大比赤阴：郭璞云："（阴）或作音。"郝懿行云："'大比赤阴'四字难晓，推寻文义，当是地名。《大荒西经》说叔均始作耕，又云有赤国妻氏，大比赤阴岂谓是与？"按郝说大比赤阴即赤国妻氏，是也；然谓当是地名则非，疑均当是人名。"大比"或即"大妣"之坏文，"赤阴"或即后稷之母姜原，以与姜原音近也。

㉟ 术器首方颠：郭璞云："头顶平也。"郝懿行云："颠字衍，《藏经》本无之。"按《路史·后纪》四云："术嚣（器）兑首方颠。"颠字似不衍。

㊱ 是复土穰：郝懿行云："穰当为壤，或古字通用；《藏经》本正作壤。"按汪绂本同。

译文：

海内经

东海海内，北海的角上，有国家名叫朝鲜、天毒，人们都傍水而居，对人怜悯慈爱。

西海海内，流沙当中，有国家名叫壑市。

西海海内，流沙以西，有国家名叫氾叶。

流沙的西边，有一座鸟山，是三水发源的地方。水里产有黄金、璇瑰、丹货、银铁等物。又有淮山，是好水发源的地方。

流沙的东边，黑水的西边，有朝云国、司彘国。黄帝的妻子雷祖，生了昌意，昌意被贬谪到若水这地方来居住，生了韩流。韩流是长脑袋，小耳朵，人的脸，猪的嘴，麒麟的身子，两条腿是胼生在一起的，还有一双猪蹄足。他娶了淖子族的姑娘名叫阿女的，生了帝颛顼。

流沙的东边，黑水流经的地方，有座山名叫不死山——就是所谓的员丘山。

华山青水的东边，有座山名叫肇山，有个人名叫柏子高，柏子高常常在这里上上下下，直到天上。

西南黑水流经的地区，有都广野，后稷埋葬在这里。它的疆域方圆有三百里，是天和地的中心，有名的神女素女便出现在这个地方。这里有膏菽、膏稻、膏黍、膏稷，各种各样的谷物都自然生长，不论冬天夏天都可以播种。鸾鸟自由自在地唱歌，凤鸟自由自在地舞蹈，灵寿木到时开花，草和树繁盛。各种各样的鸟兽，成群结队在这里和睦相处。这里的草，不论冬天夏天都不会枯死。

南海海内，黑水和青水之间，有一种树名叫若木，若水就发源在这里。

有禺中国。有列襄国。有灵山，有一条红蛇在树上，名叫软蛇，吃树木为生。

有盐长国。有一种人长着鸟的头，名叫鸟民。

有九座山丘，水环绕在它们的下面：名字叫陶唐丘、叔得丘、孟盈丘、昆吾丘、黑白丘、赤望丘、参卫丘、武夫丘、神民丘。有一棵树，青色的叶，紫色的干，黑色的花，黄色的果实，名叫建木，高达八十丈，中间不生树枝，只在最顶上生了许多弯曲的桠枝，又在最下面长了不少盘错的树根，它结的果像麻实，它的叶子像芒木的叶。大皞曾经缘着它攀登上天，它是黄帝造作、施为的。

有窫窳这种怪兽，龙的脑袋，能够吃人。有一种兽，人的脸，名叫猩猩。

西南有巴国。大皞生了咸鸟，咸鸟生了乘釐（音僖），乘釐生了后照，后照便成为巴人的祖先。

山海经卷十八 海内经

有个国家名叫流黄辛氏,就是前面曾经讲过的流黄酆氏,它的疆域方圆大约有三百里,最常见的产物是麈——驼鹿。附近有座山叫巴遂山,渑水发源在这座山。

又有朱卷国。有一条大黑蛇,青色的脑袋,正在那里吞吃象。

南方有赣巨人,人的脸,长嘴唇,黑黝黝的身子,浑身是毛,足后跟反转生,见人就笑,一笑嘴唇就翻上来遮蔽了眼睛,人们才能趁此机会逃走。

又有一个黑人,老虎的头,鸟的足,两只手捉住一条蛇,正要去咬嚼吞吃它。

有一个叫嬴民的部族,人人都长着鸟的足。附近出产大野猪。

有一种人名叫苗民。他们奉祀的一位神,是人的脑袋,蛇的身子,身子有车辕那么长,左边和右边各长一颗脑袋,穿紫色衣服,戴旒帽,名叫延维,又叫委蛇,国君若是得到他来奉飨祭祀,就可以称霸天下。

有鸾鸟自由自在地唱歌,凤鸟自由自在地舞蹈。凤鸟头上有文字叫德,翅膀上有文字叫顺,胸脯上有文字叫仁,背上有文字叫义,只要它一出现,天下就会和平。

又有青兽形状像兔子,名叫菌(音菌)狗。有翠鸟。有孔雀。

南海海内有衡山,有菌山,有桂山。有座山名叫三天子都,又叫三天子鄣。

南方的苍梧丘、苍梧渊,它们中间有座九嶷山,是舜所埋葬的地方。在长沙零陵境内。

北海海内,有一座叫蛇山的,蛇水从这里发源,往东流注入大海里。有五彩羽毛的鸟,群飞起来遮蔽了一乡的天空,名叫翳鸟。又有一座不距山,巧倕葬在山的西面。

北海海内,有反绑起来带上桎梏、身怀武器、谋逆不逞之徒,名叫相顾尸。

伯夷父生了西岳,西岳生了先龙,先龙生了氐羌这个部族的祖先。氐羌人姓乞。

北海海内,有座山名叫幽都山,黑水从这座山发源。山上有黑鸟、黑蛇、黑豹、黑虎和长着毛蓬蓬尾巴的黑狐。有大玄山。有玄丘民。有大幽国。有赤胫民。

有钉灵国，这个国家的人从膝盖以下都生有毛，马的蹄足，健步如飞，据说一天能走三百里。

炎帝的孙子伯陵，伯陵同吴权的妻子阿女缘妇私通，缘妇怀了三年孕，生下鼓、延、殳三个儿子。殳开始创制发明了射箭的箭靶，鼓和延开始制作了钟，创制了乐曲和音律。

黄帝生了骆明，骆明生了白马，白马就是鲧。

帝俊生了禺号，禺号生了淫梁，淫梁生了番禺，番禺开始制造了船。番禺生了奚仲，奚仲生了吉光，吉光开始拿木头来做成车子。

少暤生了般，般开始制造了弓和箭。

帝俊赐给羿红色的弓，白色的带绳箭，叫他去扶助下方的国家，羿于是就去拯济下方人民的各种艰危困苦。

帝俊生了晏龙，晏龙开始制造出琴和瑟这两种乐器来。

帝俊有八个儿子，八个儿子创作了歌舞。

帝俊生了三身，三身生了义均，义均便是所谓的巧倕，开始创造发明了下方人民所需要的百工技巧。后稷开始播种百谷。后稷的孙子叫叔均的，开始用牛来耕田犁地。大比赤阴——可能就是姜嫄——开始建立了国家。禹和鲧开始拿泥土来埋塞洪水，平定九州。

炎帝的妻子，赤水族的姑娘听訞（音妖）生了炎居，炎居生了节并，节并生了戏器，戏器生了祝融。祝融被贬谪到江水来居住，生了共工。共工生了术器，术器头顶是方而且平的，恢复了祖父祝融所有的土壤，仍旧住在江水。共工又生了后土，后土生了噎鸣，噎鸣生了一年的十二个月。和那处在大地的西极、管理日月星辰行次的黎的儿子噎一样，都成了时间之神。

洪水滔天。鲧没有得到天帝的命令就盗窃了天帝的息壤——就是一种生长不止、能堆山成堤的土壤——去埋塞洪水。天帝发怒，便命火神祝融去把鲧杀死在羽山的郊野。鲧死了三年尸体都不腐烂，终于从肚子里孕育、诞生出禹来。天帝就命禹去布土治水，终于平定了九州。